Petra Hölscher (Hrsg.)
Interkulturelles Lernen
Projekte und Materialien für die Sekundarstufe I

Petra Hölscher (Hrsg.)

Interkulturelles Lernen

Projekte und Materialien für die Sekundarstufe I

Gedruckt auf chlorfrei gebleichtem Papier
ohne Dioxinbelastung der Gewässer.

Die Deutsche Bibliothek - CIP-Einheitsaufnahme

Interkulturelles Lernen: Projekte und Materialien
für die Sekundarstufe I/Petra Hölscher (Hrsg.). -
Frankfurt am Main: Cornelsen Scriptor 1994
ISBN 3-589-21050-8
NE: Hölscher, Petra [Hrsg.]

5. 4. 3. 2. 1 Die letzten Ziffern bezeichnen
98 97 96 95 94 Zahl und Jahr des Drucks.

© 1994 Cornelsen Verlag Scriptor GmbH & Co., Frankfurt am Main
Redaktion: Gabriele Teubner-Nicolai, Frankfurt am Main
Typographie & Herstellung: Julia Walch, Bad Soden
Grafik: Gertraud Herderscheid und Schüler der Hauptschule an der Balantstraße/München, S. 48 f.;
Klaus Becker, Frankfurt am Main, S. 139
Umschlagentwurf: Studio Lochmann, Frankfurt am Main
Druck und Bindung: Clausen & Bosse, Leck
Vertrieb: Cornelsen Verlag, Berlin
Printed in Germany
ISBN 3-589-21050-8
Bestellnummer 210508

Inhalt

Zum Thema „Interkulturelles Lernen"

Informationen zum Projektlernen

Einander besser verstehen – Ein Blick in andere Länder und Kulturen
Reinschnuppern in andere Sprachen – ein Minisprachkurs   15
Ausländische Schüler informieren ihre Mitschüler über Sitten und Gebräuche ihrer
Heimat   19
Internationale Info-Ecke   21
Nachbarländer im Osten stellen sich vor   21
Ein interkulturelles Schulhaus – andere Länder und Sprachen werden sichtbar   22
So spielen und tanzen wir – ein internationales Folklorekonzert   23
Von den Hieroglyphen zum Graffiti – Ausstellung   24
Andere Kulturen und deren Landschaft   25
Ein Mensch, ein Land, ein Bild, ein Gegenstand aus einer anderen Kultur   26
Vom Leben der Sinti und Roma   27
Eine Weihnachtsfeier mit bosnischen Flüchtlingskindern   31
Internationaler Schüleraustausch – Checkliste zur Organisation   33

Lesen verbindet – Literatur aus anderen Ländern
Märchen und Erzählungen aus verschiedenen Ländern   36
Nasreddin Hodscha – ein Till Eulenspiegel aus der Türkei   45
Bücher aus anderen Ländern – eine Literaturrallye   51
„I like you – und du?" – Arbeit mit einem zweisprachigen Jugendbuch   51
Englische Woche – eine Begegnung mit englischer Kinder- und Jugend-
literatur   57
Gäste aus einem fremden Land – mehrsprachige Autoren im Unterricht   61
Grenzüberschreitung – das Jugendbuch als Mittler zwischen den Kulturen
benachbarter Länder   63

Vom Leben in fremden Kulturen – Ausländer bei uns

Wir sind multikulturell – ein Plakat zum Weitertexten **69**
Internationales in unserer Nähe – Spurensuche **70**
Internationales in unserer Nähe – ein Quiz **71**
Sie backen am Kuchen kräftig mit – Menschen aus der Türkei arbeiten bei uns **71**
Alltägliche Begegnung – ein Fotowettbewerb **77**
„Ich stehe zwischen zwei Bergen, der eine heißt Zukunft, der andere Vergangenheit" – Texte der Migrantenliteratur **79**
Auf den Spuren der Vorfahren – eine Familienchronik **81**
Leben in Deutschland – Leben im Herkunftsland. Eine Videoreportage in zwei Teilen **83**

Schon immer kamen Menschen aus anderen Ländern

Interkultureller Spaziergang durch eine Stadt **87**
Straßen – benannt nach Männern und Frauen aus dem Ausland **88**
Deutschland – schon immer ein Zufluchtsort **89**
Heimatvertriebene und Flüchtlinge nach dem Zweiten Weltkrieg – ihre Eingliederung **89**

Aufnahme nach Flucht und Vertreibung

Auch Deutsche sind geflüchtet – die Emigranten des Dritten Reiches **91**
Ein Flüchtlingsschicksal – Lailoma aus Afghanistan **92**
Flucht vor dem Krieg – Schüler berichten **95**
Streng nach dem Gesetz – Asylrecht und -verfahren **100**
Der Bau eines Wohnheims für Asylsuchende – ein Problem und keine Lösung **104**

Begegnung mit dem „Fremden"

Kolumbus und die Indigena – ein Rollenspiel **105**
Meinungsspiegel – Äußerungen zum Thema „Ausländer bei uns" **109**
Fremde in unserer Stadt – Berichte in den Medien **110**
Prominente Bürger und ihr Verhältnis zu Ausländern **111**
Mit fremden Augen gesehen – Karikaturen-Ausstellung **112**
Fremde in der Karikatur **114**
„Ausländer in Deutschland" – Kinder- und Jugendliteratur zum Thema wird untersucht **115**
Amerikanische Soldaten an unserem Wohnort **116**

Begegnung mit dem „Fremden" – eine Recherche in Bildern   117
Mitbürger oder Außenseiter? – Ausländer in unserem Ort   117

Schwere Schicksale in unserem Land

Zwangsarbeit in Deutschland   119
Begegnung mit ehemaligen jüdischen Mitbürgern   120
Auch an unserer Schule waren jüdische Schüler   120
„Jamal – ein Tod in Deutschland". Ein Zeitungsartikel rüttelt auf   121

Mit der Sprache fängt es an – Sensibilisierung gegen Formen der Gewalt

Fremde Menschen in der deutschen Sprache   127
Gewalt in unserer Klasse? – Einstieg in das Thema „Wie wir miteinander
umgehen"   136
Gewalt in Redensarten   137
Es geht auch anders – ein Sprachbarometer   138
„Jede Geschichte hat zwei Seiten." – Lieder über Vorurteile und Toleranz   140
Nazi-Rock – eine Analyse von Text und Musik   142
Unser Theater will provozieren und zum Denken anregen   143
Schüler schreiben über Gewalt – ein Schreibwettbewerb   144

Nicht alle schauen zu: Mitmischen – Eingreifen – Gestalten

Neu und fremd an der Schule – Starthilfe durch die Klasse   147
Klassenpartnerschaft in der Schule   148
Schüler machen einen zweisprachigen Stadt(teil)führer   157
Nicht alle schauen zu – Dokumentation zu Aktionen gegen Ausländer-
feindlichkeit   157
Farbe bekennen – wir tragen Sticker   159
Filmabende gegen Ausländerfeindlichkeit   160
Unsere Klasse engagiert sich in einer Flüchtlingsunterkunft   161

**Medien für interkulturelles Lernen – eine kommentierte Aufstellung
für die Grundausstattung einer Bibliothek und Videothek**

„Heißt du wirklich Hasan Schmidt?" – Bücher über das Zusammenleben
von Kindern und Jugendlichen unterschiedlicher Herkunft, Sprache und
Tradition   163
„Das kalte Paradies" – Filme und Videos zur Integrationsproblematik   171

„Dann eben mit Gewalt" – Bücher zur Auseinandersetzung mit Gewalt, Fremdenhaß, Rassismus und Rechtsradikalismus **174**

„Wolfslämmer" – Videos und Filme zur Auseinandersetzung mit Gewalt, Rassendiskriminierung und Fremdenfeindlichkeit – heute und in der Vergangenheit **177**

„Guck mal übern Tellerrand" – Kataloge mit Kinder- und Jugendliteratur, Adressen, Arbeitskreise, Verbände, Aktionen **179**

Jugendwettbewerbe

Literaturverzeichnis zu den Themen:
Interkulturelles Lernen – Projektlernen – Fremdenfeindlichkeit und Gewalt

Die Herausgeberin und die Autoren

Zum Thema „Interkulturelles Lernen"

Seit Jahren widmen sich zahlreiche Autoren im In- und Ausland dem Thema „Interkulturelles Lernen". Der Begriff wird vielschichtig diskutiert und sehr unterschiedlich definiert. In einem Punkt sind sich Wissenschaftler, Lehrer und Politiker einig: Interkulturelles Lernen muß Inhalt unserer Schulwirklichkeit werden. Wir haben für den Leser, der sich dafür interessiert, einige Beiträge, die wir wichtig finden, ins Literaturverzeichnis aufgenommen.

Unser Beitrag zu diesem Thema soll ein ganz konkreter sein, sehr unterrichtspraktisch und nah an der Unterrichtswirklichkeit der Sekundarstufe I: Unser Anliegen ist die Verwirklichung interkulturellen Lernens in der Schule. Die Inhalte, die wir vorstellen, sind unsere Antwort zu dem Thema: Was ist interkulturelles Lernen?

Der Blick ins Inhaltsverzeichnis zeigt, daß der Bogen weit gespannt ist: Texte, Märchen und Geschichten aus den Herkunftsländern der ausländischen Mitschüler werden in den Unterricht eingebunden, und Informationen über das Leben in den verschiedensten Kulturen sind ein wichtiger Bestandteil des Lernens. Die Auseinandersetzung mit der Lebens- und Gefühlswelt der Migranten und der Flüchtlinge gehört genauso dazu wie Projekte, die das Verhältnis der Einheimischen zu Mitbürgern aus anderen Herkunftskulturen untersuchen. Die Begegnung und der Umgang mit dem Fremden, in der Historie und heute, auch die Sensibilisierung für sprachliches Miteinanderumgehen sind bedeutsame Lerninhalte für Schüler, die für ein souveränes Miteinanderleben in Toleranz und Verständnis gestärkt und vorbereitet werden sollen.

Eine Schule, in der man neugierig ist auf andere Erfahrungen, in der man seine Herkunft und Identität nicht verleugnen muß, um akzeptiert zu werden, ist ein Lernort, der positiv stimuliert. Unterricht in einer solchen Schule ermöglicht Integration auf einer höheren Ebene. Für die Persönlichkeitsentwicklung der Schüler ist es wichtig, daß sie ihre Herkunftskultur nicht aufgeben müssen, um integriert zu werden Sie können von ihren individuellen Erfahrungen berichten, Sprache und Religion pflegen und dadurch Selbstverständnis entwickeln und so zu einer besseren Daseinsbewältigung und Orientierung in der Kultur, in der sie jetzt leben, geführt werden.

Durch ein so verstandenes interkulturelles Lernen gewinnen alle Schüler gleichermaßen: Sie lernen Menschen anderer Herkunftskulturen akzeptieren, nicht nur auf der Ebene des Verstehens, auf der Basis von Gemeinsamkeiten und Anpassung, sondern durch Mehr-Wissen: durch die Kenntnis von Unterschiedlichkeiten, auch von Trennendem. Erst hier beginnt Toleranzfähigkeit.

Daß die Entwicklung von Toleranzfähigkeit ein herausragendes Ziel der Erziehung sein muß, um mit den Problemen unserer Gesellschaft umgehen zu können, zeigt die Wirklichkeit. Wir sind umgeben von Menschen, die zwischen oder mit zwei Kulturen leben, umgeben auch von ausländerfeindlichen Gruppen und Tendenzen. Ein Problem wird sich sicher immer wieder für jeden stellen: die Konfrontation mit dem Fremden, der Umgang mit dem Andersartigen, der Umgang mit der eigenen Angst vor dem Fremden.

Interkulturelle Erziehung kann also kein Harmonisierungskonzept sein, darf sich nicht auf Kochen, Singen und gemeinsame Feste beschränken, sie muß vielmehr auf individuelle, auch problematische Erfahrungen und auf die Situation der Gesellschaft reagieren. Sie umfaßt nicht mehr nur eine Anpassungsleistung der ausländischen Schüler, sondern sie richtet sich an alle Schüler gleichermaßen. Sie geht davon aus, daß unterschiedliche Menschen und Kulturen in gleichberechtigter Weise existieren und daß man voneinander wissen und lernen kann und sich so gegenseitig bereichert.

Die Situation im Land, in der Gemeinde und insbesondere in der Klasse wird die Schwerpunkte bei der Auswahl der Themen bestimmen. Die Vielzahl der Projekte mit den aufgezeigten Variationen erleichtern das Abstimmen auf die jeweilige Situation im In- und Ausland. Hilfestellung geben dabei auch die umfangreichen Literatur- und Medienangaben sowie die Adressen für den – oft kostenlosen – Bezug von Materialien.

Es wäre schön, wenn unsere Anregungen einen interkulturellen Austausch anstoßen würden, an dem alle Lehrer und Schüler einer Schule mitwirken.

Petra Hölscher

Informationen zum Projektlernen

Projektunterricht ist eine immer noch ziemlich unkonventionelle Unterrichtsform für den alltäglichen Unterricht. Ein Projekt schafft für Schüler die Möglichkeit, Unterricht unmittelbar aus ihren Interessen heraus wenigstens in Ansätzen mitzuplanen und mitzugestalten. Nur auf der Basis dieser Eigenverantwortlichkeit können die Inhalte interkulturellen Lernens transponiert werden.

In einem solchen Unterricht kommt es weniger darauf an, daß die Schüler sich möglichst viele Fakten zu einem Thema aneignen; wichtiger ist, daß die Schüler handelnd tätig werden und daß sie dabei entdecken, wie sie ihre eigenen Fähigkeiten entwickeln können, wie sie notwendige Fertigkeiten erlernen und bestimmte Verhaltensweisen einüben können. Für das interkulturelle Lernen scheint es uns also die am besten geeignete Unterrichtsform zu sein.

Im Rahmen des Projekts entwickeln die Schüler ihre Betätigungsfelder, in denen sie in Gruppen, aber auch alleine arbeiten; sie können selbständig den Arbeitsbereich, die Lernziele, die Arbeitsweisen und die Arbeitsplanung bestimmen; sie können ihre Aufgabenstellungen auswählen; sie sollen sich auch selbst um die notwendigen Hilfen und Materialien kümmern. Dabei lassen sie sich von ihren Interessen und Fähigkeiten leiten. Im Verlauf oder zu Beginn der Projektarbeit legen die Schüler auch fest, was sie mit ihren Arbeitsergebnissen anfangen und in welcher Form sie diese darstellen wollen. Die Darstellung nach außen ist ein wesentlicher Faktor in dem von uns angestrebten Lernbereich, der ohne Eintreten für andere und persönliches Engagement keine Seele hat.

Lernen in Projekten stellt nicht nur hohe Anforderungen an die Schüler, sondern ebenso an die Lehrer. Im Projekt arbeiten die Schüler meist mit mehreren Lehrkräften zusammen, die eine andere als die allgemein vertraute traditionelle Lehrerrolle einnehmen: Die Lehrer sind nicht mehr zuständig als Vermittler von Wissen, sondern stehen den Schülern steuernd und lenkend als Helfer und Berater zur Verfügung, sie sind Manager von Bildungsprozessen.

Ausgangspunkt für ein Projekt sollte immer – und das ist beim interkulturellen Lernen besonders wichtig – die Lebenswirklichkeit sein. Damit die Vielschichtigkeit und die Komplexität erfaßt werden kann, sind die Projekte in den meisten Fällen fächer- und auch lehrerübergreifend angelegt.

Viele der dargestellten Projekte bieten aber auch Anregung für die Gestaltung einzelner Unterrichtsstunden oder ermöglichen einen Einstieg in die Thematik in kleineren Schritten. So können Lehrer und Schüler sich langsam einer komplexeren Unterrichtsform nähern.

Die Autoren dieses Buches halten folgende Punkte für wesentliche Projektmerkmale:
1. Ein Projekt zielt auf die Lösung einer umfassenden Aufgabe, bzw. auf die Bearbeitung eines komplexen Themas.
2. Die Aufgabenstellung eines Projekts bzw. sein Thema steht in einer Wechselwirkung mit der Realität des Lebens.
3. Die Schüler sollen ein Projekt soweit wie möglich selbständig planen und ausführen.
4. Die Durchführung eines Projekts ist die gemeinsame Leistung einer Gruppe bzw. der Klasse.
5. Projekte beinhalten fast immer praktisches Arbeiten bzw. handlungsorientiertes Lernen.
6. Projekte verbinden Theorie und Praxis.
7. Das Ergebnis eines Projekts ist meist ein gegenständliches Werk oder eine Aktion.

Schüler prägen die wesentlichen Bestimmungsmerkmale eines Projekts:
1. Die Schüler finden und bestimmen gemeinsam eine Arbeitsaufgabe.
2. Die Schüler übernehmen die inhaltliche und methodische Planung des Arbeitsganges.
3. Sie organisieren das Projekt nach dem Prinzip der Arbeitsteilung.
4. Sie beschaffen und erschließen sich möglichst selbständig alle notwendigen Materialien.
5. Einzelne Teilaufgaben erledigen die Schüler in Individual- oder Gruppenarbeit.
6. Zwischen allen Beteiligten findet eine ständige Kommunikation statt.
7. Mehrmals schaffen sich Schüler (Zeit)Räume für (Selbst)Kritik und (Selbst)Korrektur.
8. Die einzelnen Teilergebnisse fügen die Schüler zu einem Ganzen zusammen.
9. Die Arbeitsergebnisse werden vielfältig dargestellt und präsentiert.
10. Das Vorhaben wird von Schülern bewertet.

Handlungs- und produktorientierte Methoden, die zur Projektgestaltung gehören

Außerschulische Lernorte

- (Experten-)Befragungen
- Erkundungen
- Exkursionen
- Interviews mit bekannten Personen auf der Straße
- Kontakte zu Institutionen aller Art
- Museumsbesuche
- Objekte finden und beobachten
- Praktika

Manuelle Tätigkeiten

- Abmessen und Auszählen
- Ausprobieren, Experimentieren
- Ausstellungen vorbereiten
- Modelle zusammenbauen
- Musizieren
- Notizen machen
- Skizzieren, Zeichnen
- Werken

Interaktionen

- (Pro- und Kontra-)Debatten
- Diskussionen
- Entscheidungsspiele
- Fall-/Sozialstudien
- Gruppenarbeiten
- Hearings
- Konferenzspiele
- Partnerarbeiten
- Planspiele
- Rollenspiele
- Simulationsspiele
- Tribunale
- Zukunftswerkstätten

Aktives Gestalten

- Arbeitsblätter entwerfen und gestalten
- Bücher schreiben und gestalten
- Collagen kleben
- Diagramme, Schaubilder, Tabellen, Tafelbilder erstellen
- Diareihen und Fotodokumentationen zusammenstellen
- Flugblätter, Plakate und Wandzeitungen entwerfen und gestalten
- Hörspiele und Reportagen herstellen
- (Übersichts-)Karten anfertigen
- Lernspiele, Rätsel, Quiz ausdenken
- Referate, Wochen- bzw. Monatsberichte schreiben
- Schülerzeitungen schreiben
- Videofilme drehen

Hilfe für die Organisation

Checkliste für unsere Projektwoche							
Vorschläge zu Bearbeiter	Themen	Partner/Experte	Methoden	Hilfsmittel	Orte/Räume	Termine	Finanzen

PROJEKTWOCHE					PROJEKTPLAN			
Datum	Arbeitsschritte	Form Art d. Bearbeitung	Zeitplanung	Hilfsmittel	Erkundungen Fahrten Räume	Mitarbeiter	Bemerkungen	
1. Tag								
2. Tag								
3. Tag								
4. Tag								
5. Tag								
6.Tag								
Projektleitung					Schulleitung			

Einander besser verstehen –
Ein Blick in andere Länder und Kulturen

▷ Reinschnuppern in andere Sprachen – ein Minisprachkurs
(Isolde Eberhard/Petra Hölscher)

Der Minisprachkurs kann für jede Sprache eingesetzt werden. (Bilder mit leeren Sprechblasen, s. S. 16 f.) Er wird hier beispielhaft in Türkisch vorgestellt. Benötigt werden: Bildkarten in unterschiedlichen Größen, zwei Arbeitsblätter mit allen Bildern (Sprechblasen mit Sätzen auf deutsch und leere Sprechblasen, die in der ausgewählten Sprache beschrieben werden). Die Vorlagen sollten für die verschiedenen Verwendungszwecke vergrößert bzw. verkleinert werden.

Zielgruppe: Schüler mit Mitschülern anderer Muttersprache.
Zeit: Für die Einführung ca. zwei Stunden. Bei Interesse durch die Schüler können Redemittel ständig ergänzt und immer wieder geübt werden.
Unterrichtsziel/Projektergebnis: Kennenlernen von einigen Redemitteln, um mit Mitschülern nichtdeutscher Muttersprache in deren Sprache in Kontakt zu kommen.

Folgende Redemittel wurden ausgewählt und ins Türkische übersetzt:

Guten Morgen.
Günaydın.

Machst du mit?	Ja, gern.
Benimle oynar mısın?	*Evet, severek.*
Kann ich dir helfen?	Ja, bitte!
Sana yardım edebilir miyim?	*Evet, lütfen.*
Hast du das verstanden?	Leider nein.
Bunu anladın mı?	*Malesef hayir.*
Herzlichen Glückwunsch zum Geburtstag	Vielen Dank!
Doğumgünün kutlu olsun!	*Çok teşekkürler.*

Auf Wiedersehen.
Iyi günler.

Schritte zur Durchführung

ˢ Der Lehrer spricht mit den Schülern im Stuhlkreis über das Ziel des Minisprach-
kurses und zeigt die Bilder.

ˢ Der Lehrer zeigt die einzelnen Bildkarten und spricht vor.

ˢ Die Schüler sprechen im Chor, in Gruppen und einzeln nach.

ˢ Der Lehrer hängt die Bildkarten an die Tafel.

ˢ Der Lehrer liest die Ausdrücke vor.

ˢ Die Schüler lesen im Chor und einzeln.

ˢ Die Kinder spielen paarweise die einzelnen Szenen nach.

Mit den folgenden Spielen sollen nun die Ausdrücke eingeübt werden. Je nach Be-
geisterungsfähigkeit oder Alter der Schüler wird die Spieldauer unterschiedlich sein.
Diese Spiele lassen sich auch in einer weiteren Übungsstunde einsetzen. Türkische
Mitschüler können einbezogen werden, indem sie als Spielleiter eingesetzt werden.

Memory

Material: Kleine Bildkarten mit türkischen und deutschen Sprechblasen.
Anzahl der Spieler: Zwei
Die Bildkarten wurden auf zwei verschiedenfarbige Kartons aufgeklebt und ausge-
schnitten. Sie werden mit dem Bild nach unten gemischt auf den Tisch gelegt. Nun
darf der Reihe nach jeder Schüler ein Bildkärtchen von jeder Farbe aufdecken. Wenn
die Kärtchen zusammengehören, darf er sie behalten, wenn nicht, legt er sie wieder
zurück. Der andere Schüler kommt an die Reihe. Wer die meisten Kärtchen besitzt,
hat gewonnen.
Es sollten möglichst viele Memorykarten vorbereitet werden, damit viele Schüler
gleichzeitig spielen können.

Variante: Die Schüler lesen nach dem Aufdecken den türkischen Ausdruck laut vor.

Bingo

Material: Bingo-Tafeln/Bildkarten mit leeren Sprechblasen
Bingo-Kärtchen/Bildkarten mit türkischen Sprechblasen
Anzahl der Spieler: 3-5
Jeder Schüler erhält eine Bingo-Tafel. Der Lehrer oder Spielleiter erhält die Kärtchen und liest vor. Wer glaubt, daß er das dazugehörende Bild auf seiner Tafel hat, meldet sich und erhält das Kärtchen. Sieger ist, wer seine Tafel zuerst voll hat.

Pantomime

Zwei Schüler wählen eine Bildkarte aus und spielen die Szene. Wer diese als erster richtig benennt, darf sich einen Partner auswählen und die nächste Szene vorspielen.

Flüsterpost

Die Schüler sitzen im Kreis. Der Spielleiter flüstert seinem linken Nachbarn einen der türkischen Sätze ins Ohr. Dieser flüstert nun seinem linken Nachbarn das Gehörte ins Ohr. Der letzte Schüler sagt laut, was er gehört hat. Hat der Satz noch Ähnlichkeit mit dem ursprünglichen?

Frage und Antwort

Material: Satzstreifen (s. Kopiervorlage)
Anzahl der Spieler: bis 12
Die Frage- und Aussagesätze werden gemischt ausgelegt. Jeder Schüler nimmt sich einen Satzstreifen und sucht sich einen Partner. Dieses Spiel eignet sich auch gut, um einen Partner für ein weiteres Spiel zu finden.

Lautloses Sprechen

Der Lehrer spricht unhörbar, aber deutlich einen Satz vor. Wer den Satz fehlerlos laut nachsprechen kann, darf den nächsten Satz lautlos vorsprechen.

Puzzle

Material: Satzstreifen (s. Kopiervorlage)
Je zwei Schüler erhalten Satzstreifen mit den türkischen Sätzen. Sie zerschneiden sie in einzelne Wörter und mischen sie. Auf ein Signal hin versuchen sie, die Satz-streifen gemeinsam wieder zu ordnen. Die beiden Schüler, die nach einer bestimm-ten Zeit die meisten richtigen Sätze haben, sind Sieger.

Günaydın.

✂

Benimle oynar mısın.

Evet, severek.

Sana yardım edebilir miyim?

Evet, lütfen.

Bunu anladın mı?

Malesef hayir.

Doğumgünün kutlu olsun!

Çok teşekkürler.

Iyi günler.

▶ *Ausländische Schüler informieren ihre Mitschüler über Sitten und Gebräuche ihrer Heimat*
(Ditmar Heinl)

Jahrgangsstufe: 6, 7
Fächer: Deutsch, Erdkunde, Geschichte, Muttersprache
Unterrichtsziel/Projektergebnis: Diaserie/-vortrag über die Herkunftsorte der ausländischen Mitschüler, oder Wandzeitung, Schülerzeitung, Schülerbuch.

Schritte zur Durchführung

Schüler machen einen Diavortrag. Sie verwenden dazu entweder Bilder aus der eigenen Familie, aus Prospekten, die von Fremdenverkehrsämtern zur Verfügung gestellt werden, aus landeskundlichen Bildbänden, die in der Stadt- oder Gemeindebücherei ausliegen, aus entsprechenden Zeitschriften usw. Lehrkräfte oder Eltern stellen geeignete Urlaubsdias zur Verfügung. Aus dem Bilderangebot wählen die Schüler jene aus, zu denen sie einen persönlichen/heimatlichen Bezug herstellen können. Sie formulieren dazu einen Begleittext, den sie niederschreiben/vortragen.

Varianten

⁵ Griechische Woche: Einmal im Jahr findet an der Schule eine Projektwoche statt, die sich ein Land zum Schwerpunkt setzt. Hier wird fächer- und klassenübergreifend in Projektgruppen gearbeitet, zu denen sich Schüler und Lehrkräfte zusammenfinden: Eine Fotoausstellung *Landschaften in Griechenland* wird zusammengestellt, in Zusammenarbeit mit dem griechischen Kulturverein werden griechische Tänze in Originalkostümen einstudiert, Zeitungsausschnitte, Fotos, Karrikaturen zu den Themen *Dürre – Wasserknappheit – Waldbrände* werden gesammelt, und ein *Pythagoras-Quiz* wird entworfen, ein Hörbild über Otto, den 1. griechischen König der Griechen, wird erarbeitet, der aus dem bayerischen Königshaus stammte, und, und …
Den Abschluß der Woche bildet natürlich ein Fest mit einer griechischen Musikgruppe: Es werden die einstudierten Tänze aufgeführt, Souvlaki, Gyros und Halva gibt es zu essen, ein griechischer Schriftsteller liest aus seinen Werken, und die Sieger des sportlichen Pentathlons werden geehrt.

⁵ Internationales Kochbuch: Im Hauswirtschaftsunterricht tragen die Schüler die typischen Rezepte ihrer Herkunftsländer zusammen und verfassen ein internationales Kochbuch der Schule.
Es werden Kochbücher – Italienische Küche, Spanische Küche, … – zusammengestellt; einmal im Monat wird „ausländisch" gekocht.

⁵ Freitagsgebet in der Moschee: Zusammen mit der türkischen Lehrkraft, einem islamischen Imam und den türkischen Mitschülern wird der Besuch in einer Moschee vorbereitet. Die türkischen Kinder erklären ihren christlichen Mitschülern die Bedeutung der zeremoniellen Handlungen und die Gebetshaltungen. Den türkischen Kindern wird natürlich auch eine christliche Kirche gezeigt und erklärt.
In Zusammenarbeit mit der Israelitischen Kultusgemeinde wird der Besuch einer Schulklasse zum Sabbat-Gottesdienst vorbereitet und durchgeführt.

⁵ Elterntausch am Wochenende: Deutsche und ausländische Kinder, die sich vorher natürlich schon angefreundet haben, „tauschen" am Wochenende die Eltern aus. Sie verbringen allein ein Wochenende in der Familie des ausländischen Freundes, der deutschen Freundin. So erleben sie den Lebensstil der „anderen" aus erster Hand.

⁵ Freitag ist Cai-Tag: Einmal in der Woche wird das Schülercafé zum Teehaus umfunktioniert. Statt Kaffee, Brötchen, Sandwich und heißen Würstchen gibt es türkischen Tee, Pizza und Pita. Natürlich werden auch Brettspiele angeboten und türkische und deutsche Zeitungen.

⁵ Mese italiano: Im Schuljahr gibt es einen italienischen Monat. Die italienischen Schüler der Klasse gestalten das Klassenzimmer nach ihren Vorstellungen. Es werden im Musikunterricht Lieder aus Italien gesungen, ein italienischer Schriftsteller wird eingeladen. Eine große *fiesta italiana*, zu der natürlich auch alle Eltern eingeladen werden, bildet den Abschluß des italienischen Monats.

▶ *Internationale Info-Ecke*
(Wolfgang Schierl)

Jahrgangsstufe: 5-10
Fächer: Deutsch, Erdkunde, Geschichte, Kunsterziehung, Muttersprache
Unterrichtsziel/Projektergebnis: Schüler gestalten eine Präsentationsfläche oder einen Schaukasten mit neuesten Informationen aus verschiedenen Ländern, oder: Auf dem Pausenhof werden entsprechende Ecken/Rückzugsräume geschaffen.

Schritte zur Durchführung

⁵ Die Schule bietet in- und ausländischen Mitschülern Präsentationsflächen an (freie Wände, Schaukästen usw.).
⁵ Gemischte Arbeitsgruppen gestalten diese Flächen mit neuesten Informationen aus ihrem Herkunftsland, vor allem mit aktuellen Berichten usw.

Nachbarländer im Osten stellen sich vor
(Wolfgang Schierl)

Jahrgangsstufe: 6-9
Fächer: Deutsch, Geschichte, Erdkunde, Muttersprache, Textverarbeitung
Unterrichtsziel/Projektergebnis: Illustrierte Wandzeitung, oder: Herkunftsländer von Aussiedlerkindern.

Schritte zur Durchführung

⁵ Schüler wählen ein Nachbarland im Osten aus.
⁵ Sie besorgen sich aus Reisebüros, von Automobilclubs, aus Bildbänden, Prospekten Informationen für Reisen in dieses Land.
⁵ Sie informieren sich, welche Reiseziele angeboten werden und womit besonders geworben wird, z. B. kulturhistorische Sehenswürdigkeiten, besonders schöne Landschaften, landestypische Gewohnheiten.
⁵ Sie stellen die geographische Lage dieser Reiseziele fest; auf eine große Wand wird eine geographische Umrißkarte gezeichnet; auf dieser Karte werden mit Bildern, Texten, Grafiken ausgesuchte Reiseziele möglichst eindrucksvoll vorgestellt.
⁵ Es sollte darauf geachtet werden, daß die verschiedenen touristisch interessanten Schwerpunkte berücksichtigt sind.

▶ *Ein interkulturelles Schulhaus – andere Länder und Sprachen*
werden sichtbar
(Johanna Heiß/Katrin Tjaden)

Jahrgangsstufe: 5-10
Fächer: Deutsch, Geschichte, Kunsterziehung, Biologie, Erdkunde, Wirtschaft, Musik, Religion
Unterrichtsziel/Projektergebnis: Schülern und Besuchern bewußt machen, daß an der Schule Kinder verschiedener Nationalitäten und Sprachen gemeinsam lernen.

Schritte zur Durchführung

s In den Klassen recherchieren, aus welchen Ländern die Schüler kommen; Lehrer, Schulleiter und Schüler befragen; Fragebögen in den Klassen.

s Befragungsergebnisse an einer Weltkarte im Schulhaus veranschaulichen, z. B. mit Pinnadeln oder Fotos von Mitschülern.

s Klären von Fragen in der Klasse: Können wir alle Länder berücksichtigen? Welche Bereiche interessieren uns besonders? Wer von den Mitschülern, deren Land in unserer Klasse nicht vertreten ist, macht mit?

s Bau eines Riesenglobus oder einer Weltkarte (Holz, Styropor).

s Auswahl und Festlegung der Themen, z. B.: Informationen über andere Länder wie Geographie, Gebräuche, Musik, Essen, Familienleben …; aktuelle Nachrichten aus dem Ausland; Verständigung in fremden Sprachen.

s Entsprechenden Fragebogen für andere Klassen entwerfen, austeilen, auswerten.

s Ausschreibung eines Ideenwettbewerbs in allen Klassen; Erarbeitung von Vorschlägen durch die Schülermitverwaltung; Ideensammlung im Hausbriefkasten.

s Besprechen und Auswerten der Vorschläge durch ein Lehrer-Schüler-Gremium: Preisverleihung, Verteilung der Arbeitsaufträge an einzelne Klassen.

s Realisierung der Arbeitsaufträge: Ständer mit verschiedenen Nationalfahnen basteln; Wandteppich mit Grüßen und Sprüchen in verschiedenen Sprachen bedrucken (Eltern ausländischer Mitschüler einbeziehen).

s Schaukästen und Ausstellungstische im Schulhaus mit Bildern, Karten, landestypischen Gegenständen, Musikinstrumenten usw. gestalten;

s Wegweiser zu den Fachräumen im Schulhaus in mehreren Sprachen beschriften; Gegenstände in den Fachräumen, wie z. B. Küchengeräte, Werkzeuge, ausstellen und in mehreren Sprachen beschriften;

s Informationsblatt für neue ausländische Mitschüler erstellen; kleines, mehrsprachiges Lexikon in der Klasse erstellen; mehrsprachige Tafel im Sekretariat aushängen, die bei der Neuanmeldung eines Schülers helfen soll, Formulare auszufüllen;

s Merkblätter über die Schullaufbahn in verschiedenen Sprachen ausgeben;

⁵ Tafel mit der Namensliste der Klassensprecher (ausländische Namen werden erkennbar) aushängen;

⁵ Wechselnde landeskundliche Ausstellungen über die einzelnen Herkunftsländer der Schüler in der Pausenhalle/im Treppenhaus mit jeweils einem Schwerpunktthema organisieren, z. B. Geschichte, Wirtschaft, Bodenschätze, Pflanzen, Tiere, Musik, Malerei, Architektur, Brauchtum usw.;

⁵ Schaukasten mit Jugendbüchern zu Themen der verschiedenen Länder oder speziell zum Thema „Ausländer in Deutschland" zusammenstellen;

⁵ Plakatwand oder Wandteppich mit dekorativ ineinanderverschlungenen lateinischen, arabischen, kyrillischen Buchstaben gestalten;

⁵ Fotowand mit internationalen Schülerporträts aufstellen;

⁵ Eltern und Lehrer am Elternabend neben Kaffee, Tee und „deutschen" Plätzchen auch mit ausländischen Spezialitäten (z. B. türkischen Süßigkeiten) verkÖstigen;

⁵ Einen Führer durch das Schulhaus verfassen oder Eltern, Gemeindevertreter usw. selbst durch das Haus führen.

▶ *So spielen und tanzen wir – ein internationales Folklorekonzert*
(Johanna Heiß)

Jahrgangsstufe: 5-10
Fächer: Musik, Kunsterziehung, Sport, Informatik, Deutsch, Hauswirtschaft
Unterrichtsziel/Projektergebnis: Wir organisieren ein Folklorekonzert an unserer Schule.

Schritte zur Durchführung

⁵ Mitschüler stellen Lieder ihres Heimatlandes in der Klasse vor.

⁵ Anhören und Sammeln internationaler Folklore; Erstellen einer Folklore-Hitparade.

⁵ Vortrag gesanglicher, instrumenteller oder tänzerischer Art von einzelnen Schülern oder Gruppen im Klassen- oder Fachunterricht (Musik/Sport); Vortrag auch mit außerschulischen Freunden, mit Familienmitgliedern möglich.

⁵ Einstudieren eines Volksliedes oder -tanzes aus unserem oder einem anderen Land durch Lehrer oder Mitschüler im Klassen-, Musik-, Sportunterricht. Es richtet sich nach der Anzahl der Beiträge, ob man dies in allen Klassen durchführt.

⁵ Zusammenstellen der Beiträge, Programmentwurf und Organisation eines Konzerts durch das Lehrerkollegium für die Schule; in kleinerem Rahmen für einzelne Klas-

sen oder Jahrgangsstufen planen; auch Folkloregruppen mit einbeziehen, der Schüler angehören;
5 Entwurf und Herstellung von Einladungen, Programmen, Eintrittskarten und Plakaten durch Klassen oder AG Kunst/Informatik;
5 Organisation und Herstellung evtl. benötigter Trachten, Requisiten durch Klassen, oder: Eltern, Folkloregruppen, Vereine beauftragen;
5 Versand von Einladungen auch an Vertreter der Öffentlichkeit;
5 Durchführung des Konzerts: Auftritt von einzelnen Schülern, Instrumentalgruppen, von Klassenverbänden, von Tanzgruppen; Moderation durch Schüler; Videoaufnahme; Verkauf von Spezialitäten aus anderen Ländern in der Konzertpause, organisiert durch den Elternbeirat oder Schüler im Rahmen der Hauswirtschaft.

▶ *Von den Hieroglyphen zum Graffiti – Ausstellung*
(Mechtild Seinfeld)

Jahrgangsstufe: 5-10
Fächer: Kunst, Deutsch, Sozialkunde, Geschichte
Unterrichtsziel/Projektergebnis: Schrift und Schriftzeichen; Schrift als Ausdruck von Kultur, Identität und Mittel zur Verständigung kennenlernen.

Schritte zur Durchführung
5 Wieviele Sprachen und Schriften gibt es an unserer Schule?
5 Entstehung von Buchstaben und Schrift.
5 Schriften Europas im Vergleich mit Schriften des Orients und Asiens;
5 Schriftsymbole und Zeichen als Mittel zur Information aber auch als Mittel zur Diskriminierung und Ausgrenzung;
5 Signalwirkung der Schrift;
5 Übernahme von Fremdwörtern in unsere Sprache und Schrift;
5 In Gruppenarbeit Planung der Ausstellung und Erarbeiten eines Konzepts;
5 Über das Schülerforum alle Klassen informieren und zur Beteiligung an der Ausstellung aufrufen;
5 Deligieren der Beiträge durch das Ausstellungskomitee, Mithilfe in einzelnen Klassen zur Bearbeitung der Beiträge;
5 Mögliche Inhalte der Ausstellung: Lebenslauf eines ausländischen Schülers in seiner und in deutscher Sprache; geschriebenes Lied oder Gedicht in zwei Sprachen, in Partnerarbeit übersetzt; fotografierte Sprüche von Schultoiletten, Einrichtungen des

Schulgeländes, U-Bahn, Mauern usw.; Herstellen von Glückwunschkarten in verschiedenen Sprachen; Text, in einer Geheimschrift der Schüler geschrieben; Übersetzung eines griechischen Schriftblockes der Antike in das Deutsche; Nachgestaltung von Hieroglyphen und der Versuch einer Deutung; Sammeln von Symbolen und Zeichen, die Schrift ersetzen; Analyse von Symbolen und Zeichen zu Gewaltaufruf und Verletzung der Menschenwürde;

₅ Aufbau der Ausstellung: Organisation der Stellwände, Auswahl und Aufhängen der Arbeiten, Fotos zum Enstehungsprozeß der Arbeiten, zusätzliche mit weißem Papier bespannte Stellwände und Zeichentusche, Filzstifte und Spray bereitstellen; Führungen durch die Ausstellung organisieren; die Ausstellung in einer Dokumentation oder für eine Ausgabe der Schülerzeitung auswerten.

▶ *Andere Kulturen und deren Landschaft*
(Mechtild Seinfeld)

Jahrgangsstufe: 5-10
Beteiligte Fächer: Kunst, Deutsch, Sozialkunde
Unterrichtsziel/Projektergebnis: Verfremdung als Annäherung: Das Typische verschiedener Kulturen und Landschaften soll sich in einer bildnerischen Gestaltung verbinden und einer Ausstellung dargestellt werden.

Schritte zur Durchführung

₅ In der Klasse stellen sich Schüler verschiedener Nationen und Länder vor.
₅ Lesen von Urlaubsprospekten und Vergleich der Aussagen mit den Erfahrungen der Schüler;
₅ Sammeln von Urlaubsfotos entsprechend der Vorstellung, die wir von diesem Land haben;
₅ Wie läßt sich das Typische zweier Länder bildlich darstellen?
₅ Wie erreiche ich eine farbliche und malerische Ausdrucksform, die meiner Vorstellung entspricht: Farbe-Licht, Vegetation-Formation, Bauwerke-Architektur, Menschen-Kleidung, Tiere-Tierarten?
₅ Museumsbesuch mit einem interkulturellen Bezug;
₅ Dia-Reihe berühmter Landschaftsbilder aller Kulturen;
₅ Anregung zur Vorstellung der Verfremdung, der Vermischung verschiedener Stilelemente: Bilder von René Magritte, Salvador Dali;
₅ Besuch eines ausländischen Kulturzentrums;

⁵ Malen der Bilder, Herstellen von Collagen, Fotomontagen;
⁵ Zusammenstellen einer Dia-Schau, wobei Dias verändert werden, z.b. durch teilweises Übermalen (deckend mit Plakafarbe, durchsichtig mit Filzstift) auf einer Leuchttischplatte;
⁵ Organisation der Ausstellung.

▶ Ein Mensch, ein Land, ein Bild, ein Gegenstand aus einer anderen Kultur
(Mechtild Seinfeld)

Jahrgangsstufe: 5-10
Fächer: Kunst, Textiles Gestalten, Hauswirtschaft, Werken
Unterrichtsziel/Projektergebnis: Herstellen eines Leporellos oder eines Kalenders in Gemeinschaftsarbeit.

Schritte zur Durchführung

⁵ Sammeln von Abbildungen zur möglichen Nachgestaltung: Bild, Foto, Maske, Skulptur, Gebrauchsgegenstand, Kleidung, Schmuck, Kopfbedeckung, Speise, Rezept;
⁵ Sammeln von Materialien;
⁵ Interview mit ausländischen Schülern: Wie möchten sie und ihr Land dargestellt werden?
⁵ Eine Fotogruppe sucht passende Motive: in Geschäften, in der Umgebung der Schule, auf dem Schulgelände;
⁵ Kauf von Postkarten;
⁵ Auswahl des Bildmaterials, Begrenzung der Gegenstände in Bezug auf Machbarkeit der Nachgestaltung (in Einzel-, Partner-, Gruppenarbeit);
⁵ Das nachgestaltete Bild kann ähnlich oder farblich und gestalterisch umgesetzt werden: Maske oder Skulptur als Gips, Keramikplast oder Ton fertigen - Gebrauchsgegenstand kann aus Holz, Leder, Stoff sein - Kleidung und Schmuck wird in Textilem Gestalten gefertigt - die Speise in Hauswirtschaft oder zu Hause gekocht;
⁵ Alle gefertigten Produkte werden fotografiert. Zusammen mit den entstandenen Bildern und Zeichnungen wird ein Leporello oder Kalender gefertigt. Die Papierarbeit zu Kalender oder Leporello wird im Werkunterricht gestaltet. Jeder Schüler stellt sein eigenes Deckblatt her, freie Wahl der Mittel (Foto, Bild). Gestaltung des Kalenders, Verkauf.

▶ Vom Leben der Sinti und Roma
(Isolde Eberhard/Petra Hölscher)

Jahrgangsstufe: 5-10
Fächer: Deutsch, Geschichte, Sozialkunde, Religion, Ethik
Unterrichtsziel/Projektergebnis: Textsammlung mit Fotos, oder: Kassette mit Musik und Texten.

Schritte zur Durchführung

⁵ Anhand von altersgemäßen Texten gewinnen die Schüler einen Einblick in die Lebensweise, Kultur und Herkunft der Sinti und Roma.
Als Material ist geeignet: Berichte in Zeitungen, Märchen und Geschichten, Musik, Literatur aus der Bücherei, Lexika, Informationsmaterial (Adressen siehe unten).
⁵ Wenn die Möglichkeit besteht, bietet sich eine Einladung von Sinti oder Roma in die Klasse an. Für das Gespräch sollten vorher Interviewfragen entwickelt werden.

Sinti und Roma

Erst seit wenigen Jahren hat sich in der Öffentlichkeit die Bezeichnung „Sinti und Roma" für unsere Volksgruppe durchgesetzt, für die bisher – aus Unkenntnis – der Begriff „Zigeuner" üblich war.
Die meisten Angehörigen unseres Volkes lehnen die Bezeichnung „Zigeuner" ab, ursächlich wegen des diskriminierenden Umgangs in der Vergangenheit.
Über den Ursprung des Wortes selber gibt es verschiedene Theorien. So könnte es von dem byzantinischen „atcinganoi" stammen, die Bezeichnung für Unberührbare.
Eine andere Erklärung liefert die Redewendung „ziehende Gauner", woraus das Wort „Zigeuner" entstand, wie auch umgekehrt „Zieh-Gauner" die Verballhornung des Wortes „Zigeuner" ist.
Der Name „cigani" wird auf die gnostische Sekte der Atsingani oder Athiganoi zurückgeführt, von denen man annimmt, daß sie mit den Sinti und Roma in Verbindung kamen. Von diesen Namen werden fast alle heute gebräuchlichen Bezeichnungen abgeleitet: Cigani (slawisch); Zingari (italienisch); Tsiganes (französisch); Cingeneler (türkisch); Cingarus (lateinisch). Das englische Wort „gypsie", sowie das spanische Wort „gitanos" basieren darauf, daß sich viele Sinti und Roma ursprünglich selbst als Ägypter (agyptien) bezeichneten. Das Wort „Rom" (Mann), im Plural „Roma", stammt aus dem „Romanes", der Sprache unserer Volksgruppe, die sich aus dem indischen Sanskrit entwickelt hat.

Der größte Teil unserer im deutschsprachigen Mitteleuropa lebenden Volksgruppe bezeichnet sich selbst als Cinti (Sinti). Dieser Name leitet sich von einem Hauptstrom in Nordwestindien namens „Sindhu" ab. Unser Volk stammt ursprünglich aus dem Punjap, dem heutigen Grenzgebiet zwischen Pakistan und Indien. erursacht durch Kriege und Feldzüge arabischer Herrscher wanderten vom 9. Jahrhundert an Sinti- und Roma-Gruppen nach Kleinasien und Europa. Seit Beginn des 15. Jahrhunderts lebten Sinti im deutschen Sprachraum. Trotz der jahrhundertelangen Verfolgungen und Diskriminierungen, trotz des Völkermordes im „Dritten Reich", dem im NS-besetzten Europa über 500 000 Angehörige unserer Minderheiten zum Opfer fielen, sind wir Sinti und Roma selbstverständlich Bürger unseres jeweiligen Staates, und wir sind unserer Heimat ebenso verbunden, wie es die jeweilige Mehrheitsbevölkerung auch ist.

Neben der im Zuge dieser langen Geschichte längst vollzogenen Integration in die jeweiligen Gesellschaften bewahrten sich Sinti und Roma eine kulturelle Eigenständigkeit. Unsere Sprache, das Romani (Romanes), bewahrt - obwohl schriftlos – bis heute die Struktur des Sanskrit und zählt so zu einer der ältesten noch heute gesprochenen Kultursprachen in Europa.

Wanderbewegungen

Zwischen dem 8. und 12. Jahrhundert zogen Sinti und Roma in kleineren und größeren Gruppen nach Westen.
Ihr Weg führte über Pakistan, Iran, die Türkei und die Balkanländer nach Europa. Ihren Lebensunterhalt verdienten sie vorwiegend mit handwerklichen Tätigkeiten, vor allem als Schmiede, Werkzeugmacher, Kesselflicker, Scherenschleifer, Korbflechter und Pferdehändler; manche auch als Musikanten und Künstler oder Puppenspieler. Einige Gruppen erreichten ab dem 14. Jahrhundert Westeuropa und somit auch Deutschland (erstmals 1392 in Hildesheim urkundlich erwähnt). In den westeuropäischen Ländern waren sie zunächst geduldet. Etwa vom 15. Jahrhundert an wurden überall in Europa sinti- und romafeindliche Gesetze erlassen. Einige Beispiele: Die Polizei- und Landesverordnungen für Sachsen, Thüringen und Meißen aus dem Jahre 1589 sahen vor, daß Sinti und Roma Hab und Gut weggenommen und sie „samt Weib und Kind außer Landes getrieben" werden können. Aus dem Jahre 1725 ist ein Erlaß des König Friedrich Wilhelms I. von Preußen bekannt, demzufolge alle „Zigeuner", die älter als acht Jahre sind, ohne Ge-

richtsverfahren am Galgen erhängt werden sollten. Bis zum 18. Jahrhundert wurden Sinti und Roma in sämtlichen deutschen Ländern als vogelfrei erklärt. Danach, im Zeitalter der Aufklärung, änderten sich die Methoden: Durch Zwang zur Assimilation und entsprechende Gesetze (Sprachverbot, Zwangsehen mit Nicht-Sinti und Roma, Wegnahme der Kinder) wurde versucht, die Sinti und Roma ihrer ethnischen Identität zu berauben. Ab Mitte des 19. Jahrhunderts wurde in Deutschland mit einer vollständigen Erfassung der Sinti- und Roma-Familien begonnen. Auf dieses behördliche Registrationsnetz konnten später die nationalsozialistischen Behörden bei der Ausführung ihrer Vernichtungspolitik gegen Sinti und Roma zurückgreifen. In den anderen europäischen Ländern ist eine parallele Entwicklung zu verzeichnen: Ähnliche Gesetze, Erlasse und Verordnungen wie in den deutschen Fürstentümern und Ländern sind auch aus Skandinavien, Frankreich, Ungarn und den Balkanländern bekannt.

So wurde die unfreiwillig reisende Lebensform der Sinti und Roma angesichts der Tatsache, daß sie im Grunde nirgendwo geduldet waren, zur Überlebensstrategie und im 20. Jahrhundert zum Leidensweg dieses Volkes.

Literaturhinweis: Eine Fülle von Informationen sind zu finden in: Interkulturelle Beiträge 4, Weit bin ich gegangen. Weit. Sinti und Roma. Herausgeber: Regionale Arbeitsstellen für Ausländerfragen e. V. Brandenburg und Berlin, Schumannstraße 5, 10117 Berlin, Tel.: 030/2823079, 2829627.

In diesem Heft findet sich u. a.: ein umfangreiches Literaturverzeichnis (s. Auszug), Historisches (s. Textauszüge), Fotos und Bilder, Geschichten usw.

Seit 1991 gibt es in Berlin einen *Arbeitskreis Sinti und Roma*, dem mehrere Organisationen wie Cinti-Union, Ausländerbeauftragte usw. angehören. Der Arbeitskreis hat eine Materialiensammlung zusammengestellt, in der sich Zeitungsartikel zur aktuellen Situation der beiden Völkergruppen, Informationen zu ihrer Geschichte, Märchen, Erzählungen, Bücher, Videos, Musikkassetten usw. finden. Das Material kann für verschiedene Unterrichtsfächer der Grundschule und der Sekundarstufe genutzt werden. Dem Arbeitskreis steht weiterhin ein Beratungsbus zur Verfügung, um vor allem die Romas in den Flüchtlingsheimen Brandenburgs schnell zu erreichen. Zu den vielfältigen Aktivitäten des Arbeitskreises zählt auch die Zusammenarbeit mit Theater- und Musikgruppen.

Anschrift: Regionale Arbeitsstellen für Ausländerfragen e. V., s. o.

Sinti und Roma, ein Volk auf dem Wege zu sich selbst (Materialien zum Internationalen Kulturaustausch, Nr. 17) Institut für Auslandsbeziehungen, Stuttgart 1981

Sinti und Roma, eine Studie der Evangelischen Kirche in Deutschland (EKD-Texte, Nr. 42)

Sinti und Roma, Faltblatt, Gesellschaft für bedrohte Völker, Göttingen 1991

Pogrom-Quartalsschrift der Gesellschaft für bedrohte Völker, in folgenden Nummern ist etwas zur Thematik enthalten: Nr. 80/81, 92, 116, 122, 130, 150, 157

Böhmer, Torsten/Meueler, Erhard: Mitten unter uns: Sinti und Roma (Organisationsstelle kirchlicher Erwachsenenbildung) Arbeitsstelle für Erwachsenenbildung der EKHN, Paulusplatz 1, 64285 Darmstadt

Bericht zur Lage der Roma-Gruppen in Rumänien, Dokumentations- und Kulturzentrum deutscher Sinti und Roma, 1991

Cinti und Roma, Dokumente einer Ausstellung, o. J.; Forum für Sinti und Roma

Meister, Johannes: „Die Zigeunerkinder" von der St. Josephspflege in Mulfingen, Kulturzentrum Deutscher Sinti und Roma, Heidelberg 1987

Gutachten zur Menschenrechtslage der Roma und zur Problematik der Abschiebungen nach Jugoslawien, Gesellschaft für bedrohte Völker, Göttingen 1991

Günther, Wolfgang: „Ach Schwester, ich kann nicht mehr tanzen ..." Sinti und Roma im KZ Bergen-Belsen, Niedersächsischer Verbund deutscher Sinti, Hannover 1990

Hase-Mihalik, Eva von: „Du kriegst auch einen schönen Wohnwagen", Zwangslager für Sinti und Roma während des Nationalsozialismus in Frankfurt/Main, Frankfurt/Main 1990

Kenrick, Donald: Sinti und Roma, die Vernichtung eines Volkes im NS-Staat, Gesellschaft für bedrohte Völker, Göttingen 1981

Krausnick, Michail: Abfahrt Karlsruhe, die Deportation der Karlsruher Sinti und Roma – ein unterschlagenes Kapitel aus der Geschichte unserer Stadt, Verbund der Sinti und Roma e. V., Karlsruhe 1990

Lindemann, Florian: Die Sinti aus dem Ummenwinkel, ein sozialer Brennpunkt erholt sich, Weinheim 1991

Geigges, Anita: Requiem für Kaza Katharinna, dem Andenken und zu Ehre aller verfolgten Roma, 1990

Reemtsma, Katrin: Minderheiten ohne Zukunft? Roma in Jugoslawien, 1990

Rinser, Luise: Wer wirft den Stein? Zigeuner sein in Deutschland – eine Anklage, Frankfurt/Main 1987

Die Roma – Hoffen auf ein Leben ohne Angst, Roma aus Osteuropa berichten, Hamburg 1992

Rose, Romani: Sinti und Roma im „Dritten Reich", das Programm der Vernichtung durch Arbeit, Göttingen 1991

Rose, Romani: Bürgerrechte für Sinti und Roma, das Buch zum Rassismus in Deutschland, Zentralrat Deutscher Sinti und Roma, Heidelberg 1987

Sinti am Hackenbruch, Otto-Pankok-Siedlung, Stadtmuseum, Düsseldorf, 1985

Sinti und Roma auf dem Evangelischen Kirchentag 1991 in Bochum und Essen, Zentralrat Deutscher Sinti und Roma, Heidelberg 1991

Schenk, Dieter: Der Wind ist des Teufels Niesen. Die Geschichte eines jungen Zigeuners, Hamburg 1988

Stojka, Ceoja: Wir leben im Verborgenen, Erinnerungen einer Rom-Zigeunerin, Wien, 1989

Uhlik, Rade/Radicevic, Branko: Zigeunerlieder, Leipzig 1988

Seibert, Wolfgang: Nach Auschwitz wird alles besser – Die Roma und Sinti in Deutschland, Hamburg o. J.

Dzurko, Ruda: Ich bin wieder Mensch geworden – Bilder und Geschichten eines Rom-Künstlers, Leipzig/Weimar 1990

Martins-Heuß, Kirsten: Zur mythischen Figur des Zigeuners in der deutschen Zigeunerforschung, Vorwort R. Rose, Frankfurt/Main 1983

Pankok, Otto: Zigeuner, Düsseldorf 1958

Pankok, Otto: Otto Pankok – Zeichnungen, Grafik, Plastik, Berlin 1982

Yoors, Jan: Das wunderbare Volk – Meine Jahre mit den Zigeunern, München 1989

Meueler, Erhard/Papenbrok, Marion: Kulturzentren in der Kultur- und Sozialarbeit von Sinti und Roma – ein interkultureller Vergleich, Weinheim und Basel 1987

Mode, Heinz/Milena Hübschmannová (Hrsg.): Zigeunermärchen aus aller Welt, Leipzig 1991

▶ *Eine Weihnachtsfeier mit bosnischen Flüchtlingskindern*
(Katrin Tjaden)

Es fing damit an, daß in der Versammlung der Klassensprecher einer Münchner Hauptschule die Schüler sich wünschten, eine besinnliche Weihnachtsfeier mit allen Klassen der Schule zusammen zu gestalten. Im Unterschied zu den vorangegangenen Jahren sollte nicht jede Klasse für sich im Klassenzimmer feiern, es sollte auch keine Veranstaltung in der Aula mit Darbietungen auf der Bühne werden, sondern die Schüler baten um ein gemütliches, adventlich geprägtes Beisammensein. Gerade der Wunsch nach einer „besinnlichen" Feier wurde zu einer Herausforderung zunächst für die Lehrer, dann für den Elternbeirat und schließlich für die Schüler selbst.

Die „deutschen" Klassen sind international und werden von Schülern aus Sri Lanka bis Polen besucht. Zu diesen Klassen kamen noch türkische muttersprachliche Klassen hinzu und zwei Klassen mit bosnischen Flüchtlingskindern. Es galt daher, eine Weihnachtsfeier für einen internationalen Schülerkreis wie auch eine Feier für christliche und islamische Schüler zu planen.

Als größter Raum für ein Schulfest bot sich die Turnhalle an, in der 200 Schüler an gedeckten Tischen Platz finden konnten, die Größe der Schulmitglieder machte jedoch zwei Feiern notwendig. Für die beiden Feiern wurden die Klassen so aufgeteilt, daß jeweils deutsche, türkische und eine bosnische Klasse beteiligt waren, außerdem alle Altersstufen vertreten waren. Der Elternbeirat übernahm die Ausschmückung des Raumes, deckte die von den Schülern aufgestellten Tische mit Kerzen, Servietten, Mandarinen- und Plätzchenteller und schenkte Kinderpunsch aus. Die Plätzchen sollten von den Schülern am Tag vor der Feier als Spende in der Schulküche abgegeben werden.

In den vorhergehenden Wochen wurde in den einzelnen Klassen besprochen, welchen Beitrag die Schüler selbst leisten wollten. Da Schüler aus vielen Nationen in dieser Schule zusammenleben, lag es nahe, nach Weihnachtsbräuchen aus ihrer Heimat zu fragen. Das Programm, das aufgestellt wurde, sah Lieder in unterschiedlichen Sprachen, Gedichte und Geschichten vor. Bei dieser Planung beteiligten sich die mohammedanischen Schüler ebenso begeistert wie die christlichen Schüler. Außerdem konnte bei der Auswahl der von ihnen vorgetragenen Texte Rücksicht auf ihre Religion genommen werden.

Wichtiger als die Darstellung unterschiedlicher Weihnachtsbräuche war die Weitergabe der Weihnachtsbotschaft an die Kinder, der Gedanke von Frieden und Liebe unter den Menschen. In diesem Sinne wurden auch die Texte und Lieder ausgesucht. Weiter wurde in allen Klassen ein Lied einstudiert, das später als Kanon gemeinsam gesungen werden sollte.

Für Kinder gehört zu einer Weihnachtsfeier auch das Schenken und Beschenktwerden. Die Klassensprecher verlosten untereinander die Klassen, die sich ein Geschenk machen sollten. Vor der Weihnachtsfeier sollten diese Päckchen auf einem großen Gabentisch aufgebaut werden.

So sollte zum Beispiel eine 8. deutsche Klasse die bosnische Klasse der 5.-6. Jahrgangsstufe beschenken. Nach langen Gesprächen einigte man sich auf folgende Geschenke und gleichzeitig folgende Arbeitsteilung: Die Fotogruppe der Klasse fertigte von jedem Schüler der zu beschenkenden Klasse ein Foto im DIN A4 Format, die Schüler der Werkgruppe zogen in ihrem Unterricht die Fotos auf festen Karton auf, und die Schüler der Hauswirtschaftsgruppe backten im Unterricht Weihnachtsplätzchen. So waren alle Schüler in die Vorbereitungen eingebunden.

Um ehrlich zu sein, die meisten Lehrer hatten große Bedenken vor dieser Feier. Mit jeweils 200 Hauptschülern in der abgedunkelten Turnhalle bei Kerzenlicht, Plätzchenknabbern, Punschtrinken ein stimmungsvolles Weihnachtsfest feiern? Die Prognosen reichten von „klappt schon" bis „totales Chaos mit umgekippten Punschbechern, zerbröselten Plätzchen, störendem Dazwischenquassel".

Und dann erlebten Schüler wie Lehrer ein Fest, von dem noch lange gesprochen wurde. Die adventlich geschmückte Halle war als Turnhalle kaum wiederzuerkennen. Die Schüler kamen in „Sonntagskleidung", auch gefürchtete Rüpel zeigten stolz Oberhemd und Krawatte. Klassenweise nahmen sie an den gedeckten Tischen Platz. Sehr verbindend war der zu Beginn gesungene Kanon „... auf daß Frieden werde!" Begeistert hörten die Schüler den einzelnen Darbietungen zu und klatschten anerkennend Beifall, würdigten auch den Mut der Mitschüler, vor einem so großen Publikum aufzutreten. Zwischendurch war genügend Zeit, sich zu unterhalten, Plätzchen zu knabbern. Dann kam die Bescherung der einzelnen Klassen untereinander, ein aufregender Moment, als die wirklich phantasievollen und witzigen Geschenke ausgepackt wurden.

Selten wurde die Botschaft vom Frieden auf Erden so deutlich wie in dem Moment, als einzelne bosnische Kinder in gebrochenem Deutsch ihren Bericht über ihre Kriegserlebnisse in der Heimat oder über ihre Flucht vorlasen. Sie sangen anschließend ein bosnisches Lied über die Liebe vor, desssen Refrain und letzte Strophe auch in deutscher Sprache gesungen wurde.

Spontan griff die gesamte Schulgemeinde dieses Lied am Ende der Feier nochmals auf, summte mit und klatschte den Rhythmus. Danach standen alle auf, reichten sich die Hand und wünschten sich „Frohe Weihnachten".

Noch ein Satz zur Organisation. Die Schüler, die an der ersten Feier teilnahmen, stellten Tische und Stühle aus den Klassenzimmern am Tag vor der Feier in die Turnhalle. Nachmittags schmückten die Vertreter des Elternbeirates den Raum. In der halbstündigen Pause zwischen beiden Feiern räumten die Lehrer, die keine Klasse zu betreuen hatten, die Halle wieder auf. Die Schüler der 2. Gruppe trugen im Anschluß an ihre Feier Tische und Stühle in die Klassenzimmer zurück. Auch dieser Umzug verlief relativ reibungslos und unkompliziert, da die Möbel pro Klasse mit je einem farbigen Klebepunkt markiert waren.

▶ *Internationaler Schüleraustausch – Checkliste zur Organisation*
(Ditmar Heinl)

Vorphase (ein bis zwei Jahre vorher)

﹒ Kontaktaufnahme mit Auslandsschule – privat oder institutionell;
﹒ Schüler beider Schulen zu gegenseitigen Briefkontakten motivieren und Themen des Briefwechsels in den Unterricht integrieren; Empfehlung: Gemeinsame Klassenpost.

Literaturempfehlung: *Raths, Angelika:* Klassenkorrespondenz – Versuche zum freien Schreiben und Reden. In: *Müller, Bernd Dietrich:* Anders lernen im Fremdsprachenunterricht. Experimente aus der Praxis. Berlin 1989

Rahmenplanung (ein knappes Jahr vorher)

5 Rechtliche Fragen mit den ausländischen Konsulaten abklären; dort auch Vorhaben ankündigen, um – zumindest – ideele Unterstützung bitten;

5 Ziele und Anliegen mit allen Betroffenen besprechen: Schüler, Lehrkräfte, Eltern, Schulleitung, evtl. Ausländerstelle der Kommune;

5 Projektgruppen der Beteiligten zusammenstellen;

5 Gesamtprogramm in Zusammenarbeit mit den Arbeitsgruppen der Austauschschule entwickeln: Unterrichts-, Projekt-, Besichtigungs- und Freizeitanteile festlegen;

5 Zeitlichen Verlaufsplan erstellen;

5 Anzahl der Teilnehmer und Teilnehmerinnen feststellen;

5 Elterninformation im Rahmen eines Elternabends: Vorstellung des Konzepts, Kosten, Zahlungsmodalitäten, über die besonderen Bedingungen der Landeskultur durch ein Merkblatt informieren, bei Austausch mit muslimischen Kindern auch über Grundzüge des Islam;

5 Einverständniserklärung der Eltern für den Austausch und die Aufnahme der Gäste einholen; evtl. Ausfallversicherung abschließen lassen.

Detailplanung (drei bis sechs Monate vorher)

5 Organisation von Unterkunft, Verpflegung und Transport;

5 Versicherungsfragen abklären: Kranken-, Unfall-, Rechtsschutz-, Haftpflichtversicherung;

5 Zuschüsse beantragen (Kultusministerium, Kommune, Bezirk, Ausländerbeirat, Förderverein der Schule, Elternbeirat, private Sponsoren, …);

5 Sonderkonto eröffnen;

5 Presse informieren;

5 Terminabsprachen mit eingeladenen Fachleuten und Referenten;

5 Evtl. kleine „gemischte" Vorausabordnung zur Abklärung der offenen Fragen „vor Ort" schicken.

„Heiße Phase" (vier bis sechs Wochen vorher)

5 Infoblätter und Checklisten für die Teilnehmer erstellen: Telefonnummern, Erreichbarkeit der Eltern, Paßgültigkeit, Versicherungsabschlüsse prüfen;

5 Verhaltensregeln erarbeiten;

5 Praktische Tips: Stadtpläne, öffentliche Verkehrsmittel, Einkauf, Gastronomie, Gastgeschenke, Zollbestimmungen, …

5 Programm und Adressenliste für alle Teilnehmer und deren Eltern verteilen;

5 Ort und Zeitpunkt von Abfahrt und Rückkehr festlegen;

5 Nummer des „Nottelefons" bekanntgeben;

5 Einen Projekttag unmittelbar vor der Abfahrt festlegen;

5 Mit den Schülern Berichte und Beobachtungsaufträge für ein Reisetagebuch vereinbaren (Fotos, Video, Interviews auf Kassette).

Nachher

5 Reiseberichte für die Eltern oder Schule, interessierte Klassen (Dia-Vortrag, Video-Film, Ausstellung);

5 Kleines Info-Paket zusammenstellen und an den örtlichen Zeitungsverlag schicken;

5 Dankschreiben mit Info-Paket an die Sponsoren schicken.

Literaturhinweis: Die Checkliste wurde erstellt in Anlehnung an die sehr empfehlenswerte Handreichung für den interkulturellen Schüleraustausch. Hrsg: Deutsche UNESCO Kommission, Bonn 1991.

Ein sehr schönes Projekt zeigen auf: *Alix, Christian/Kodron, Christoph:* Schüleraustausch als Teil interkulturellen, themenzentrierten Arbeitens. In: Anders lernen im Fremdsprachenunterricht. Experimente aus der Praxis. Berlin, München, Wien, Zürich, New York 1989.

Projektorientierte Klassenreisen in die Türkei werden von der Körber-Stiftung gefördert. Während ihres Aufenthalts sollen die Schüler ein tieferes Verständnis für das Land gewinnen. Um eine Förderung bewerben können sich Klassen, Kurse und Gruppen aller Schulformen ab Klasse 9. Die Klassen müssen bei der Bewerbung nachweisen, daß sie sich in einem früheren Projekt mit der Situation der türkischen Einwanderer in der Bundesrepublik beschäftigt und im kleinen Rahmen zu einer besseren Verständigung zwischen Deutschen und Türken beigetragen haben. Besonders werden Gemeinschaftsprojekte von deutschen und türkischen Schülern begrüßt.
Mehr zur Bewerbung, zur Projektvorbereitung, zur Finanzierung und zu den Fördermöglichkeiten können Interessierte erfahren bei: Körber-Stiftung, Frau Claudia Musekamp, Kampchaussee 10, 21027 Hamburg

Lesen verbindet –
Literatur aus anderen Ländern

Märchen und Erzählungen aus verschiedenen Ländern
(Nicola Unger/Michaela Ulich)

Jahrgangsstufe: 5

Warum Märchen?

Märchen sind als fiktive Darstellungen von kulturellen Eigenheiten, Traditionen und Begebenheiten eine in allen Kulturen bekannte Literaturgattung, gleichsam ein Stück gemeinsames kulturelles Erbe. Deshalb stellen sie einen möglichen Zugang zum Kulturkreis der fremden, ausländischen Kultur dar und können es erleichtern, die fremde Kultur als Bereicherung anzusehen. Über sie können Unterschiede und Parallelen ohne negative Stigmatisierung aufgezeigt werden. Märchen gründen in allen Kulturen in ihrer bildhaften Symbolsprache auf basale menschliche Erklärungsansätze und Wissen, auf Gefühle und Ereignisse (wiederkehrende und allgegenwärtige Elemente wie Angst, Unterdrückung, Freude, Feste, Familie usw.). „In ihrer Bildsprache wurde das Urwissen der Menschheit über menschliche Entwicklungen, Ängste und Freuden von Generation zu Generation weitergegeben." (*Jakubeit, G.*: Materialien zur interkulturellen Erziehung im Kindergarten, Bd. 1. Kinder, 15, Berlin 1988).

Märchen sind Ausdrucksmittel einer überwiegend mündlichen Kultur, die durch die Übernahme in eine ausdifferenzierte Schriftkultur oder gar eine Kultur der technischen Medien grundlegende Veränderungen erfuhr. Dies kann bei der Arbeit mit Märchen bewußt thematisiert werden: Wie knüpfen Märchen an eine mündliche Erzähltradition an, wie verändern sie sich im Fernsehen oder als Hörspiel, welche Entwicklungen und (kulturspezifische oder übergreifende) Variationen werden deutlich? Die Umsetzung von traditionellen Märchen in Pantomime, Theater, Schattenspiel und vieles mehr regt zum eigenen kreativen Umgang mit dieser Literaturgattung an. Ebenso geeignet sind das darstellende Spiel, Vertonungen, Hörspiel- und Videoproduktionen oder die Veränderung (Verfremdung, Parodie, „Modernisierung" für die heutige Zeit, in heutigen Medien usw.

In der Projektarbeit mit Märchen und Erzählungen ergeben sich vielfältige Möglichkeiten für die Schüler, sich nach ihren Fähigkeiten, Interessen und ihrem Sprachstand individuell einzubringen und kreativ zu betätigen. Märchentexte auf Deutsch *und* in der Originalsprache bieten konkrete Anhaltspunkte für lebendigen Austausch. Ausländische Familien können Anteil am pädagogischen Handeln der Schule nehmen und ihre Sprache als geschätzten und angesehenen Bestandteil unterrichtlicher Arbeit erkennen. Somit wird auch der Isolation der ausländischen Familien entgegengewirkt.

Verlauf

Das Projekt ist in drei Phasen unterteilt: die Phase der Motivation und Einleitung, die Phase der Durchführung und die der szenischen Erarbeitung und Präsentation. Die in den einzelnen Abschnitten erarbeiteten Ergebnisse und Arbeiten werden auf einer „Märchenwand" für alle sichtbar festgehalten und durch selbstgemalte Bilder, Fotos von Pantomimen zu bestimmten Märchen, Gruppenarbeiten und andere Dokumentationen ergänzt. Das Wort „Märchen" wird auf Deutsch sowie in den verschiedenen Sprachen auf Wortkarten geschrieben und durch Pfeile mit einer aufgemalten Weltkarte verbunden (je nach Herkunftsland); die Titel der erzählten oder gelesenen Märchen werden in der Originalsprache aufgeschrieben und durch Bilder von den Schülern ergänzt.

Die einzelnen Einheiten des Projektes werden nicht immer in einer Schulstunde zu behandeln sein, eine flexible Zeitplanung ist notwendig. Ab der 6. Einheit (Proben zum Schattentheater) wird das Projekt – mit freiwilliger Beteiligung der Schüler – auf den Nachmittag verlegt. Insgesamt sind nicht mehr als ca. 8-10 Unterrichtsstunden und zwei Nachmittage vorgesehen.

1. Einleitungs- und Motivationsphase: In dieser Phase sollen die Schüler an Märchen herangeführt werden, der Lehrer gibt Anregung zur weiteren Beschäftigung. Am Ende wird über das Ziel des Projektes entschieden, hier: Wir wollen (ein oder mehrere) Märchen spielen. Die Schüler beschließen dazu ein Unterthema: Wir sammeln und untersuchen Märchen unserer Heimatländer, um dann daraus „unser(e)" Märchen für das Spiel herauszufinden.

1. Einheit: „Die drei Federn" von den Brüdern Grimm als Lehrerdarbietung (s. Text, S. 38): Klassengespräch zum Märchen (Fragen zu Charakteren, Besonderheiten wie Verzauberung der Mäuse, zur Handlung usw.) – Überleitung auf Märchen allgemein: Partnerarbeit: Suche drei Dinge, die es in Märchen, die du kennst, gibt, aber nicht im wirklichen Leben. Zusammenfassung der Ergebnisse: Tiere, die sich benehmen oder sprechen wie Menschen, Zauberwesen wie Feen, Geister, Hexen, Gespenster, Häuser aus Lebkuchen, verzauberte Dinge, Tiere und Menschen, verschiedene Welten, Jahreszeiten u.v.m., Notieren auf der Märchenwand, hier werden auch später alle gehörten/gelesenen Märchen mit Angabe von Herkunftsland, kurzer Inhaltsangabe, besonderen Merkmalen usw. festgehalten, auch um die spätere Auswahl „unseres" Märchens für das Theaterspiel zu erleichtern.

Hinführung zur Zielangabe: Wir wollen Märchen spielen. Was ist zu tun? (Welche Geschichten, mehrere oder nur eine – wie möglichst alle Kinder beim Spiele miteinbeziehen – wie soll gespielt werden – wo, vor wem führen wir das Spiel auf …)

Hausaufgabe: Ihr seid Reporter und befragt eure Eltern mit Hilfe eines kurzen Fragebogens zum Thema Märchen.

Fragebogen zu Märchen

1. In welchem Land sind Sie aufgewachsen?

2. Wie heißt „Märchen" in Ihrer Sprache?

3. Wo sind Ihnen als Kind Märchen begegnet?
   2   von Eltern und Verwandten
   2   von anderen Erwachsenen
   2   in Erzählungen
   2   in Büchern
   2   im Fernsehen, Radio, Kino, auf Kassette …

4. Gibt es in Ihrem Heimatland berühmte Märchensammlungen oder Märchenbücher?

5. Können Sie 3 Märchen nennen, die in Ihrem Heimatland sehr bekannt sind?

Die Drei Federn

Es war einmal ein König, der hatte drei Söhne. Davon waren zwei klug und gescheit, aber der dritte sprach nicht viel, war einfältig und hieß nur der Dummling. Als der König alt und schwach geworden war und an sein Ende dachte, wußte er nicht, welcher von seinen Söhnen nach ihm das Reich erben sollte. Da sprach er zu ihnen: „Zieht aus, und wer mir den feinsten Teppich bringt, der soll nach meinem Tod König sein." Und damit es keinen Streit unter ihnen gab, führte er sie vor sein Schloß, blies drei Federn in die Luft und sprach: „Wie die fliegen, so sollt ihr ziehen." Die eine Feder flog nach Osten, die andere nach Westen, die dritte flog aber geradeaus und gar nicht weit, sondern fiel bald zur Erde. Nun ging der eine Bruder rechts, der andere ging links, und sie lachten den Dummling aus, der bei der dritten Feder, da, wo sie niedergefallen war, bleiben mußte.

Der Dummling setzte sich nieder und war traurig. Da bemerkte er auf einmal, daß neben der Feder eine Falltür lag. Er hob sie in die Höhe, fand eine Treppe und stieg hinab. Da kam er vor eine andere Tür, klopfte an und hörte, wie es inwendig rief:

„Jungfer grün und klein,
Hutzelbein,
Hutzelbeins Hündchen,
hutzel hin und her,
laß geschwind sehen,
wer draußen wär'."

Die Tür tat sich auf, und er sah eine große, dicke Kröte sitzen und rings um sie eine Menge kleiner Kröten. Die dicke Kröte fragte, was er wolle. Er antwortete: „Ich hätte gerne den schönsten und feinsten Teppich."
Da rief sie eine junge und sprach:

„Jungfer grün und klein,
Hutzelbein,
Hutzelbeins Hündchen,
hutzel hin und her,
bring mir die große Schachtel her."

Die junge Kröte holte die Schachtel, und die dicke Kröte machte sie auf und gab dem Dummling einen Teppich daraus, so schön und so fein, wie oben auf der Erde keiner gewebt werden konnte. Da dankte er und stieg wieder hinauf.

Die beiden anderen hatten aber ihren jüngsten Bruder für so albern gehalten, daß sie glaubten, er würde gar nichts finden und bringen. „Was sollen wir uns mit dem Suchen große Mühe geben", sprachen sie, nahmen dem erstbesten Schäferweib, das ihnen begegnete, die groben Tücher vom Leib und trugen sie dem König heim.
Zu derselben Zeit kam auch der Dummling zurück und brachte seinen schö-

nen Teppich. Als der König den sah, staunte er und sprach: „Wenn es dem Recht nach gehen soll, so gehört dem Jüngsten das Königreich." Aber die zwei anderen ließen dem Vater keine Ruhe und sagten, unmöglich könne der Dummling, dem es vor allen Dingen an Verstand fehle, König werden, und baten ihn, er möge eine neue Bedingung stellen. Da sagte der Vater: „Der soll das Reich erben, der mir den schönsten Ring bringt!" Und er führte die drei Brüder hinaus und blies drei Federn in die Luft, denen sie nachgehen sollten.

Die zwei Ältesten zogen wieder nach Osten und Westen, und für den Dummling flog die Feder geradeaus und fiel neben der Falltür nieder. Da stieg er wieder hinab zu der dicken Kröte und sagte ihr, daß er den schönsten Ring brauche. Sie ließ sich gleich ihre große Schachtel holen und gab ihm daraus einen Ring, der glänzte von Edelsteinen und war so schön, wie ihn kein Goldschmied auf der Erde hätte machen können.

Die zwei Ältesten lachten über den Dummling, der einen goldenen Ring suchen wollte, gaben sich gar keine Mühe, sondern schlugen einem alten Wagenring die Nägel aus und brachten ihn dem König. Als aber der Dummling seinen goldenen Ring vorzeigte, sprach der Vater abermals: „Ihm gehört das Reich." Die zwei Ältesten ließen nicht ab, den König zu quälen, bis er noch eine dritte Bedingung stellte und den Ausspruch tat, der solle das Reich haben, der die schönste Frau heimbringe. Die drei Federn blies er nochmals in die Luft, und sie flogen wie die vorigen Male.

Da ging der Dummling wieder hinab zu der dicken Kröte und sprach: „Ich soll die schönste Frau heimbringen."

„Ei", antwortete die Kröte, „die schönste Frau? Die ist nicht gleich zur Hand, aber du sollst sie doch haben."

Sie gab ihm eine ausgehöhlte gelbe Rübe, mit sechs Mäuslein bespannt. Da sprach der Dummling ganz traurig: „Was soll ich damit anfangen?" Die Kröte antwortete: „Setz nur eine von meinen kleinen Kröten hinein." Da griff er aufs Geratewohl eine aus dem Kreis und setzte sie in die gelbe Kutsche, aber kaum saß sie darin, so ward sie zu einem wunderschönen Fräulein, die Rübe zur Kutsche und die sechs Mäuslein zu Pferden. Da küßte er das Mädchen, jagte mit den Pferden davon und brachte es zu dem König.

Seine Brüder kamen nach, die hatten sich gar keine Mühe gegeben, eine schöne Frau zu suchen, sondern die erstbesten Weiber mitgenommen. Als der König sie erblickte, sprach er: „Dem Jüngsten gehört das Reich nach meinem Tod." Aber die zwei Ältesten betäubten die Ohren des Königs aufs neue mit ihrem Geschrei: „Wir können's nicht zugeben, daß der Dummling König wird!" Und sie verlangten, der solle den Vorzug haben, dessen Frau durch einen Ring springen könnte, der da mitten in dem Saal hing. Sie dachten: Die Bauernweiber können das gewiß, die sind stark genug, aber das zarte Fräulein springt sich tot.

Der alte König gab auch das noch zu. Da sprangen die zwei Weiber durch den Ring, waren aber so plump, daß sie fielen und ihre groben Arme und Beine entzweibrachen. Darauf sprang das schöne Fräulein, das der Dummling mitgebracht hatte, und es sprang so leicht hindurch wie ein Reh, und aller Widerspruch mußte aufhören. So erhielt der Dummling die Krone, und er hat lange in Weisheit geherrscht.

Der Taschenspiegel

Im Gras einer Waldlichtung lag ein Taschenspiegel. Wer ihn verloren hatte, wußte niemand. Vielleicht ein Hirtenmädchen, das hier mit seiner Herde vorbeizog, vielleicht ein Jäger, der sich im Gras ausruhte, vielleicht auch Kinder, die hier einmal vorbeikamen – wer weiß? Nun lag das Spiegelchen da, und in ihm betrachtete sich manchmal der Himmel, dann wieder die Sonne oder das Gezweig, eine Wolke oder ein Vogel im Flug …

Eines Tages kam hier ein Hase vorbei. Er sah das Spiegelchen, schaute hinein und erblickte darin seine Ohren, seinen Schnurrbart, seine Augen …

– Oh, das ist ja mein Bild! Aber ich kann mich gar nicht erinnern, wann ich es verloren habe …

Da hüpfte von einem nahen Baum ein Eichhörnchen herab. Hopp, hopp, hopp – und schon saß es neben dem Hasen.

– Was hast du denn da gefunden?

– Ich habe mein Bild gefunden. Nur kann ich mich einfach nicht erinnern, wann ich es verloren habe.

– Laß mich sehen!

Das Eichhörnchen schaute in den Spiegel und erblickte sich selbst.

– Wie kannst du nur so etwas sagen? Siehst du denn nicht, daß das mein Bild ist? Da, schau es dir genauer an!

Der Hase schaute noch einmal hinein und sah wieder sich selbst.

– Unsinn! Du bist nicht ganz bei Verstand. Siehst du denn nicht meine schönen großen Ohren auf diesem Bild?

Und während der Hase und das Eichhörnchen noch so miteinander stritten, flog von einem Baum ein Eichelhäher herab.

– Worüber streitet ihr euch denn?

– Ich habe mein Bild gefunden – sagte der Hase – aber das Eichhörnchen behauptet, daß es seines sei. Mit seinen Augen ist sicher etwas nicht in Ordnung.

– Mit meinen Augen ist alles in bester Ordnung – sagte das Eichhörnchen – aber im

Kopf des Hasen stimmt etwas nicht, wenn er etwas behauptet, was nicht wahr ist. Das ist mein Bild, schau du es doch mal an, Eichelhäher.

Der Eichelhäher schaute in den Spiegel und sah sein eigenes Bild.

– He, he, ihr beide seid mir ja wirklich kluge Köpfchen! Wie könnt ihr euch streiten, wo es doch mein Bild ist? Was habt ihr nur? Seht ihr nicht hier meinen Schnabel? Keiner von euch beiden hat einen Schnabel!

Das hörte auch der Bär, der gerade vorbeikam. Er trat näher, um zu sehen, was das für ein Streit war.

– Was ist denn hier los? Warum streitet ihr so? – fragte der Bär.

– Ich habe mein Bild gefunden – sagte der Hase – dann kam das Eichhörnchen und behauptete, es sei seines, und dann kam der Eichehäher und sagte, daß es sein Bild sei!

– Das stimmt nicht – sagte das Eichhörnchen. – Schau selbst, dann kannst du sehen, daß es meines ist.

– Unsinn! – ärgerte sich der Eichelhäher. – Wie können die beiden behaupten, es sei ihr Bild, wenn es doch meines ist und kein anderes! Und mein Schnabel.

Da nahm der Bär das Spiegelchen, schaute hinein und lachte so schallend und dröhnend, daß der ganze Wald widerhallte.

– Ihr Dummköpfe! Was seid ihr doch für Dummköpfe! Ha - ha - ha! Ihr streitet euch ja über mein Bild! Und daß es keiner von euch wagt, noch einmal zu behaupten, das hier sei sein Bild! Das ist mein Bild – polterte der Bär.

Natürlich wagte es niemand von den dreien, dem Bär zu widersprechen. Der Bär nahm das Spiegelchen, tappte in den Wald zurück und begab sich geradewegs zu seinem Haus.

Im Haus waren seine Bärin und ihre beiden kleinen Bärchen.

– Schaut her! – rief der Bär noch auf der Türschwelle. Der Hase hat mein Bild im Gras auf der Waldlichtung gefunden, und dann kam es zwischen ihm, dem Eichhörnchen und dem Eichelhäher zum Streit. Jeder von den dreien behauptete, es sei sein Bild, bis ich kam und sofort sah, daß es mein Bild ist. Da, schaut her!

Die Bärin schaute es an und sagte gleich:

– Aber natürlich, das ist ein Bärenkopf. Wie könnten sie nur so etwas Dummes behaupten?

Dann schauten es nacheinander auch die kleinen Bären an und erklärten:

– Das bist doch du, Vater, als du noch so klein warst wie wir, aber auf keinen Fall ist das ein Hase oder ein Eichhörnchen oder ein Eichelhäher!

– So ist es. mein Söhnchen! Ihr seid noch klein und seht darum alles verkleinert, aber man sieht, daß ihr von meinem Fleisch und Blut seid und meinen Verstand habt!

Und der Bär hängte das Spiegelchen an die Wand.

2. Durchführungsphase: In dieser Phase werden Märchen – vor allem auch aus den Heimatländern der Schüler – gesammelt, untersucht und verglichen. Ein Anknüpfen an die mündliche Überlieferung erleichtert den Einstieg in die phantasievolle Welt der Märchen, die Schüler verstehen das von Lehrer und Schüler Dargebotene ohne größere Anstrengungen und werden ungehemmter als z. B. in schriftlicher Form Märchen der Klasse präsentieren. Soweit möglich werden die ausländischen Märchen auch in der Originalsprache erzählt (durch Schüler, Lehrer, engagierte Eltern).

2. Einheit: „Der Taschenspiegel" als erzählende Darbietung (s. Text):
Der Taschenspiegel ist ein modernes Märchen aus Kroatien von Grigor Vitez, das starke Parallelen zu vielen Märchen aus dem europäischen Raum aufweist.
Klassengespräch: Wir kennen ähnliche Märchen (Wald, sprechende und wie Menschen handelnde Tiere ... als gemeinsame Elemente).

Spiegelspiel: Je zwei Tischnachbarn ahmen die Bewegungen ihres Gegenübers spiegelbildlich nach (Zähneputzen, Grimassen, Zeichensprache ...). Dazu ertönt die Musik, um die Bewegungen nicht zu schnell und unruhig werden zu lassen, gleichzeitig markiert die Musik den zeitlichen Rahmen des Spiels.
Künstlerisches Arbeiten: Die einzelnen Szenen des Märchens werden nach Absprache von jeweils zwei Kindern pro Szene auf große Bögen gemalt und dann als Bildergeschichte zu einem Wandfries aufgehängt.

Hausaufgaben: Je nach Nationalität bekommen die Schüler verschiedene „Spezialaufgaben", hier drei Beispiele: *Deutsche* Kinder holen bei den Elten, Bibliotheken usw. Informationen zu den Gebrüdern Grimm ein. *Türkische* Kinder erfragen zu Hause Keloğlan-Geschichten und zeichnen ihn. *Italienische* Kinder erfragen, was „Pinocchio" heißt („Pinienkern"), wer damit gemeint ist (lebendige Puppe im Märchen), und überlegen, warum sie so genannt wird.

3. Einheit: Schüler erzählen türkische Märchen, die sie kennen: Keloğlan („Glatzköpfchen") wird vorgestellt und auf Bildern gezeigt, in seiner typischen Rolle beschrieben und mit dem „Dummling" und ähnlichen Märchenfiguren („jüngster Sohn", „Knecht" ...) verglichen.

Literaturhinweis: *Erman Okay:* Keloğlan und der Riese (Tonkassette, Länge 60 Minuten), Märchen in deutscher und türkischer Sprache. Mit Begleitheft von Pamela Oberhuemer und Michaela Ulich: Zwischen Keloğlan und Rotkäppchen, Weinheim/Basel, 1991.
Ulich, Michaela/Oberhuemer, Pamela: Es war einmal, es war keinmal ... Ein multikulturelles Lese- und Arbeitsbuch. Weinheim, 1994³, S. 65ff.

4. Einheit: Internationales Märchenerzählen
Schüler bzw. der Lehrer erzählen Märchen aus den Ländern, die bisher noch nicht durch eine Geschichte vertreten waren (ggf. erklären sich auch Eltern bereit, ein Märchen ihrer Heimat zu erzählen). Nun werden alle bekannten Märchen und Erzählungen untersucht (z. B. Inhalt, Figuren, Rollenzuschreibungen von Handlungsträgern wie Hexen, Prinzessin, Tieren oder Symbolen wie Gold, Blumen usw.)
In dieser sicherlich zeitlich umfangreicheren Phase wird die „Märchenwand" vervollständigt. Zu jedem gehörten Märchen werden die Figuren, ihre Eigenschaften (gut – böse), Kurzbeschreibung und „Moral" aufgelistet, Pfeile zeigen Herkunftsland, aber auch Ähnlichkeiten zwischen den einzelnen Märchenmerkmalen auf.
Am Ende dieser Einheit werden ein bis mehrere Märchen für das gemeinsame Märchentheater ausgewählt.

5. Einheit: Menschenschattenspiel (erste Versuche unter Anleitung des Lehrers):
⁵ Jeder Schüler bekommt eine Aufgabe, die er hinter dem Schattenschirm (aufgespanntes Bettlaken) zu erfüllen hat, z. B.: Gehe als alter Mann, als Ungeheuer, als schleichender Dieb, winke, trinke …
⁵ Aufgaben für zwei Spieler: Begrüßt euch, streckt euch die Zunge raus, fechtet miteinander …
⁵ Ergebnisse:
a) Die Figuren werden vom Umriß bestimmt: Requisiten wie z. B. Hüte kennzeichnen eine Person,
b) Flächigkeit als Prinzip (Bewegungen, Requisiten usw. müssen darauf Rücksicht nehmen.),
c) Schatten sind lautlos, Spieler sind stumm; Sprache, Geräusche, Musik wird von außen ins Spiel gebracht.
Hausaufgabe: Einzelaufträge: Wie kann man einen Koch, ein Huhn, einen Bär, eine Hexe, einen Riesen, einen Zwerg … im Schattenspiel darstellen?

Literaturhinweis: Ausführliche Hinweise zum Schattenspiel und gut geeignete Märchen sind zu finden in: *Ulich/Oberhuemer: Es war einmal, es war keinmal …* a. a. O.

3. Phase der szenischen Erarbeitung und Präsentation
6. Einheit: Hier werden zwei bis drei Nachmittage zur praktischen Ausführung unseres Märchenspiels auf freiwilliger Basis angeboten.
1. Schritt: Je nach Anzahl der ausgewählten Märchen wird in Gruppen gearbeitet: Die Aufgaben wie Rollen (im Schattentheater: pantomimisch agierende Schauspieler), Sprecher (in der Muttersprache und auf Deutsch), Erzähler (fungiert gleichzeitig als Übersetzer), Beleuchter und Requisiteure werden verteilt.

2. Schritt: Die Proben zu den Stücken werden durchgeführt, die Märchen (eventuell auch die Pausen dazwischen) werden musikalisch untermalt, die Generalprobe schließt die Vorarbeit ab. Einladungen und Plakate werden verteilt.

3. Schritt: Das Märchenspiel wird vor Eltern und Parallelklassen aufgeführt. In den Pausen geben auch das Bilderfries vom *Taschenspiegel* und die Märchenwand Gelegenheit, mit Eltern und anderen Schülern über die Arbeit zu sprechen.

Nasreddin Hodscha – ein Till Eulenspiegel aus der Türkei
(Anton Moser)

Jahrgangsstufe: 5

Jedes Volk hat seinen Schelm, um den sich unzählige Anekdoten ranken: die Flamen haben den Till Eulenspiegel, die Italiener den Pasquino, die Spanier Don Quichotte und seinen Gefährten und die Deutschen den Baron von Münchhausen. Die durch Jahrhunderte tradierten Anekdoten, die den Hodscha als einen Volksphilosophen von Toleranz und Courage zeigen, sind eine unerschöpfliche Quelle von Heiterkeit für die Türken, ebenso wie für ihre Nachbarn auf dem ganzen Balkan. Seine Geschichten sind heute ins Russische, Französische und Deutsche übersetzt.

Höchstwahrscheinlich ist Nasreddin Hodscha eine historische Gestalt. Nach der Überlieferung soll er in der Provinz Konya, im südlichen Anatolien, gelebt haben. Er wurde 80 Jahre alt, als mögliches Todesjahr wird 1284/85 angegeben. Nasreddin bedeutet eigentlich „Helfer des Glaubens", und Hodscha ist ein Ehrentitel i. S. von Gelehrter. Dieser Titel erlaubte ihm, einen besonderen weißen Turban, im Türkischen „sarik" genannt, zu tragen, der ihm zusammen mit einem langen weißen Bart eine besondere Würde verlieh. Nasreddin Hodscha ist nicht tot – mag man auch sein Grabmal den neugierigen Fremden in Akşehir zeigen, seine Geschichten sind bis heute lebendig.

Über sein Leben wird noch folgendes überliefert:

Er war einfacher Leute Kind. Sein Vater Molla Abdulla bekleidete das Amt eines Imams, und seine Mutter Sidika Hanim besorgte den Haushalt. Weil Nasreddin ein aufgeweckter Junge war, schickten ihn seine Eltern zuerst in die Dorfschule, dann auf eine Medresse, ein theologisches Seminar, wo er den Koran und die persische Sprache studierte. Nach dem Tod seines Vaters übernahm er dessen Amt als Imam, wurde später Lehrer an der Medresse und beteiligte sich zeitweilig auch als Kadi, als Richter. Er war verheiratet mit drei Frauen, die ihm der Reihe nach das Leben sauer machten.

Das Sujet der Geschichten ist meist ein alltäglicher Vorfall, bei dem der Hodscha durch Witz und Scharfsinn in verblüffender Weise eine kluge Lehre erteilt, was der Betroffene auf Anhieb meist nicht merkt. Die Geschichten selbst umfassen alle Lebensalter Nasreddin Hodschas, vom Kind bis zum Greis. Zum besseren Verständnis seiner Geschichten ist auch wesentlich, daß Nasreddin zur Zeit des mächtigen und schrecklichen Sultans Timur Lenk (der Lahme) lebte.

Die Geschichte geht zunächst von einer alltäglichen Situation aus, sie thematisiert zum einen das Vater-Sohn-Verhältnis und zum anderen die Einstellungen der Mitmenschen hierzu. Auch die deutschsprachige Literatur, u. a. Hebbel in seinen Kalendergeschichten, hat sich dieses Themas angenommen und diese Leitidee dargestellt. Nasreddin erscheint zunächst in der Rolle des Einfältigen oder Manipulierbaren, der sein Verhalten an der Meinung seiner Mitmenschen orientiert, aber letztendlich sein Scheitern hieran erkennen muß. Die Anekdote schließt mit einer Lehre ab, die Nasreddin als geistig Überlegenen erscheinen läßt.

Auch die Schwänke von Till Eulenspiegel sind von dieser Heiterkeit und zeigen die Überlegenheit des Mutterwitzes gegenüber dem hochgeschraubten Selbstbewußtsein und Dünkel seiner Mitmenschen. Die leitende Idee und auch der dreistufige Aufbau – alltägliche Geschichte – schlagfertige und witzige Reaktion – Lehre – rechtfertigen Parallelen zu Till Eulenspiegel.

Gehalt und Inhalt einiger Schwänke von Till Eulenspiegel sollen den Schülern bekannt sein. Die Eule als Repräsentantin der Weisheit und der Spiegel als Medium der Selbsterkenntnis sind für das Interpretieren und tiefere Verständnis der Geschichte von Nasreddin Hodscha grundlegendes Vorwissen.

Der vorliegende Text gehört zu den epischen Kleinformen wie Erzählung, Schwank, Beispielgeschichten u. a. und ist nicht isoliert zu sehen, sondern sequentiell aufzubereiten. Erst im Kontext erlebt der Schüler, daß nicht nur unsere Volksliteraten, sondern auch die anderer Völker uns Bedeutsames zu sagen haben. Mündlicher und schriftlicher Sprachgebrauch können bei analogen Geschichten die Schüler zu kreativem Erzählen und Schreiben anregen, indem beispielsweise alltägliche Situationen vorgegeben und vom Schüler phantasievoll weitergesponnen werden. Denkbar sind auch Querverbindungen zur Kunsterziehung und zum darstellenden Spiel.

Um interkulturellen Aspekten zu entsprechen, sind methodisch-didaktische Schritte stärker als bisher zu gewichten. Sie wurden meist als sog. Hintergrundwissen am Beginn oder am Ende der Stunde zur Erklärung historischer oder kultureller Zusammenhänge eingefügt.

Schritte zur Durchführung

5 Aktivierung des Vorwissens: Die Unterrichtsstunde knüpft an Vertrautes an. Ein Bild von Till Eulenspiegel (rechter Tafelflügel) aktiviert das Vorwissen der Schüler und regt zum Erzählen an. Wichtig für den weiteren Unterricht sind die Symbole „Eule" für Weisheit und „Spiegel" für Selbsterkenntnis.

5 Begegnung mit dem Neuen: Durch Aufklappen des linken Tafelflügels erfolgt mittels Bildpräsentation von Nasreddin Hodscha ein optischer Sprechimpuls. Nach einer kurzen Bildbetrachtung erfolgt eine ungelenke Schüleraussprache über bereits Bekanntes, möglichst im Sitzkreis vor der Tafel. Grundlegende Begriffe werden mit Lehrerergänzung bereits hier gesichert: Moschee – Gebetshaus, Minarett – Turm, Tespih – Gebetsschnur.

5 Formulierung von Schülerfragen: Viele Fragen bleiben bei der Bildpräsentation offen, und manche Vermutungen können nicht hinreichend geklärt werden. In Einzelarbeit und anschließender Partnerarbeit notieren die Schüler – sie nehmen mittlerweile wieder ihre Plätze ein – Fragen, die beantwortet werden sollen. Diese Phase wird eingeleitet mit der Perspektive: „Wenn du heute aufmerksam zuhörst und mitdenkst, wirst du viel Neues erfahren, und du wirst die Fragen auch beantworten können."

5 Die kulturellen Überschneidungskategorien werden an Hand der Lehrererzählung (s. S. 50) hergestellt. Nasreddin Hodscha, ein Weiser aus der Türkei, wird greifbar.

5 Die Auswertungsphase erfolgt durch gezielte Impulse – Deuten auf Schülerfrage oder Bildsignale – und die Festigung durch eine Tafelanschrift.

5 Die Lehrererzählung läßt bereits gegen Schluß anklingen, daß Vater und Sohn sich auf eine Reise begeben. Dies ist sozusagen die Zwischenmotivation für die Textbegegnung. Der vervielfältigte Text wird von den Schülern still erlesen; für flinke Leser ist ein gesonderter Arbeitsauftrag vorgesehen (s. S. 48).

5 Die Inhaltserschließung erfolgt mittels dreier Bilder, die zunächst in zeitlich falscher Reihenfolge an die Tafel geheftet werden. Durch Beleglesen wird die richtige Reihenfolge hergestellt, und ein kurzer prägnanter Satz dient plakativ der Inhaltsfestigung; ebenso wird die Überschrift für das Lesestück festgelegt.

5 Gemeinsamkeiten mit und Unterschiede zwischen Nasreddin Hodscha und Till Eulenspiegel werden nun im Partnergespräch und anschließend im Klassengespräch oder in der Diskussion herausgestellt.

5 Die Diskussionsergebnisse werden als Tafelanschrift (s. Vorschlag S. 49) festgehalten.

5 Schüler und Lehrer erzählen von alltäglichen Erlebnissen, die der Grundidee und der Lehre dieser Geschichte entsprechen. Falls noch Zeit bleibt, kann ein nachgestaltendes Lesen oder ein kurzes darstellendes Spiel die Stunde ausklingen lassen.

Die Kritik der Menschen

Einmal gingen der Hodscha und sein Sohn auf eine Reise. Der Hodscha zog es vor, seinen Sohn auf
2 dem Esel reiten zu lassen und selber zu Fuß zu gehen. Auf dem Weg trafen sie einige Leute, die
sagten:
4 - Seht euch den gesunden, jungen Burschen an! Das ist die heutige Jugend. Sie haben keinen Respekt
vor dem Alter. Er reitet den Esel und läßt seinen armen, alten Vater gehen!
6 Nachdem sie diese Leute zurückgelassen hatten, war der Junge sehr beschämt und bestand darauf,
daß er ging und sein Vater auf dem Esel reiten würde. Der Hodscha bestieg also den Esel, und der
8 Junge ging an seiner Seite. Etwas später begegneten ihnen einige andere Leute, die sich empörten:
- Nun seht euch mal das an. Der arme kleine Junge muß laufen, während sein Vater auf dem Esel
10 reitet.
Nachdem sie an den Leuten vorübergegangen waren, sagte der Hodscha zu seinem Sohn:
12 - Das Beste, was uns zu tun übrig bleibt, ist, daß wir beide gehen. Dann kann sich niemand
beschweren.
14 Sie setzten ihre Reise fort, indem beide gingen. Nach einer kurzen Strecke trafen sie einige andere
Leute, die sagten:
16 - Seht euch doch mal diese Narren an! Beide gehen in dieser brennenden Sonne, und keiner von
ihnen reitet den Esel!
18 Der Hodscha wandte sich zu seinem Sohn und sagte:
- Das zeigt mir nur, wie schwer es doch ist, der Kritik der Menschen zu entgehen.

> Wenn Du fertig bist:
> Die Geschichte hat noch keine Überschrift.
> Finde, bitte, eine passende und besprich sie mit Deinem Nachbarn.

Es ist nicht möglich, es jedem
Menschen recht zu machen. Du brauchst
eine eigene Meinung.

Es gibt Menschen, die immer nur
das tun, was die anderen von ihnen
erwarten . . . . . .

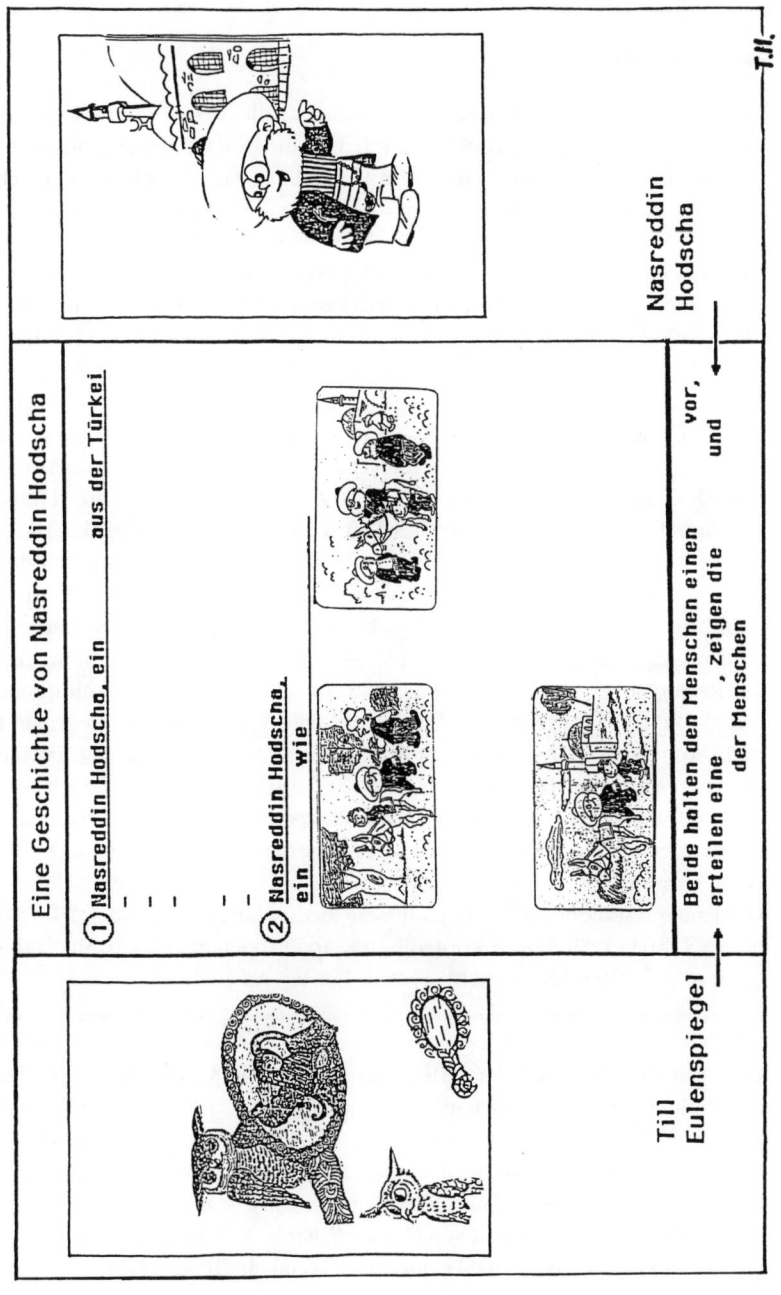

TAFELBILD

Eine Geschichte von Nasreddin Hodscha

① Nasreddin Hodscha, ein _____ aus der Türkei _____

② Nasreddin Hodscha, wie _____ ein

Beide halten den Menschen einen _____ vor, erteilen eine _____, zeigen die _____ und _____ der Menschen

Till Eulenspiegel

Nasreddin Hodscha

T.N.

Lehrererzählung

Wir machen heute gemeinsam eine Reise in die Vergangenheit und in ein Land, das nur wenige von euch kennen. Erst müssen wir unser Zeitrad zurückdrehen. Es vergehen 100 Jahre, und viele Häuser unseres Dorfes verschwinden. Der Wald wird immer dichter und kommt auf unser Dorf zu. Wir gehen noch einmal um 600 Jahre zurück (Lehrer zeigt auf Zeitleiste), nur das Kloster steht noch. Es ist heute der 20. Juni 1251. Früh aufstehen heißt es heute. Es ist 5 Uhr morgens. Leise gehen wir zum Kloster und hören die Mönche in ihrer Morgenandacht beten und singen. Aber wir haben keine Zeit. Schwupps, schon ist unser fliegender Teppich da. Auf geht's! Alle haben Platz genommen, und unser fliegender Teppich hebt ab. Es geht über die Alpen (Lehrer zeigt auf der Landkarte die Reiseroute) ... Hurra, schon sind wir gelandet! Aber, wo sind wir. Einige von uns reiben sich die Augen, Ja, wir sind in dem kleinen Dorf Horto in der Türkei. Leise schleichen wir uns an ein Haus und schauen durch das Fenster. Ein alter Mann mit einem langen weißen Bart steht aufrecht vor uns, hebt die Hände zum Gebet „Allah akhabr", kniet nieder und verbeugt sich mehrmals. Es ist Nasreddin Hodscha. Aber wen sehen wir da ganz brav und sittsam um die Ecke schauen? Ali, sein Sohn. Er ist heute schon früh aufgestanden, denn sein Vater hat ihm versprochen, daß er heute mit ihm auf Reisen gehen darf! Ali ist sehr stolz auf seinen Vater. Alle Leute schätzen ihn als weisen und frommen Mann und fragen ihn um Rat, wenn sie nicht mehr weiterwissen. Jetzt ist er mit seinem Gebet fertig, setzt seinen Turban auf und befestigt sein Tespih an seinem Gewand. Hoffentlich vergißt er mich nicht! Hodscha hat seinen Sohn schon längst bemerkt und zwinkert ihm zu. „Komm, gehen wir! Wir wollen unsere Mutter nicht wecken", flüstert er Ali zu. Aber vergebens!

Der Esel mit seinem I-A, I-A hat auch die Mutter längst aufgeweckt. Sie streicht ihrem Sohn kurz über den Kopf, einen Klaps auf den Po, und draußen sind die beiden. „Gott beschütze euch!" ruft sie beiden noch hinterher.

Literaturhinweis: *Stocker, K.:* Menschen wie wir, 1993. *Thomas, A.:* Psychologie und multikulturelle Gesellschaft, Göttingen-Stuttgart, 1993. *Garnier, Jean-Paul:* Nasreddin Hodscha. Eine Auswahl seiner Schwänke, München 1965. *Bote, Hermann:* Till Eulenspiegel. *Hültner, Robert/Izberk, Tunç:* Nasreddin Hoca im Wanderkino (Videokassette), Spieldauer: 22 Minuten, Türkische Zeichentrickfilme mit Rahmenhandlung. Mit Begleitheft von *Ulich, Michaela & Soltendieck,Monika:* Nasreddin Hoca zwischen Türkei und Deutschland. Weinheim/Basel 1992.

▶ *Bücher aus anderen Ländern – eine Literaturrallye*
(Isolde Eberhard/Petra Hölscher)

Jahrgangsstufe: 5-10
Fächer: Schwerpunkt Deutsch, Kunst, Informationstechnische Bildung
Unterrichtsziel/Projektergebnis: Eine Bücherrallye für andere Klassen der Schule (mit einer Lotterie für Preise), oder: eine Rallye für Besucher der Stadtbücherei.

Schritte zur Durchführung

⁵ Nachdenken über zeitlichen Rahmen, Darstellung, Preise, Auswertung;
⁵ Besuch der Stadtbücherei und Recherche nach interessanten Büchern aus aller Welt oder aus bestimmten Ländern in Gruppen;
⁵ Einigung auf Auswahl und Kurzpräsentation;
⁵ Zusammen mit der Bibliothekarin werden Fragen zur Rallye ausgedacht, z. B.: „Wie heißt die Hauptperson in dem berühmten spanischen Buch von Cervantes?"
⁵ Schüler lesen sich ein;
⁵ Schreiben, Gestalten und Drucken des Handzettels für die Rallye; Einladung verfassen und an die Addressatengruppe verteilen;
⁵ Betreuung der Teilnehmer;
⁵ Auswerten der Handzettel und ermitteln der Preisträger.

▶ *„I like you – und du?" –*
Arbeit mit einem zweisprachigen Jugendbuch
(Jörg Knobloch)

Grundlage des folgenden Projektes ist das erstmals 1983 erschienene, zwischen Problemorientierung und Abenteuer angesiedelte Kinderbuch von *Emer O'Sullvian* und *Dietmar Rösler: „I like you – und du?"*. In zwölf Kapiteln wird hier von den Erlebnissen des irischen Jungen Paddy erzählt, der mit seiner Mutter für einige Zeit nach Berlin zieht und hier mit einer Welt konfrontiert wird, die sich doch in manchem vom bisher Gewohnten unterscheidet. Er führt ein „interkulturelles" Leben im Sinne von „zwischen den Kulturen sein". Es sind, so zeigt sich, eben nicht nur Sprachprobleme, die zu Mißverständnissen und Empfindlichkeiten führen können. Es ist die Unterschiedlichkeit von Erfahrungen, von Wertvorstellungen, der kulturelle Kontext der jeweiligen Sozialisation. Im täglichen Zusammenleben, noch dazu mit seiner Fast-

Halbschwester Karin und den Klassenkameraden, haben diese Unterschiede allerdings keine Isolierung zur Folge. Sie können im Gegenteil Interesse und damit Kommunikation bewirken. Und schließlich gibt es ohnehin eine Fülle von Gemeinsamkeiten. Einige gemeinsame Abenteuer und Erfahrungen tragen zusätzlich dazu bei, daß Paddys Rückkehr nach Irland von allen Betroffenen als schmerzlich empfunden wird. Das Buch thematisiert somit ein breites Spektrum „zwischenkultureller Erfahrungen" (vgl. *Rupp*, S. 28, vollständige Angaben s. S. 56).

Das Buch fällt von seiner Konzeption her aus dem Rahmen üblicher Kinder- und Jugendliteratur: es ist zweisprachig angelegt, verwendet interkulturelles Erleben damit nicht nur als Thema, sondern auch als literarische Methode. Die deutsch- und englischsprachigen Protagonisten sprechen, jeweils der beschriebenen Situation entsprechend, wie im wirklichen Leben. So entsteht ein lustiges Gemisch aus Englisch und Deutsch. Ein Beispiel:

„… Die anderen sind schon längst bei Tschibo. Also, komm, dalli, dalli."
„My God, what's the matter with you? Just because I don't want to break my neck running to get my coat and rushing out of the building. You don't have to hetz me so much …" (S. 46)

Zweisprachigkeit und Thematik greifen zugleich die Lebenssituation der Autoren auf. Während *Emer O'Sullivan* aus Irland stammt und als Wissenschaftlerin in Deutschland arbeitet, ist *Dietmar Rösler* als deutscher Wissenschaftler in London tätig. So ist das Buch in einem weiten Sinne auch autobiographisch zu verstehen.

Auch wenn die zweisprachige Anlage des Buches es erlaubt, die englischen Passagen über die deutschen weitgehend zu rekonstruieren, werden sich die Arbeitsmöglichkeiten mit dem Buch im Unterricht an den Englischkenntnissen der Schüler orientieren müssen. Dabei ist von erheblichen Unterschieden zwischen den einzelnen Schularten auszugehen. Während an Hauptschulen ein Einsatz des Buches wohl erst ab der 9. Jahrgangsstufe möglich ist, könnte an Schularten mit intensiverem Englischunterricht eine entsprechende Arbeit u. U. schon ab der 6. Klasse beginnen. Bei individualisierenden Arbeitsformen, die nicht auf den Leistungsstand der gesamten Klasse Rücksicht nehmen müssen, kann der Beginn natürlich entsprechend früher angesetzt werden. Sinnvoll ist es in jedem Fall, die Arbeit fachübergreifend anzulegen und sowohl den Deutsch- als auch den Englischunterricht einzubeziehen.

Die folgende Darstellung stützt sich auf ein Projekt, das in einer 9. Hauptschulklasse durchgeführt wurde, deren Schüler sowohl in Deutsch als auch in Englisch überwiegend nur schwache Leistungen erbringen konnten. Das Hauptziel des Unterrichts mußte vor diesem Hintergrund zunächst sein, die Schüler überhaupt zum Lesen zu bringen und den jeweils erarbeiteten Inhalt eines Kapitels als Grundlage für die folgenden Kapitel zu sichern. Zugleich mußte eine Möglichkeit gefunden werden, auch jene Schüler in das Projekt einzubeziehen, die auf Grund schwacher Leseleistungen die im Text angelegten motivierenden Elemente allein gar nicht wahrnehmen würden. Und schließlich sollte es möglich sein, das Buch über die rein sprachliche Arbeit hinaus im Sinne eines interkulturellen Unterrichts zu nutzen, also durch den Text den deutschen Schülern die Erfahrungen ausländischer Mitbürger nahezubringen und den Migrantenkindern in der Klasse die Möglichkeit zu geben, sich ihre eigene Situation bewußt zu machen (*Rupp*, a. a. O.).

Ziel des Projektes ist es, mit einfachen Mitteln *selbst ein Buch herzustellen*, das im weitesten Sinne die Ergebnisse der Auseinandersetzung mit dem Buch von *O'Sullivan/Rösler* enthält. Die literarische Arbeit – die sich gerade im Hauptschulbereich immer wieder die Frage nach dem „Warum?" gefallen lassen muß – bekommt somit einen auch für die Schüler nachvollziehbaren, handgreiflichen Sinn. Geistige Arbeit wird anschaulich, kann in der Familie vorgezeigt und schließlich auch verschenkt werden. Der interkulturelle Aspekt steht somit für die Schüler nicht im Zentrum des Unterrichts, bildet jedoch den Hintergrund des Projektes. Angesprochen sind natürlich auch – ohne daß sie hier im einzelnen aufgeführt werden – Lernziele des Deutsch- und Englischunterrichts. Der Englischunterricht profitiert vor allem von einem letztlich spielerischen Umgang mit der englischen Sprache, für den Deutschunterricht verbindet das Projekt vor allem Lernziele aus den Bereichen Literaturunterricht sowie mündlicher und schriftlicher Sprachgebrauch.

Schritte zur Durchführung

⁵ *Arbeitsphase 1 – Begegnung mit dem literarischen Text:* Für die eigentliche Lektüre des Buches werden unterschiedliche Methoden verwendet:
Vorlesen und raffendes Erzählen in der Schule,
selbständiges Erlesen zu Hause, mündliches Zusammenfassen in der Schule,
selbständiges Erlesen in der Schule und schriftliches Zusammenfassen zu Hause.
Der begrenzte Umfang des Buches (12 Kapitel auf 92 Seiten) erlaubt es, jedes Kapitel in der Schule gemeinsam zu kommentieren und zu diskutieren. Dabei können vor allem sprachliche Unklarheiten beseitigt und die interkulturellen Aspekte herausgearbeitet werden. Daß sich einzelne Kapitel, der Dramaturgie des Buches entsprechend, ganz besonders zur Diskussion eignen, versteht sich von selbst.
In dieser Arbeitsphase – wie auch in der folgenden – wird akzeptiert, daß nicht alle Schüler die gleichen Leistungen erbringen. Das „Lesen" eines Kapitels reduziert sich daher in einigen Fällen darauf, daß nur die deutschsprachigen Passagen gelesen werden. Das Verständnis stellt sich erst nach dem gemeinsamen Gespräch in der Klasse ein. Aber auch so ist eine gemeinsame Grundlage für die Weiterarbeit gegeben.

Back to school

Paddy stellt an seinem ersten Schultag fest, daß in Berlin die Schulsitten anderes als in Irland. sind. Er hat am Anfang Sprachprobleme, und es gibt ein paar Idioten, die sich lustig über ihn machen.

⁵ *Arbeitsphase 2 – Erarbeitung eigener Texte:* In einer zweiten Arbeitsphase werden die Schüler in Gruppen eingeteilt und erhalten die Aufgabe, für das gemeinsame Buch kurze *Zusammenfassungen* der einzelnen Kapitel zu erarbeiten, von diesen Texten – nach Korrektur und eventueller Überarbeitung – kopierfähige Vorlagen zu erstellen und diese zu *illustrieren.* Diese Arbeit ermöglicht eine Differenzierung auf verschiedenen Ebenen. So können einzelne Gruppen bei ihrer Arbeit schon auf gemeinsame schriftliche Vorarbeiten zurückgreifen, während andere Gruppen die schriftliche Zusammenfassung selbständig erarbeiten. Innerhalb der Gruppe beschränkt sich die Arbeit einzelner Schüler auf das rein reproduktive Schönschreiben des Textes, während andere ihr Verständnis des Textes schriftlich oder aber auch grafisch ausdrücken. In dieser Arbeitsphase, die Elemente des *Projektunterrichts mit Freiarbeit* verbindet, wurde von allen Schülern sehr intensiv und immer wieder unter Rückgriff auf das Buch gearbeitet (vgl. *Dahrendorf, Malte/Knobloch,Jörg:* Kinder- und Jugendliteratur im offenen Unterricht. Freiarbeit, Wochenplan, Projekte, Weinheim 1992). Wie die Ergebnisse zeigen, haben die Schüler bei der Bearbeitung aller Kapitel interkulturelle Aspekte wenigstens ansatzweise berücksichtigt.

⁵ *Zusätzliche Aufgabenstellungen:*
Schreibe die Dialoge einer Szene in der Disco (S. 67-68) so auf, daß sie als Vorlage für ein Hörspiel dienen können.

Im 3. Kapitel passieren aufregende Dinge. Was würde Paddy wohl in sein Tagebuch schreiben, nachdem alles überstanden war?

Nach dem ersten Schultag (ab Seite 34) schreibt Paddy einen Brief an seinen irischen Freund Kieran. Wie könnte dieser Brief aussehen?

Kurz vor seiner Rückkehr nach Irland überlegt Paddy zusammen mit Karin, was in Deutschland alles anders als in Irland ist. Erarbeite mit Deiner Gruppe (bzw. mit Deiner Nachbarin) eine ähnliche Liste.

Im Buch erfährst Du ganz nebenbei etwas über Irland. Stelle die Informationen in einer Liste zusammen (Stichpunkte mit Seitenangaben).

Stelle eine Liste mit allen Büchern der Schulbibliothek (Stadtbibliothek) über Irland zusammen.

⁵ *Arbeitsphase 3 – Zusammenfassung eigener Texte zu einem Buch:* Schülertexte können in sehr unterschiedlicher Weise zu einem Buch zusammengefaßt werden (vgl. dazu die Hinweise in *Knobloch,* S. 21-25 vollständige Angaben s. S. 56). Hier wird kurz ein sehr einfaches Verfahren vorgestellt: Die Arbeiten werden auf DIN-A 5-Format verkleinert und durch ein Inhaltsverzeichnis, ein Titelblatt und zusätzliche Bilder ergänzt. Immer zwei Blätter werden dann in der richtigen Reihenfolge zu einer DIN-A-4-Kopiervorlage zusammengeklebt. Die Kopien werden so gefaltet, daß ein links offenes Doppelblatt entsteht, das innen unbeschriftet ist. Die Doppelblätter werden aufeinandergelegt, mit einem Umschlagkarton versehen und nach dem Muster japanischer Blockbücher auf der offenen Seite zusammengeklammert.

Varianten

⁵ Schon in der Phase der Hinführung werden unterschiedlichste Informationen und Bilder (z. B. aus der Fremdenverkehrswerbung, aus der Presse) über Irland und Berlin zu einer klasseninternen *Ausstellung* zusammengestellt.

⁵ Das von der Klasse erarbeitete Buch wird noch durch die *Übersetzung* der Zusammenfassungen ins Englische ergänzt.

⁵ Die Blätter des Buches werden per Kopierer auf *Plakatformat* vergrößert und zusammen mit den Büchern des Autorenpaares *O'Sullivan/Rösler* als Ausstellung in der Schule (z. B. in der Schulbibliothek) gezeigt.

⁵ Diese Plakate könnten auch einer *Buchhandlung* oder einer *öffentlichen Bibliothek* zu Dekorationszwecken ausgeliehen werden.

⁵ Es wird versucht, einige *Kapitel umzuschreiben*: Karin zieht mit ihrem Vater nach Irland.

Literaturhinweis: Deutsch-englische Kinder- und Jugendbücher von *Emer O'Sullivan* und *Dietmar Rösler:*
– I like you – und du? Reinbek bei Hamburg 1983
– It could be worse - oder? Reinbek bei Hamburg 1984
– Mensch, be careful! Reinbek bei Hamburg 1986
– Butler & Graf. Ein deutsch-englischer Krimi. Reinbek bei Hamburg 1988
– Butler, Graf & Friends: Nur ein Spiel? Reinbek bei Hamburg 1990
– Butler, Graf & Friends: Umwege. Reinbek bei Hamburg 1993
Hölscher, Petra: Selbständige Erarbeitung literarischer Texte im Sprachunterricht mit erwachsenen Schülern. In: *Hölscher, Petra/Rabitsch, Erich (Hrsg.):* Methoden-Baukasten. Deutsch als Fremd- und Zweitsprache. Frankfurt/M., 1993, S. 196 f.
Knobloch, Jörg: Bock auf Bücher. Anregungen zu einem projektorientierten Literaturunterricht. Lichtenau 1992
Rupp, Gerhard: Literarische Texte im interkulturellen Unterricht. In: Grundschule 10/1989, S. 28 ff.

Englische Woche – eine Begegnung mit englischer Kinder- und Jugendliteratur

(Jörg Knobloch)

Das Projekt wurde mit einer 9. Hauptschulklasse zur Vorbereitung einer Klassenfahrt nach England durchgeführt. Hauptbestandteil war einerseits das Angebot, Schülern anderer Klassen ein typisches *Englisches Frühstück* (und damit, wenn auch in deutscher „Überarbeitung", ein Stück englischer Kultur) zu servieren. Andererseits wurde angeboten, vor allem den unteren Klassen *englische Kinderbücher*[1] (in deutscher Übersetzung) vorzustellen und daraus vorzulesen. Der offensichtliche Sinn des Projektes lag – zumindest für die Schüler der 9. Klasse – in der Chance, durch Frühstückverkauf und Eintrittsgelder die Klassenkasse aufzubessern und somit die Kosten für die geplante Englandfahrt möglichst niedrig zu halten. Das große Engagement beruhte also durchaus auf kommerziellen Überlegungen. In D-Mark umgerechnet, war dieser Aspekt allerdings von bescheidener Bedeutung: Das Englische Frühstück wurde inclusive „cup of tea with milk" in zwei Varianten für je DM 2,00 und DM 5,00 angeboten, die Teilnahmegebühr für die Vorlesestunden betrug pro Tag und Nase gar nur DM 0,20.

Aus pädagogischer Sicht waren die gerade mal DM 180,00, die nach Abzug der Unkosten nach einer Woche Streß und harter Arbeit übrigblieben, denn auch nicht mehr als ein erfreulicher Nebenaspekt der eigentlichen Zielvorstellungen. Intendiert und zweifellos erreicht wurde, daß die Schüler durch die Teilnahme am Projekt die Verantwortung für das Gelingen „ihrer" Klassenfahrt in ein Land übernahmen, in dem sie selbst die Ausländer, die Fremden, sein würden. Durch das Projekt wurde die Identifikation der Schüler mit dieser Klassenfahrt, die wiederum interkulturelle Aspekte betonte, wesentlich gefördert.

Außerdem führte die von einer ganzen Reihe von Schülern freiwillig übernommene Aufgabe, Jüngeren aus englischen Kinderbüchern vorlesen zu „müssen", zu einer intensiven Auseinandersetzung mit der Literatur eines europäischen Nachbarlandes. Ohne diesen „Zwang" oder eine andere starke Motivation hätten die meisten wohl keinen Grund gesehen, sich mit *Oliver Twist*, *Wind in den Weiden*, *Alice im Wunderland* oder *Der kleine Lord* zu beschäftigen. Vor allem dann nicht, wenn in dieses Projekt auch noch Pausen und Freizeit investiert werden sollten.

---

[1] Der Begriff ist nicht unproblematisch. Korrekt müßte man wohl sagen: Kinderbücher aus Großbritannien und Irland.

Schritte zur Durchführung

⁵ Die doch erheblichen Kosten der geplanten Englandfahrt erleichterten es, die Klasse von der Notwendigkeit einer Englischen Woche zu überzeugen, die a) etwas Geld einbringen und b) in einem inhaltlichen Zusammenhang mit der Klassenfahrt stehen sollte. Das Projekt mußte außerdem c) so angelegt sein, daß es neben und im Unterricht durchgeführt werden konnte, ohne daß übermäßig vom regulären Stundenplan abgewichen werden mußte.

⁵ Für die Durchführung des Projektes, an dem ja möglichst alle Schüler der Klasse in irgendeiner Form beteiligt sein sollten, wurden *Arbeitsgruppen* gebildet, die zu unterschiedlichen Zeiten in ihre Aufgaben eingewiesen wurden und diese auch sehr selbständig ausführten.

⁵ Die Vorbereitung des *Englischen Frühstücks* wurde einer kleinen Gruppe übertragen, die durch die Teilnahme am Hauswirtschaftsunterricht über einschlägige Erfahrungen in der Schulküche verfügte und für unvermeidliche Hilfsarbeiten noch durch einige Schüler verstärkt wurde. Die Küchenarbeiten wurden nach vorhergehender verbindlicher Bestellung überwiegend während der Pausen in der Schulküche durchgeführt. Serviert wurde in den Unterrichtsstunden nach der Pause im jeweiligen Klassenzimmer.

⁵ Die Auseinandersetzung mit Literatur war freilich schon in organisatorischer Hinsicht sehr viel schwieriger als die Zubereitung von Cornflakes, Toast und Spiegeleiern. Schon frühzeitig mußte der Bestand der *Schulbibliothek* durchgesehen werden, um Bücher englischer Autoren herauszufinden. Entsprechende Hinweise wurden dem Impressum der Bücher entnommen, z. B. „Übersetzt aus dem Englischen von …" oder „Originalverlag: …, London". Der Gesamtbestand der vorhandenen Übersetzungen aus dem Englischen wurde dann als zusätzlicher Programmpunkt der Englischen Woche in einer *Ausstellung* „Englische Kinder- und Jugendbücher" in der Schulbibliothek gezeigt.

⁵ Das *Vorlesen* aus englischen Kinderbüchern wurde nach reiflicher Überlegung auf die Klassen 2 bis 5 beschränkt. Aus dem von den Schülern als erstaunlich groß empfundenen Angebot englischer Literatur in der eigenen Schulbibliothek („… habe ich gar nicht gewußt, daß der auch Engländer ist.") wurde nun gemeinsam eine kleine Auswahl getroffen, aus denen sich die Gruppe der Vorleserinnen „ihre" Bücher auswählen konnte.[2] Diese Titel wurden zu Hause vergleichsweise schnell durchgelesen und dann – quasi als Generalprobe – in der eigenen Klasse durch eine *Inhaltsangabe*

---

[2] Die Auswahl der Bücher wird Kennern englischer Kinderliteratur sehr einseitig erscheinen. Sie ist zum einen in den durch die Massenmedien geprägten Vorkenntnissen der Schüler begründet, denen Film- und Fernseh-Adaptionen einzelner Titel bekannt waren. Zum anderen ist sie Ausdruck eines nur wenig gelenkten Diskussionsprozesses der Schüler über das, was denn für die unteren Klassen angemessen sein könnte.

und einige vorgelesene Probekapitel vorgestellt. Damit war die Begegnung mit englischer Kinderliteratur nicht mehr nur auf die Gruppe der Vorleserinnen beschränkt, vielmehr konnte die gesamte Klasse auf geradezu altertümliche Weise (Erzählen und Vorlesen) im weitesten Sinne *„klassische" Beispiele der englischen Kinderliteratur* kennenlernen. Eine Situation übrigens, bei der man als Erwachsener zugleich Rührung und Genugtuung empfinden kann: Die Jugendlichen, die hier mit großer Konzentration zuhören, wie ihre Mitschülerinnen vom kleinen Oliver oder gar von Alices weißem Kaninchen vorlesen, sind ja die gleichen, die durchaus Härteres und Blutigeres zu konsumieren gewohnt sind und die Lektüre von „Kinderkram" normalerweise weit von sich weisen würden.

5 Eine andere Gruppe von Schülern hat zu den Veranstaltungen der Englischen Woche und zu den ausgewählten Büchern Bilder und Plakate gemalt, die im ganzen Schulhaus aufgehängt wurden und für die notwendige Werbung sorgten. Nach einem mit den Kolleginnen der interessierten Klassen abgesprochenen Zeitplan wurde schließlich in den entsprechenden Klassenzimmern vorgelesen. Da das Interesse groß war, mußte die Aktion zusätzlich noch auf die Pausen ausgedehnt werden.

Englische Kinderbuchklassiker in deutscher Übersetzung: Die folgende Liste zeigt, welche Titel (die z. T. in unterschiedlichen Ausgaben lieferbar sind) zum Vorlesen in den Klassen 2 bis 5 von den Schülerinnen aus der Schulbibliothek ausgewählt wurden.

Frances Eliza Hodgson Burnett: Der kleine Lord (1886)
– Illustriert von Graham Rust. Hildesheim: Gerstenberg 1993
– München: dtv (Taschenbuch)
Lewis Caroll: Alice im Wunderland (1865)
– Illustriert von Anthony Browne. Oldenburg: Lappan 1989
– Illustriert von J. Tenniel. Hamburg: Dressler 1991
– Illustriert von Klaus Ensikat. Reinbek: Rowohlt rotfuchs 1993 (Taschenbuch)
Charles Dickens: Oliver Twist (1838/39)
– Illustriert von Eric Kimcaid. Erlangen: Boje 1991
– Illustriert von Klaus Ensikat. Reinbek: Rowohlt rotfuchs 1993 (Taschenbuch)
Kenneth Grahame: Wind in den Weisen (1908)
– Illustriert von Eric Kimcaid. München: Bertelsmann 1988
– München: dtv junior 1976 (Taschenbuch)
Cliff Staples Lewis: Der Ritt nach Narnia (1954)
– Moers: Brendow Verlag 1993
Herman Melville: Moby Dick (1851)
– Wien: Ueberreuter
– Illustriert von Willi Glausauer. Hamburg: Dressler 1992
– Würzburg: Arena [6]1989 (Taschenbuch)

Jonathan Swift: Gullivers Reisen (1726)
- Illustriert von Peter Beste. Bindlach: Loewes ⁶1990
- Illustriert von Agnes Indre. Esslingen/Wien: Esslinger im ÖBV 1993

Diese kleine Liste kann an Hand des jährlich erscheinenden *Verzeichnisses „Das Buch der Jugend"*³ aktualisiert und ergänzt werden. Die bibliographischen Angaben der Titel enthalten Hinweise, ob es sich um Übersetzungen aus dem Englischen bzw. aus anderen Sprachen handelt.

Varianten

Englische Wochen, die der ersten bewußten Begegnung mit der englischen Kinder- und Jugendliteratur dienen, können natürlich nicht nur im Vorfeld von Englandfahrten durchgeführt werden. Entsprechende Möglichkeiten bietet auch der *Englisch- oder Erdkundeunterricht* oder einfach „nur" die im Deutsch- (oder Englisch-)Unterricht vorgestellte *spannende Erzählung* eines englischen Autors, wobei keineswegs nur auf Klassiker zurückgegriffen werden muß. Und natürlich müssen es nicht nur Englische Wochen sein. Analog könnte *französische, italienische oder skandinavische Kinderliteratur* im Mittelpunkt einer Vorleseaktion von Älteren für Jüngere stehen. Mancher Autor liefert allein mit seinem Werk Stoff genug für eine ganze Woche, so daß z. B. in einem *Vorlesemarathon Stevensons „Schatzinsel"* oder aber die unterschiedlichsten *Astrid-Lindgren*-Bücher präsentiert werden können. Die Kinder- und Jugendliteratur steckt voller interkultureller Überraschungen, und wer nicht auf eine eigene Schulbibliothek zurückgreifen kann, wird eine entsprechende Auswahl in seiner öffentlichen Bibliothek finden.

Literaturhinweis: *Bravo-Villasante, Carmen:* Weltgeschichte der Kinder- und Jugendliteratur. Versuch einer Gesamtdarstellung. Hannover u. a. 1977; *Ewers, Hans-Heino/Lehnert, Gertrud/O'Sullivan, Emer (Hrsg.):* Kinderliteratur im interkulturellen Prozeß. Studien zur allgemeinen und vergleichenden Kinderliteraturwissenschaft. Stuttgart 1994; *Müller, Helmut:* Großbritannien und Nordirland. In: *Klaus Doderer (Hrsg.):* Lexikon der Kinder- und Jugendliteratur. Erster Band: A-H. Weinheim/Basel 1975; S. 469-503; *Townsend, John Rowe:* Written for Children. An outline of English-language children's literature. London ⁵1990.

---

³ Bezug: Buchhändler-Vereinigung, Postfach 10 04 42, 60004 Frankfurt am Main.

Gäste aus einem fremden Land – mehrsprachige Autoren im Unterricht

(Jörg Knobloch)

Im letzten Jahrzehnt haben sich im Unterricht aller Schularten und Jahrgangsstufen Autorenlesungen einen festen Platz erobern können. Das ist zum einen Folge der praktischen Hilfen und finanziellen Unterstützung durch die in allen Bundesländern arbeitenden Friedrich-Bödecker-Kreise und durch die Stiftung Lesen, zum anderen Ergebnis umfassender Werbung: Es erscheint kaum noch eine deutschdidaktische Veröffentlichung, die nicht auf den motivierenden Einfluß von Autorenlesungen hinweist.

Aus praktischen Gründen werden in der Bundesrepublik natürlich überwiegend Lesungen mit deutschsprachigen Autoren durchgeführt. Lesungen mit fremdsprachigen Autoren scheinen nicht möglich zu sein – obwohl unter interkulturellen Gesichtspunkten gerade diesen Lesungen eine besondere Bedeutung zukäme. Könnten die Schüler hier doch nicht nur mit Autoren mehr oder minder zufällig ausgewählter Bücher Kontakt aufnehmen, sondern zugleich mit Repräsentanten einer anderen Sprache, eines anderen Kulturkreises.

Die folgenden Hinweise möchten zum einen deutlich machen, daß Lesungen in Schulklassen trotz einiger unübersehbarer Probleme auch mit fremd- bzw. mehrsprachigen Autoren möglich sind. Zum anderen sollen einige praktische Anregungen für die Durchführung von solchen Lesungen gegeben werden.

Auswahl der Autoren

Die für eine Lesung vor deutschsprachigen Schülern in Frage kommenden Autoren sollten entweder Vertreter englischsprachiger Literatur sein (vor allem natürlich für Klassen mit guten Englischkenntnissen) oder aber zwei- bzw. mehrsprachig sein, d. h. neben der Sprache ihres Herkunftslandes auch Deutsch sprechen. Eine Auswahl entsprechender Autorinnen, Autoren und Illustratoren bietet das über die Internationale Jugendbibliothek erhältliche *Verzeichnis „Viele Sprachen – ein Europa"* (vgl. Literaturhinweis S. 63) an. Es listet ca. 80 Autoren mit biographischen und bibliographischen Hinweisen auf und macht damit deutlich, daß es doch recht viele anerkannte mehrsprachige Verfasser von Kinder- und Jugendbüchern gibt, von denen viele sogar in Deutschland oder im unmittelbar benachbarten Ausland leben. Das Verzeichnis enthält keine Anschriften, diese können aber über die angegebenen Verlage (Anschriften sind in jeder Buchhandlung einsehbar!), teilweise auch über das Autorenverzeichnis der Friedrich-Bödecker-Kreise ermittelt werden.

Die in diesem Verzeichnis versammelten Autorinnen und Autoren kommen aus fast allen europäischen Ländern, dem Nahen Osten und Japan.

Organisation einer Autorenlesung

⁵ Unter organisatorischen Gesichtspunkten ist der wesentlliche Aspekt einer Autorenlesung für Schüler die *Finanzierung*. Üblich sind Honorarforderungen von DM 350,00 an aufwärts für eine einstündige Lesung (bzw. Werkstattgespräch). Hinzu kommen die Kosten für Fahrt und Übernachtung. Unter Umständen summieren sich die Kosten somit auf über DM 1 000,00. Es empfiehlt sich daher, Lesungen – vor allem wenn die Autoren aus dem Ausland anreisen müssen – in *Kooperation* mit einer Buchhandlung oder öffentlichen Bücherei zu organisieren und damit die finanzielle Belastung auf mehrere Schultern zu verteilen.

⁵ Günstige Möglichkeiten, an eine „preiswerte" Lesung mit einem der mehrsprachigen Autoren zu kommen, ergeben sich manchmal aus Anlaß einer Neuerscheinung. Die Verlage organisieren dann Lesereisen und übernehmen einen Großteil der Kosten selbst. Auskünfte darüber kann meist der Buchhandel geben, dem entsprechende Lesungen von den Verlagsvertretern angeboten werden. Natürlich kann man auch bei den Autoren direkt anfragen, ob eine vom jeweiligen Verlag organisierte Lesung vielleicht ohnehin in die Nähe des Schulortes führt und damit Reisekosten gespart werden können.

⁵ Weitere Möglichkeiten ergeben sich in Zusammenhang mit *Literatur- bzw. Jugendbuchwochen*, zu denen von öffentlichen Veranstaltern oft auch Autorinnen und Autoren aus dem Ausland eingeladen werden (in Bayern z. B. über den Verein „Bayern liest").

⁵ Nicht immer wird es allerdings möglich sein, daß die Lesung im eigenen Klassenzimmer stattfindet. Es sollte jedoch kein Problem sein, mit einer Klasse auch dann an einer Lesung teilzunehmen, wenn sie z. B. in einer öffentlichen Bibliothek abgehalten wird.

⁵ Wie bereits angedeutet, werden Autorenlesungen auch durch die *Friedrich-Bödecker-Kreise* der einzelnen Bundesländer finanziell unterstützt. Diese können jedoch satzungsgemäß immer nur Teilbeträge übernehmen. Für noch offene Restbeträge lassen sich aber in der Regel Sponsoren finden: z. B. der Elternbeirat, die Sparkasse oder aber, wie oben empfohlen, ein Kooperationspartner.

⁵ Besonders hinzuweisen ist darauf, daß Autorenlesungen, wenn sie in eigener Regie organisiert werden sollen, schon sehr frühzeitig mit dem jeweiligen Autor abgesprochen werden müssen. Bei prominenten Autoren muß der *Termin* u. U. schon ein Jahr vorher ausgemacht werden. Der genaue Zeitpunkt, das *Honorar und die Rahmenbedingungen* der Lesung sollten, um späteren Mißverständnissen vorzubeugen, in einem Brief bzw. in einem *Vertrag* genau festgehalten werden (vgl. dazu *Knobloch* ³1992, S. 14 ff., 52-55).

Varianten

Läßt sich aus finanziellen oder anderen Gründen die Lesung mit einem mehrsprachigen Autor doch nicht realisieren, so sollte versucht werden, z. B. im Anschluß an die Lektüre eines seiner Bücher, einen *Briefwechsel zwischen Autor und Klasse* zu initieren (vgl. *Knobloch*, [3]1992, S. 17 f.). Soweit diese Korrespondenz nicht in englischer Sprache geführt werden kann, empfiehlt sich wieder der Kontakt zu den im Verzeichnis „Viele Sprachen – ein Europa" aufgeführten mehrsprachigen Autorinnen und Autoren.

Literaturhinweis: Autoren lesen vor Schülern – Autoren sprechen mit Schülern. Autorenverzeichnis. Mainz: Bundesverband der Friedrich-Bödecker-Kreise [4]1991 (enthält auch die Anschriften der Friedrich-Bödecker-Kreise in den einzelnen Bundesländern); *Knobloch, Jörg:* Bock auf Bücher. Anregungen für einen projektorientierten Unterricht. Lichtenau [3]1992; Viele Sprachen – ein Europa. Kinder- und Jugendliteratur im Europäischen Haus. Verzeichnis zweisprachiger AutorInnen und IllustratorInnen. München: Internationale Jugendbibliothek 1993.

Anschriften: *Bundesverband der Friedrich-Bödecker-Kreise*, Fischtorplatz 23, 55116 Mainz (hier Auskunft über die für die Unterstützung von Lesungen unmittelbar zuständigen Landesverbände); *Internationale Jugendbibliothek*, Schloß Blutenburg, 81247 München, *Stiftung Lesen*, Fischtorplatz 23, 55116 Mainz.

▷ *Grenzüberschreitung – das Jugendbuch als Mittler zwischen den Kulturen benachbarter Länder*
(Hans Weber)

Im Rahmen internationaler Begegnungen erscheint es sinnvoll und wünschenswert, daß Jugendliche verschiedener Länder und Sprache auch über Literatur miteinander ins Gespräch kommen.

Unter den Büchern des Deutschen Jugendliteraturpreises, der seit mehr als 30 Jahren jährlich vom Bonner Ministerium für Frauen und Jugend vergeben wird, sind rund 30% Übersetzungen ins Deutsche. In zunehmenden Maße werden auch Jugendbücher deutscher Autoren in andere Sprachen übersetzt. Die Inhalte dieser Titel betreffen häufig allgemeingültige politische Probleme aus europäischer Sicht oder stehen für grundsätzliche Fragestellungen junger Menschen, unabhängig von ihrer nationalen Zugehörigkeit. Damit steht in ausreichendem Maße Jugendliteratur zur

Begegnung bereit. Im Folgenden wird über Treffen berichtet, in denen Begegnungen mit und durch Literatur bereits stattgefunden haben. (Hans Weber hat die hier beschriebenen Begegnungen initiiert und im Auftrag des Arbeitskreises für Jugendliteratur und der Bundesvereinigung kultureller Jugendbildung organisiert und begleitet. Er ist z. Zt. stellvertretender Vorsitzender des Münchner Arbeitskreises für Jugendliteratur e. V.)

Die Voraussetzungen

Voraussetzung für Begegnungen dieser Art mit „Jugendbüchern" ist vor allem die Schaffung von Gelegenheiten. Für den innerschulischen Bereich sind Schulpartnerschaften, wie sie von deutschen Schulen beispielsweise mit Schulen in Frankreich, Großbritannien, Skandinavien und neuerlich auch mit östlichen Ländern gepflegt werden, eine gute Basis. Für den außerschulischen Bereich kultureller Jugendbildung sind literarische Begegnungen schwieriger, erscheinen aber über bereits bestehende Jugendtreffs in Verbindung mit kommunalen Kontakten, wie etwa Städtepartnerschaften, realisierbar. Folgende Voraussetzungen müssen geschaffen sein, wenn Gespräche, Erfahrungsaustausch, Aktionen um ein Buch stattfinden sollen, das beiden Gruppen zugänglich ist:

⁵ Die Finanzierung des Projektes richtet sich nach örtlichen Möglichkeiten und ist aus dem Etat der Institution oder aus Spenden zu bestreiten. Finanzielle Unterstützung durch Verlage, etwa durch Freiexemplare, ist nicht zu erwarten.

⁵ Das Buch (möglichst in billiger Taschenbuchausführung) muß von der Thematik her interessant sein und in beiden Sprachen zur Verfügung stehen.

⁵ Die Jugendlichen sollen es in ihrer Sprache lesen und vor der Begegnung mit den anderssprachigen Jugendlichen diskutieren.

⁵ Die Jugendlichen sollen – wie es bei Schulpartnerschaften üblich ist – bereits Grundkenntnisse in der jeweiligen Fremdsprache haben. Sie werden in diesem Projekt von ihren Fremdsprachenlehrern in Dolmetscherfunktion begleitet.

⁵ Wenn irgend möglich, sollen Autor und Übersetzer durch Lesungen und Gespräche am Projekt beteiligt werden.

⁵ Zum Abschluß des Projektes ist Öffentlichkeit mit Eltern und der Kommune herzustellen, wobei die Ergebnisse gezeigt werden.

Durchführung und Ziel

Nach Auswahl des Titels durch die Lehrkräfte beider Schulen oder Gruppen wird er in Klassensätzen angeschafft. Im muttersprachlichen sowie im fremdsprachigen Unterricht wird das Buch nach den jeweiligen Richtlinien für Literaturunterricht erarbeitet. Vorstellbar sind Inhaltsanalysen, Sprachbetrachtung, gestalterische und darstellerische Übungen, diese vor allem zum Vorführen als Dialog oder Spielszene bei der Begegnung. Es wird empfohlen, zur Arbeitserleichterung für beteiligte Lehrkräfte, solche Buchtitel auszuwählen, zu denen Handreichungen für den Unterricht auf dem Markt sind (s. Materialempfehlungen S. 68 f.). Im Rahmen der Begegnungen finden sich dann Jugendliche beider Sprachgruppen unter vorher festgelegten Arbeitsthemen und unter Anleitung der Fachlehrkräfte jeweils in Arbeitsgemeinschaften zusammen. Insgesamt erscheint *ein* Schultag ausreichend für die Begegnung. Die Ergebnisse der Arbeitsgruppen werden dem Plenum aller Beteiligten vorgetragen und schließlich der Öffentlichkeit vorgestellt, zu der auch die Vertreter örtlicher Bibliotheken und Buchhandlungen gehören. Am Schluß soll deutlich geworden sein, daß Jugendliteratur ein speziell für internationale Verständigung geeignetes Medium darstellt, in dem Gemeinsames entdeckt und aufgearbeitet werden kann.

Die Titelauswahl

Von drei Begegnungen auf der schulpartnerschaftlichen Ebene und von einem Jugendtreff außerhalb der unmittelbar schulischen Szene soll nun genauer berichtet werden.

Die Gesamtschule von Haiger in Hessen und das Collège Eugène Noël von Montville in der Normandie pflegen bereits seit Jahren eine rege Schulpartnerschaft mit jährlichem Schülertreff, hier wie dort mit jeweils denselben Schulklassen. Alle am Treff beteiligten Schüler haben nach etwa 2jähriger Unterrichtsdauer Grundkenntnisse in der Fremdsprache.

Für die bisherigen drei Begegnungen mit Jugendliteratur wurden diese Titel ausgewählt:

ˢ *Noack, Hans-Georg:* Rolltreppe abwärts, in französischer Übersetzung *Tu a volé, Jochen*, der meistgelesene Roman des deutschen Erfolgsautors um einen Jugendlichen, der unter schwierigen Bedingungen heranwächst und vorwiegend in einem Heim untergebracht ist.

ˢ *Coué, Jan:* Les sept feux de l'énfer, in deutscher Übersetzung *Die sieben Feuer der Hölle*, ein Roman des französischen Autors um eine Ölkatastrophe mit authentischem Hintergrund vor der französischen Atlantikküste.

ˢ *Lang, Othmar Franz:* Warum zeigst du der Welt das Licht, in französischer Übersetzung *Mes campesinos*, der Roman des Rosenheimer Autors um die Erlebnisse einer deutschen Entwicklungshelferin in Bolivien.

Die drei ausgewählten Titel wurden von den jeweiligen Schulklassen aufgrund ihrer aktuellen Thematik begeistert angenommen und boten ausreichende Möglichkeiten, die literarische Begegnung zu einem herausragenden Erlebnis werden zu lassen.

Die Autoren Noack und Coué waren sowohl in der französischen als auch in der deutschen Schule durch Lesungen und Gespräche präsent. Der Autor Lang war lediglich bei dem Treffen in der hessischen Schule anwesend.
Zur Begegnung mit Hans-Georg Noack waren auch die Übersetzerin und der Verleger nach Hessen gekommen. Über alle Begegnungen wurde in den örtlichen und regionalen Presseorganen beider Länder ausführlich berichtet.

Der Jugendtreff außerhalb der unmittelbar schulischen Ebene fand in der Akademie Remscheid statt und wurde sowohl vom Arbeitskreis für Jugendliteratur (AKJ) München als auch von der Bundesvereinigung kultureller Jugendbildung (BKJ) Remscheid, sowie von der Jugendzeitschrift *Menschenskinder* begleitet. Hier trafen sich Redakteure niederländischer Schülerzeitungen mit denen von *Menschenskinder*. Nach ähnlichen Gesichtspunkten wie bei den Schülertreffs standen Bücher der deutsch-niederländischen Autorin Marie Thérèse Schins und der niederländischen Autorin Tonny Vos-Dahmen von Buchholz im Mittelpunkt der Begegnung. Beide Autorinnen waren anwesend. Die Veranstaltung wurde in *Kontakt*, einer Sondernummer der (mittlerweile nicht mehr auf dem Markt befindlichen) Zeitschrift *Menschenskinder*, veröffentlicht.

Ein Beispiel

Les sept feux de l'enfer – Die sieben Feuer der Hölle von Jean Coué
Protokoll einer internationalen Literaturbegegnung

Coué schildert eine Öltankerkatastrophe vor der bretonischen Küste, von der die Bewohner einer vorgelagerten Insel betroffen sind. Der Autor beschreibt außer dem Kampf der Inselbewohner gegen die Ölpest ihr distanziertes Verhältnis zu den Festlandbewohnern sowie Probleme mit den dortigen Behörden. Die Not der Betroffenen sowie ihre unterschiedlichen Verhaltensweisen werden im Roman transparent.
Die deutschen und französischen Schüler haben das Buch vor ihrer Begegnung in ihrer Muttersprache gelesen und mit ihren Lehrerinnen diskutiert. Zur Begegnung kamen der Autor Coué und seine Übersetzerin, Frau Ulrike Werner-Richter, sowie Gerd Rumler, der Vertreter des Stuttgarter Thienemann-Verlages.
Das Begegnungs- und Gesprächsprogramm sah einen intensiven Austausch über den Inhalt, vor allem über ökologische und politische Fragen des Ereignisses vor. Die Schüler sollten ausgiebig mit den „Machern" diskutieren können und schließlich die Ergebnisse ihres Umgangs mit dem Text und seinen Repräsentanten vorstellen. In jeweils deutsch-französisch besetzten Schreibwerkstätten wurde intensiv gearbeitet. Es entstanden Wandzeitungen und Druckseiten für eine zweisprachige Informationszeitschrift zum Projekt. Neben Daten und Fakten aus Fachbüchern der Schulbiblio-

thek dienten eigene Prosa- und Poesietexte der Vertiefung des Themas. Eine Wanderausstellung des Frankfurter Börsenvereins *Bücher zum Umweltschutz* stand zur Verfügung (ausleihbar über Stiftung Lesen). Den Abschluß des Projektes bildete eine gemeinsame Fahrt in das Gutenberg-Museum Mainz.

Die Veranstalter registrierten ein großes Engagement aller Beteiligten sowie die Erkenntnis, daß die Relevanz der angesprochenen Fragen unabhängig von Grenzen und Sprache wahrgenommen wurde.

Jugendbücher in deutscher und französischer Sprache

Eine Auswahl von Jugendbüchern (Lesealter ab 14) in deutscher und französischer Sprache:

s *Bayer, Ingeborg*: Die vier Freiheiten der Anna B. (*Les quatre libertés d'Anna B.*) Deutsche Ausgabe: Würzburg: Arena Verlag. Ein Mädchen von 15 Jahren wird zum ersten Mal straffällig.

s *Coué, Jean:* Die sieben Feuer der Hölle *(Les sept feux de l'enfer)*. Deutsche Ausgabe: Stuttgart: Thienemann Verlag. Die Tankerkatastrophe vor der bretonischen Küste.

s *Duflos, Solange & René Brandicourt:* Der Strand lebt *(Sur les rivages)*.Deutsche Ausgabe: Freiburg: Herder Verlag. Streifzüge durch den Lebensraum „Strand" mit Anregungen zum Beobachten und Forschen.

s *Fährmann, Willi:* Wind ins Gesicht *(Quand le vent se lève)*. Deutsche Ausgabe: Ravensburg: Otto Maier Verlag. Ein Jugendlicher verliert seinen Arbeitsplatz und vagabundiert durchs Land.

s *Fährmann, Willi:* Christina vergißt nicht *(Kristina n'oublie pas)*. Deutsche Ausgabe: Würzburg: Arena Verlag. Eine junge Aussiedlerin aus Polen wird mit der Wirklichkeit konfrontiert.

s *Grimaud, Michel:* Im Land der anderen *(La terre des autres)*. Deutsche Ausgabe: Würzburg: Arena Verlag. Dschamil aus Algerien und sein Vater erleben in Frankreich das Los von Ausländern.

s *Korschunow, Irina:* Die Sache mit Christof *(Christofe)*. Deutsche Ausgabe: München: Deutscher Taschenbuch Verlag. Hat Christof mit dem Fahrrad unbewußt Selbstmord begangen?

s *Lang, Othmar Franz:* Warum zeigst du der Welt das Licht? *(Mes campesinos)*. Deutsche Ausgabe: München: Deutscher Taschenbuch Verlag. Eine junge deutsche Entwicklungshelferin in Bolivien.

s *Noack, Hans-Georg:* Rolltreppe abwärts *(Tu a volé, Jochen)*. Deutsche Ausgabe: Ravensburg: Otto Maier Verlag. Jochen hat Probleme im Fürsorgeheim, mit dem Heimleiter, mit seiner Mutter.

⁵ *Richter, Hans Peter:* Wir waren dabei *(J'avais deux camarades).* Deutsche Ausgabe: Würzburg: Arena Verlag. Ein Roman aus der Zeit des Nationalsozialismus in Deutschland.

Anschriften

⁵ Arbeitsgemeinschaft von Jugendbuchverlegern, Pfizerstr. 5, 70184 Stuttgart
⁵ Arbeitskreis für Jugendliteratur e. V., Schlörstr. 10, 80634 München
⁵ Bundesvereinigung kulturelle Jugendbildung e. V., Küppelstein 43, 42857 Remscheid
⁵ Stiftung Lesen, Fischtorplatz 23, 55116 Mainz

Materialien

⁵ *Kinder- und Jugendbücher didaktisch – 1993.* Materialienheft Nr. 29 der Arbeitsgemeinschaft Jugendliteratur und Medien in der GEW von Malte Dahrendorf und Jörg Knobloch mit Fundstellen für Unterrichtsmaterialien zu Jugendbüchern.
⁵ *Bücher machen Schule – 1993.* Ein Verzeichnis derselben Arbeitsgemeinschaft von Hans Weber mit rund 200 Taschenbüchern, zu denen ihre Verlage Handreichungen für den Unterricht mit Kinder- und Jugendliteratur bereithalten. Beide Verzeichnisse sind zu beziehen über den Hauptvorstand der GEW, Vorstandsbereich Frauenpolitik, Postfach 900 409, 60444 Frankfurt am Main.
⁵ *Ausländerkinder in unseren Schulen unerwünscht? 1992.* Eine Broschüre des Bayerischen Lehrer- und Lehrerinnenverbands in der Reihe Materialien zur Schul- und Bildungspolitik mit Impulsen für einen interkulturellen Unterricht, unter Verantwortung von Diether Reitmeier. Zu beziehen über die Landesgeschäftsstelle des BLLV, Bavariaring 37, 80336 München.

Vom Leben in fremden Kulturen – Ausländer bei uns

▷ **Wir sind multikulturell – ein Plakat zum Weitertexten**
(Petra Hölscher)

Mit 15.000 großflächigen Plakaten warb die Deutsche Städtereklame Frankfurt für mehr Verständnis im Zusammenleben mit ausländischen Mitbürgern. Als Initiative gegen Ausländerfeindlichkeit finanzierte sie die Entwurfs- und Druckkosten des bundesweit geklebten Motives „Und Dein Nachbar nur ein Ausländer?". Das erste Plakat hat ein Unbekannter auf eine Plakattafel in Völklingen geklebt. Vor dem Überkleben wurde das Motiv zufällig von einem Fotografen aufgenommen, der es einem Bildarchiv anbot.

Dein T-Shirt	**– aus Korea**
Dein Hamburger	**– aus Argentinien**
Deine Cola	**– aus den USA**
Dein Autor	**– aus Chile**
Dein Taschenrechner	**– aus Japan**
Deine Bananen	**– aus Guatemala**
Deine Blumen	**– aus Kolumbien**
Deine Pizza	**– vom Italiener**
Dein Kaffee	**– aus Brasilien**
Deine Nüsse	**– aus der Türkei**
Deine Tänze	**– aus Südamerika**
Deine Meditation	**– aus Indien**
Deine Zahlen	**– arabisch**
Deine Schrift	**– lateinisch**
Dein Christus	**– ein Jude**
Dein Nachbar	**– nur ein Ausländer**

Möglichkeiten des Weiterschreibens

Beispiele finden sich in der sehr empfehlenswerten Zeitschrift *Eulenspiegel*. ISSN 0934-3172. Kostenlos zu beziehen über Terre des hommes-Arbeitsgruppe, Kreuzstr. 115, 52428 Jülich. Alle Ausgaben enthalten sehr schöne Beiträge für interkulturelles Lernen.

Möglichkeiten für eine Weiterführung in Projekten:

⁵ Eigene, ganz andere Texte verfassen und an die Öffentlichkeit bringen.

⁵ Eine eigene Plakatwand gegen Fremdenfeindlichkeit gestalten.

⁵ Eine Kinowerbung entwerfen und durchführen.

▷ *Internationales in unserer Nähe – Spurensuche*
(Isolde Eberhard/Petra Hölscher)

Jahrgangsstufe: 7-10
Fächer: Deutsch, Erdkunde, Mathematik, Textverarbeitung, Arbeitslehre
Unterrichtsziel/Projektergebnis: Ausstellung in der Schule oder in der Stadtbücherei bzw. anderen öffentlichen Einrichtungen.

Schritte zur Durchführung

⁵ Zur Planung des Projektes werden Ideen und vorhandenes Wissen gesammelt sowie Informationsquellen überlegt (z. B. Stadtbücherei, Kulturladen, Ämter, Zeitungen, Ausländerbeirat).

⁵ Zur Organisation des Projektes wird festgelegt, wer fotografiert, Berichte schreibt, Interviews durchführt, Briefe/Einladungen schreibt, Fragebogen entwickelt. Der von den Schülern erstellte Organisationsplan sollte erweiterungsfähig bleiben.

⁵ Aus den Ergebnissen der Recherchen entstehen z. B.: Schaubilder, Übersichtspläne, Stadtkarte, Fotos mit Texten, Medienecke, in der Kassetten mit den Interviews angehört werden können, Videovorführung, Stadtteilquiz mit Fotos und Fragen.

⁵ Bericht für den Lokalteil einer Zeitung oder Wochenblatt schreiben.

⁵ Einladung zur Ausstellung an Eltern, Bürger, Institutionen verschicken.

▶ *Internationales in unserer Nähe – ein Quiz*
(Isolde Eberhard/Petra Hölscher)

Jahrgangsstufe: 7-10
Fächer: Geschichte, Erdkunde, Sozialkunde
Unterrichtsziel/Projektergebnis: Ein in einem Lokalteil veröffentlichtes Quiz –
Lösung einige Wochen später in der Zeitung oder Schülerzeitung.

Schritte zur Durchführung

⁵ Entwicklung und schriftliche Darstellung des Vorhabens mit den Schülern;
⁵ Mündliche oder schriftliche Einladung von Reportern ins Klassenzimmer;
⁵ Verfassen eines Aufrufs in der Zeitung: Bevölkerung soll sich an einer Spurensuche
beteiligen (Fotos, Hinweise, Tatsachen usw.) und einsenden oder Schüler zum Interview anfordern;
⁵ Eigene Recherchen der Schüler bei Ämtern, Schulen, Bevölkerung für mögliche
Quizfragen;
⁵ Exkursion in Gruppen zum Auffinden interessanter Beiträge;
⁵ Auswerten der verschiedenen Materialien (Briefe, Fotos …) zu thematischen
Schwerpunkten;
⁵ Zusammenstellung zu einem Quiz und später der Auflösung für die Zeitung.

Varianten

⁵ Das gesammelte Material kann zusätzlich für eine Ausstellung oder Dokumentation
aufgearbeitet werden.

▶ *Sie backen am Kuchen kräftig mit – Menschen aus der Türkei*
arbeiten bei uns
(Wolfgang Schierl)

Jahrgangsstufe: 7-10
Fächer: Arbeitslehre, Sozialkunde, Erdkunde, Textverarbeitung
Unterrichtsziel/Projektergebnis: Einblick in die Betriebe der türkischen Mitbürger; ein Atlas/Stadtplan, in dem Geschäfte von türkischen Mitbürgern eingezeichnet
sind. Als weiteres Ziel des Projekts könnten die Schüler herausfinden, welche Wirt-
schaftsleistung türkische Arbeitnehmer in Deutschland erbringen.

Schritte zur Durchführung

⁵ Betriebserkundungen in Geschäften/Betrieben, die von türkischen Mitbürgern geführt werden, z. B. ein Lebensmittelgeschäft, ein Restaurant, eine Bäckerei usw.
⁵ Die Schüler lernen türkische Lebensmittel und die entsprechenden Preise kennen.
⁵ Sie interviewen türkische Ladenbesitzer und Händler.
⁵ Sie recherchieren das Warenangebot, die Herkunftsorte der Waren, die Handelswege usw.
⁵ Sie beobachten, wer in dem Geschäft/Restaurant arbeitet/einkauft/ißt.
⁵ Sie beobachten das Kaufverhalten der Kundschaft.
⁵ Sie befragen den Ladeninhaber danach, warum er ein Restaurant/einen Laden betreibt, ob er Schwierigkeiten bei der Eröffnung hatte, welche Voraussetzungen er erfüllen mußte, welche Behördengänge erforderlich waren, welche Investitionen erforderlich waren, wie rentabel das Geschäft ist.
⁵ Türkische Mitschüler können helfen, die entsprechenden Kontakte herzustellen.

Varianten

⁵ Das gleiche Projekt kann auch bei anderer Nationalitäten durchgeführt werden.
⁵ Die folgenden Texte mit den eigenen Recherchen vergleichen.

Wirtschaftliche Bedeutung der Ausländer

Sie backen am Kuchen kräftig mit

Ausländer machen Angst. Vor allem am Stammtisch. Dort gelten die Bürger aus fremden Staaten in der Regel als störende Konkurrenten. Konkurrenten um Arbeitsplätze, um Wohnungen, Sozialhilfe, um Plätze in Kindergärten und Schulen oder der Universität. Selbst der Sitzplatz in Bahn oder Bus gerät gelegentlich ins grob gestrickte Argumentationsmuster.

Bei genauer Betrachtung, bei objektiver Analyse hält diese Perspektive jedoch keiner Überprüfung stand. Im Gegenteil: Ganze Branchen und Wirtschaftszweige würden lahmgelegt, verließen die ausländischen Arbeitnehmer unser Land. „Unsere Sozialversicherungssysteme wären akut gefährdet", rückt Arbeitsminister Norbert Blüm das schiefe Bild zurecht. Für den Christdemokraten geht der Dank an die ausländischen Mitbürger noch weiter: „Sie haben das moderne Deutschland mitgeschaffen. Ohne sie wäre unser Land ärmer." Der Arbeitsminister rät aus einem zusätzlichen Grund zum freundlich-pfleglichen Umgang: Heimgekehrte Ausländer seien bis jetzt „gute Botschafter". „Unser Land, das als eines der größten Exportländer wie kaum ein anderes auf Weltoffenheit und Toleranz angewiesen ist, verdankt seinen guten Ruf in aller Welt auch diesen Menschen."

Entlastungen

Berechnungen verschiedener Institute und Organisationen gelangen zu einem eindeutigen Ergebnis. Die ausländischen Arbeitnehmer und ihre Familien tragen zum wirtschaftlichen Wohlstand in erheblichem Umfang bei. Sie leisten ihren Anteil sogar zu Ausgaben, die streng genommen nur Sache der Bundesbürger wären. Über ihre Steuern entlasten Ausländer die einheimische Bevölkerung von den Kosten der Verteidigung, der Außenpolitik, des Schuldendienstes sowie Kriegsfolgeleistungen. Nützlich machen sich die Ausländer in Deutschland auch woanders: Sie kaufen einheimische Produkte im Wert von 60 Millionen DM jedes Jahr, sie veranlassen damit einheimische Firmen zu größerer Produktion und Investition. Unterm Strich ist das Ergebnis klar. Ausländer in Deutschland nehmen den Einheimischen nichts vom Kuchen, sie backen vielmehr selbst daran kräftig mit.

Auch die Furcht um die Konkurrenz am Arbeitsplatz ist weitgehend unbegründet. Ausländer verrichten in der Regel angelernte und ungelernte, zudem körperlich schwere Arbeit. Matthias Wissmann, wirtschaftspolitischer Sprecher der CDU/CSU-Bundestagsfraktion. „Dazu sind deutsche Arbeitnehmer meist nicht bereit." Entlassungen von Ausländern führen in der Regel deshalb auch nicht dazu, daß die freigewordenen Stellen mit deutschen Arbeitslosen besetzt werden. Die Ausländer besitzen für den Ar-

beitsmarkt vielmehr eine „strukturelle Ausgleichsfunktion", sie sind Puffer für den Konjunkturabschwung. Stottert der Wirtschaftsmotor, müssen viel mehr Ausländer abspringen als deutsche, deren Arbeitslosigkeit steigt überproportional.

Das Rheinisch-Westfälische Institut für Wirtschaftsforschung (RWI) kommt sogar zu dem Schluß, daß der Zuzug von Ausländern die Arbeitsmarktchancen der einheimischen Arbeitnehmer verbessert: „Die Beschäftigung von 1,1 Millionen Zuwanderern im Durchschnitt des Jahres 1991 ermöglichte weiterer 85.000 Personen die Aufnahme einer Erwerbstätigkeit: Die Arbeitslosenquote wäre ohne die Zuwanderung im Jahr 1991 um 0,2 Prozentpunkte höher ausgefallen." Mehr noch: Einheimischen Beschäftigten werden neue berufliche Perspektiven eröffnet. Meist folgt der Aufstieg in besserbezahlte, leitende Positionen. Überhaupt ist die Furcht vor dem ausländischen Konkurrenten um den Arbeitsplatz in den letzten 20 Jahren unbegründeter geworden. 1973 war jeder zwölfte Arbeitnehmer ein ausländischer Kollege, heute ist dies nur noch jeder achte. Seit dem Anwerberstopp für Gastarbeiter 1973 ist die Zahl ausländischer Arbeitnehmer von 2,6 auf 1,9 Millionen zurückgegangen. Dafür haben sich immer mehr Ausländer in der Bundesrepublik selbständig gemacht. Heute sind 160.000 ausländische Unternehmer registriert. Diese sichern 100.000 Arbeitsplätze, erwirtschaften einen Jahresumsatz von 23 Milliarden Mark und haben über fünf Milliarden Mark in der Bundesrepublik investiert. Türken sind im Lebensmittelhandel, in der Gastronomie, im Im- und Exportgeschäft, mit Kfz-Werkstätten und mit Schneidereien selbständig. Bei Griechen, Italienern und Jugoslawen konzentriert sich die Selbständigkeit insbesondere auf die Gastronomie.

Die Hauptschuld für die Wohnungsnot ist ebenfalls nicht bei Ausländern und Zuwanderern zu suchen. In der Regel bescheiden sie sich mit kleinen und schlecht ausgestatteten Räumen. Während ein Westdeutscher inzwischen durchschnittlich 35 Quadratmeter beansprucht, gibt sich ein Asylant gezwungenermaßen mit 4,5 Quadratmetern zufrieden. Ausländer, die sich auf einen längeren Aufenthalt einrichten, entlasten sogar den Mietwohnungsmarkt. Immerhin verfügen bereits 135.000 Türken über einen Bausparvertrag. In vielen Fällen eilen die Ausländer sogar der einheimischen Wohnbevölkerung zur Hilfe. Sie lassen sich mit Vorliebe in Gegenden nie-

der, die Einheimische ohnehin verlassen. Großstädtische Industrieregionen wären ohne Ausländer längst ausgeblutet. Das Ruhrgebiet ist dafür ein Beispiel. Sie ziehen dort in alte Wohnungen und retten damit die vorhandene Infrastruktur: Bahnlinien, Schwimmbäder, Schulen und Straßen. Das Fazit des RWI: „So bleiben den Deutschen oft schmerzhafte Einschnitte in der Infrastruktur erspart."

Etwas grundsätzlich Positives erkennt die Deutsche Ausgleichsbank in der Asyl-Zuwanderung: „Unter den Asylbewerbern sind die tollsten Leute", weiß der Direktor Gustav Koch. Auf den Punkt bringt dies Herbert Leuninger von der Arbeitsgemeinschaft Pro Asyl: „Wer in einer Diktatur die hohen Fluchthürden überwunden und den schwierigen Weg nach Deutschland geschafft hat, der dürfte hier allemal zum dynamischen Teil der Bevölkerung zählen."

Lothar Klein

Entnommen aus: Das Parlament, Nr. 2-3 vom 8./15. Januar 1993. Hrsg.: Bundeszentrale für politische Bildung, Bonn

Auch in Zukunft dringend gebraucht

Ausländer schaffen Wohlstand

Von Tom Weingärtner

Als die Arbeitskraft der Deutschen nicht mehr reichte, um das Wirtschaftswunder zu vollenden, rief man sie: die Gastarbeiter. Was zunächst als vorübergehende Entlastung des überbeanspruchten deutschen Arbeitsmarktes gedacht war, entwickelte sich

im Laufe der Jahre zu einer stattlichen Einwanderungsbewegung: den Arbeitskräften folgten die Familien, aus dem Provisorium wurde ein fester Bestandteil der westdeutschen Wohnbevölkerung.

Bis zum Beginn der 70er Jahre nahm

der Anteil der Ausländer an der bundesdeutschen Bevölkerung ständig zu und erreichte 1974 einen vorläufigen Höchststand mit 4,1 Millionen, damals 6,7 Prozent. Ein Jahr zuvor waren fast 2,6 Millionen oder 11,6 Prozent ausländische Arbeitnehmer in der deutschen Wirtschaft beschäftigt. In der ersten Ölpreiskrise ging die Zahl der Gastarbeiter zunächst zurück und stieg dann wieder auf zwei Millionen an. Als die Konjunktur 1980 im zweiten Ölpreisschock zusammenbrach, setzte ein erneuter Rückgang ein. Zusätzlich motiviert durch ein Rückkehrprogramm der Bundesregierung verließen zahlreiche ausländische Arbeitnehmer mit ihren Familien die Bundesrepublik. Gestoppt wurde dieser Trend, als die Konjunktur wieder anzog. Seit Mitte der 80er Jahre steigt die Zahl der Ausländer in den alten Bundesländern beständig an und erreicht gegenwärtig 5,2 Millionen, davon sind fast 2 Millionen als Arbeitnehmer beschäftigt, 190.000 sind selbständig. Hinzukommen Asylbewerber und rund 100.000 sogenannte Kontingentarbeiter, die im Rahmen von Werkarbeitsverträgen mit osteuropäischen Firmen vor allem im Baugewerbe tätig sind. In den neuen Bundesländern leben nur 120.000 Ausländer.

Seit die Regierung Schmidt in der ersten Ölkrise einen Anwerbestopp verhängte, erfolgt die Anwerbung von Ausländern für den deutschen Arbeitsmarkt nur noch im Rahmen bilateraler Abkommen sowie für Pflegekräfte. Anerkannte Asylbewerber erhalten eine Arbeitserlaubnis nur, wenn es die Arbeitsmarktlage zuläßt. Ohne Einschränkung dürfen Staatsangehörige aus der EG in Deutschland arbeiten.

Ausgleichsfunktion

Die Entwicklung der letzten 20 Jahre macht deutlich, daß die Ausländer vor allem eine konjunkturelle Ausgleichsfunktion für die deutsche Wirtschaft erfüllen. Das kommt auch darin zum Ausdruck, daß die Arbeitslosenquote von ausländischen Arbeitnehmern regelmäßig über der deutschen liegt. Zuletzt war sie mit über 12 Prozent fast doppelt so hoch wie im westdeutschen Durchschnitt mit 6,7 Prozent. In Zeiten starken Wachstums stehen den Unternehmen so zusätzliche Arbeitskräfte zur Verfügung.

Einzelne Branchen sind darauf besonders angewiesen. So ist in der Fischverarbeitung und in Teilen der Textilindustrie jeder dritte Beschäftigte ein Ausländer, in der Gebäudereinigung und im Gaststättengewerbe jeder vierte. Die meisten arbeiten im verarbeitenden Gewerbe (950.000), wo sie oft schwere körperliche und ungelernte Tätigkeiten verrichten, gefolgt von Dienstleistungen (400.000), Handel (160.000) und Bauwirtschaft (155.000).

Die Konzentration auf vergleichsweise wenige Branchen ist nicht zuletzt damit begründet, daß sich beispielsweise zum Putzen, für die Arbeit am Fließband oder auf dem Bau kaum noch Deutsche finden. Selbst Arbeitslose lehnen solche Jobs meist dankend ab und berufen sich lieber auf die Unzumutbarkeitsklausel der Arbeitslosenversicherung. Daß Ausländer Deutschen die Arbeitsplätze wegnehmen, ist mithin eine Legende, die auch dann allenfalls teilweise richtig wäre, wenn wir unseren Arbeitslosen etwas mehr zumuten würden.

Daß die Unternehmen für viele schlecht bezahlte Jobs mit geringem Sozialprestige Ausländer einstellen können, ist eine Voraussetzung dafür, daß den deutschen Arbeitslosen ein sozialer Abstieg vielfach erspart bleibt. Daran ändert auch der Umstand nichts, daß Ausländer in zunehmenden Maße in qualifizierte Jobs vorrücken. Diese Integration in die deutsche Arbeitswelt, die vor allem in der zweiten Generation der Zugewanderten Platz greift, wird auf längere Sicht dazu führen, daß neue Arbeitskräfte aus dem Ausland gebraucht werden, wenn am erreichten Niveau der sozialen Sicherung festgehalten werden soll.

Nettozahler

Schon heute leisten die Ausländer einen erheblichen Beitrag zur Finanzierung von öffentlichen Aufgaben und sozialer Sicherung. 1991 zahlten sie 90 Milliarden Mark an Steuern und Sozialversicherungsbeiträgen, denen aber nur Aufwendungen durch die öffentliche Hand von 65 Milliarden gegenüberstanden. Die restlichen 25 Milliarden kamen den Deutschen zugute, vor allem den Rentnern. Denn die Gastarbeiter sind im Durchschnitt jünger als die deutschen Erwerbstätigen, ihre Familien kinderreicher. 1989 zahlten ausländische Arbeitnehmer 12,8 Milliarden Mark Beiträge zur Rentenversicherung, aufgrund früher erworbener Ansprüch bezogen Ausländer aber nur Renten von 3,7 Milliarden Mark. Selbst wenn es den Politikern gelingt, das Erwerbsleben wieder zu verlängern, und auf diese Weise verhindert werden kann, daß die demographische

Entwicklung voll auf die Sozialversicherungssysteme durchschlägt, wäre es ein Illusion zu glauben, Deutschland käme auf Dauer ohne eine Aufstockung seines Arbeitskräftepotentials von außen über die Runden. Bereits jetzt müssen in den alten Ländern gut zwei aktiv Beschäftigte einen Rentner finanzieren, bis zum Jahr 2025 wird sich diese Relation auf eins zu eins verschlechtern, wenn eine Verjüngung ausbleibt.

Diese wird um so dringlicher, als neue soziale Leistungen wie die Pflegeversicherung eingeführt werden sollen und auch die Krankenversicherung ohne zusätzliche Beitragszahler kaum noch bezahlbar sein dürfte. Sozialpolitiker der Union wie Heiner Geißler sind sich der Tatsache durchaus bewußt. Die Pflegeversicherung, so Geißler, sei deshalb bezahlbar, weil der Bundesrepublik auch künftig ausländische Arbeitskräfte zur Verfügung stünden.

Die Ausländer bringen auch unternehmerische Initiative, Erfahrung und Kapital in die deutsche Wirtschaft ein. 190.000 Selbständige verbreitern das Angebot in der Gastronomie, im Lebensmittelhandel, betreiben Ex- und Importgeschäfte und andere Dienstleistungsbetriebe. Obwohl sich diese Firmen wiederum vorwiegend an die Ausländer unter den Verbrauchern wenden, profitieren davon auch die Deutschen, die nicht in türkischen Geschäften einkaufen oder beim Italiener essen gehen, weil deren Konkurrenz Druck auf die Preise für deutsche Konsumenten ausübt. Italiener, Griechen oder Türken sind aber nicht nur für ihre eigenen Landsleute wichtige Kunden. Ihre Nachfrage von schätzungsweise

60 Milliarden Mark im Jahr richtet sich auch an deutsche Produzenten vorwiegend langlebiger Konsumgüter wie Möbel, Autos oder Haushaltsgeräte. Die Ausländer sind also schon heute ein unverzichtbarer Faktor für die deutsche Wirtschaft, und sie werden in Zukunft eher noch dringender benötigt. Für eine warenexportierende Nation wie Deutschland sind sie das notwendige Gegengewicht in der Leistungsbilanz, der Import von Arbeitskraft gewissermaßen. Diese Logik liegt auch dem Gemeinsamen Markt. zugrunde. Nur wenn die Deutschen bereit sind, Arbeitskräfte aus anderen Ländern der Gemeinschaft, zu der später auch osteuropäische Staaten gehören werden, aufzunehmen, können sie damit rechnen, daß sie dort ihre Produkte verkaufen können.

Entnommen aus: Das Parlament, Nr. 2-3 vom 8./15. Januar 1993. Hrsg.: Bundeszentrale für politische Bildung, Bonn

Alltägliche Begegnung – ein Fotowettbewerb
(Johanna Heiß/Petra Hölscher)

Jahrgangsstufe: 5-10
Fächer: Kunst, Deutsch
Unterrichtsziel/Projektergebnis: Fotowettbewerb für Schüler und Eltern.

Schritte zur Durchführung

⁵ Lehrerkonferenz, Elternbeirat, Schülerbeirat initiieren das Projekt.

⁵ Jede Klasse schlägt ein zündendes Thema vor.

⁵ Schulkonferenz wählt ein Thema aus.

⁵ Jede Klasse erhält den Auftrag, einen wertvollen Preis zu organisieren.

⁵ Briefe an mögliche Sponsoren (Firmen, Banken, Geschäfte) entwerfen.

⁵ Per Rollenspiel mündliche Anfragen einüben.

⁵ Kontakt zu Fotogeschäften wegen Ausstellung herstellen bzw. Kontakt zu Zeitungen wegen Veröffentlichung.

⁵ Sammeln von Fotos, besprechen, auswählen.

⁵ Ausstellung in einem Fotogeschäft oder Schule, Bank, Bücherei organisieren.

⁵ Wahlzettel für die Prämierung gestalten.

⁵ Jeder Schüler und Besucher der Ausstellung erhält einen Wahlzettel und entscheidet sich für sein Lieblingsbild.

5 Wahlergebnisse bekanntgeben und anschließend feierliche Preisverleihung.
5 Das Schulhaus mit den schönsten Bildern dekorieren bzw. die prämierten Fotos veröffentlichen.

Literaturhinweis: *Hess, Catharina:* Perspektive Deutschland?, Hrsg. Ausländerbeirat Landeshauptstadt München, München 1993
Die Fotografin Catherina Hess interviewte 40 ausländische Mitbürger aus München zu den Themen Familie, Heimat, Ausland, Arbeit. Sie ließ sich jeweils ein Foto au s der alten Heimat geben und fügte selbst je ein Foto aus dem Wohn- und Arbeitsalltag bei. Zunächst wurden die Bilder und Auszüge aus dem Lebensweg in einer Ausstellung im Gasteig in München gezeigt und sind nun in einem Bildband veröffentlicht worden.

Varianten

5 Als Alternative zum Fotowettbewerb ist auch ein Malwettbewerb denkbar.
5 *Klasse 9c im Radio:* Der Markt der Privatsender wird immer größer. Immer mehr sind auch bereit, Jugendliche in den Sendungen live zu Wort kommen zu lassen. Die Schüler schreiben mehrere Sender an und bieten ein Feature über ihre Klassen an. Thema könnte sein: So kommen wir miteinander aus – deutsche und ausländische Jugendliche in unserer Klasse. Dazu gehören natürlich eine Hitparade, auch mit Liedern aus den Heimatländern der ausländischen Schüler, Interviews, die auf der Straße aufgenommen worden sind.
Andere Themenvorschläge: Kommunales Wahlrecht für ausländische Mitbürger? – Wie wird es mir als Azubi gehen? Meine Wünsche und Ängste – Hast du Angst vor „Glatzen"? – Erfahrungen mit Neo-Nazis.

„Ich stehe zwischen zwei Bergen, der eine heißt Zukunft, der andere Vergangenheit" – Texte der Migrantenliteratur
(Johanna Heiß/Petra Hölscher)

Jahrgangsstufe: 7-10
Fächer: Deutsch, Kunst
Unterrichtsziel/Projektergebnis: Lese-Bild-Parcours im Schulhausgang oder Kunst-Literaturmappe.

Schritte zur Durchführung

- Schüler erarbeiten Kurztexte aus der Migrantenliteratur.
- Sie suchen weitere Beispiele mit Aussagen über das Leben zwischen den Kulturen (Stadtbücherei usw.).
- Die schönsten Texte werden ausgewählt und im Rahmen des Kunstunterrichts bildnerisch gestaltet.
- Die Bilder und Texte werden in beliebiger Reihenfolge im Schulhaus aufgehängt.
- Mitschüler beurteilen, vielleicht in einem Wettbewerb, welche Bild-Textkombination zueinander passen und nebeneinander aufgehängt werden sollen.

Literaturhinweis: Sammlung von Schülergedichten in: *Pazarkaya, Yüksel:* Vom Kulturschock zur Kultursynthese. In: Schaffernicht, Christian (Hrsg.): Zu Hause in der Fremde. Ein bundesdeutsches Ausländer-Lesebuch. Fischerhude 1981. Das Thema des Projektes stammt aus einem dort abgedruckten Gedicht von Ümit, S. 99-100.

Ein Beispiel für eine sehr gut gelungene Kunst-Literaturmappe mit dem Titel „Fremden begegnen – sich begegnen" ist zum Selbstkostenpreis zu beziehen über: Kunst für Begegnungen, Ulrike Wachter, Zieblandstr. 19, 80799 München. Die darin enthaltenen Bilder und Texte bekannter Maler und Literaten sind auch als Plakate über die gleiche Adresse zu beziehen.

Als Grundlage zur Bearbeitung des Themas „Zwischen zwei Welten" sind viele Schülerbücher, Filme und Videos in de Medienaufstellung in diesem Buch sehr geeignet, besonders auch der Bücherkoffer der Stiftung Lesen (Bezugsbedingungen s. S. 182).

Viele Hinweise zu den Werken in Deutschland lebender ausländischer Schriftsteller und Künstler gibt das Taschenbuch von *Chiellino, Carmine*: Die Reise hält an. Ausländische Künstler in der Bundesrepublik. München 1988.

Fortlaufend erscheinen Grafiken und Kurzprosa zur Migrantenkultur in der Zeitschrift: Informationsdienst zur Ausländerarbeit (s. S. 188).

... es sind Menschen gekommen

Das
was Max Frisch sagte
war
seinerzeit
sehr schön.
Für mich
war das nichts Neues
ich habe es
schon immer gewußt
daß ich
ein Mensch bin.
Hier
muß ich
es jeden Tag
beweisen,
mit meinem Lachen
meinem Weinen
meinem Sprechen
meinem Tanzen.
Jetzt bin ich müde.
Bitte
glaube es mir,
ich bin ein Mensch.
Sag bitte nicht
andauernd
daß
auch
ich
ein Mensch bin.
Es macht traurig.
May Papulias

Anmerkung: Der Schweizer Autor Max Frisch sagte einmal sinngemäß zum Thema
Gastarbeiter: Wir wollten Arbeiter - es sind aber Menschen gekommen. Auf diese
Äußerung bezieht sich der Anfang des Gedichtes.
Entnommen aus: *Pommerin-Götze, Gabriele, u. a. (Hrsg.):* Es geht auch anders! Le-
ben und Lernen in der multikulturellen Gesellschaft, Frankfurt 1992

Auf den Spuren der Vorfahren – eine Familienchronik
(Katrin Tjaden)

In der zweitausendjährigen deutschen Geschichte finden wir immer wieder Fremde, die aus anderen Gebieten zuzogen, in Mitteleuropa seßhaft wurden und das Land, seine Kultur und Wirtschaft mitgestalteten und mitprägten. Immer wieder gab es auf beiden Seiten Vorurteile und Ängste, die sich oft über Generationen festsetzten und blind machten für ein Zusammenwachsen.

Erst seit 1934 gibt es die deutsche Staatsangehörigkeit. Vorher war man Preuße oder Bayer, Sachse oder Württemberger. (Auch heute kursieren ja noch genügend Anekdoten, die die Unterscheidung betonen.) Wer ist also der Einheimische und wer ist der Fremde?

10 Mädchen und 15 Jungen der 7. Klasse einer Münchner Hauptschule machten sich also auf die Suche nach ihren Vorfahren. Nur 14 Schüler waren gebürtige Münchner, 3 waren innerhalb der BRD geboren, 8 kamen aus dem Ausland. Das, was mit Hilfe eines Fragenkatalogs an Informationen zusammengetragen wurde, hat jeder Schüler von den Eltern und Großeltern erfragt, aus Alben, Kisten, Schränken und vom Dachboden zusammengesucht. In keiner Familie gab es eine Dokumentensammlung oder eine Familienchronik.

Jeder Schüler erstellte für sich – soweit möglich – einen Stammbaum, bei dem vor allem die Geburtsorte der Familienmitglieder wichtig waren. In einer großen Europa- und Orientkarte (alternativ für andere Klassen eine Weltkarte) wurden dann alle Geburtsorte eingetragen. Rote aufgeklebte Pünktchen stellten die Geburtsorte der Schüler dar, blaue die der Eltern, gelbe die der Großeltern, grüne die der Urgroßeltern, schwarze die der Ur-Urgroßeltern. Diese Landkarte machte deutlicher, daß in jeder Familie einzelne Mitglieder umgezogen waren und dabei auch große Entfernungen zurückgelegt hatten. Für die Ortswechsel gab es verschiedene Gründe, wie Heirat, Flucht im Krieg (aus Pommern, aus der östlichen Türkei, aus dem Iran, aus Afghanistan ...), Suche nach einem sicheren Arbeitsplatz.

Aber nicht nur Deutschland war das Reiseziel mancher Familienmitglieder, einzelne zog es bis in die USA und Kanada. Auf der Karte waren also die Wanderbewegungen über Generationen abzulesen.

Eltern und Großeltern erzählten weniger von Eingewöhnungsproblemen als von Heimweh. Das konnte Heimweh nach Norddeutschland sein, aber auch nach Rumänien oder Bulgarien. Allen Schülern gemeinsam war, daß nach Möglichkeit viele von ihnen in den Sommerferien zu den Großeltern oder zu den Verwandten in die „Heimat" fuhren, um Familienbande zu festigen und Land und Leute besser kennenzulernen.

Da die meisten Familien unserer Hauptschüler wenig geschichts- und traditionsbe-wußt denken, war die Reise in die Vergangenheit für alle Schüler, gleichgültig welcher Nationalität sie waren, ein Erlebnis.

Viel Neues erfuhren die Schüler auf ihrer „Spurensuche", und sie erzählten sich gegenseitig ihre neuesten Informationen. Hatte die eine Großmutter mit 42 Mitschülern im Klassenzimmer gesessen, so konnte die andere Großmutter nie ein Schule besuchen. Fundstücke wie ein Ariernachweis, Zeugnisse mit königlichem Siegel und Fotos von Vorvätern in den unterschiedlichsten Uniformen gaben Anlaß zu Diskussionen über die Geschichte. Alte Berufsbezeichnungen tauchten auf. Da gab es den Beruf des Pfannenflickers, des Baders, des Schweitzers, aber auch noch immer den der Teppichknüpferin.

Auch die Vor- und Nachnamen der Schüler wurden untersucht. Der bayerische Name Huber soll von dem Wort „Hube = Teil eines Hofes" stammen. Der bulgarische Name Popov stammt von dem russischen „Pope = Pastor" ab. Wessen Vorfahren im polnisch-deutschen Grenzgebiet lebten, fand in seinem Stammbaum deutsche und polnische Namen nebeneinander, deren Endungen Hinweis auf das Geschlecht geben. Und wie hatte sich die Mode gewandelt! Da wurde bestaunt und belächelt, gleichgültig aus welcher Region unserer Erde die vergilbten Fotos stammten.

Alle von den Schülern zusammengetragenen Informationen und Bilddokumente wurden an einer Stellwand veröffentlicht, jeder Schüler heftete seine Ergebnisse in einer Mappe, seiner „Familienchronik", ab.

Bei vielen Schülern wurde durch diese Arbeit ein vorher nicht gekanntes Geschichtsbewußtsein geweckt, ein Bewußtsein für die eigene Geschichte wie aber auch die der Mitschüler.

Es gibt mehrere Möglichkeiten, ein solches Projekt zu dokumentieren. Am einfachsten ist sicher die Gestaltung eines Plakates, einer großen Wandtafel oder gleich mehrerer Stellwände, die in einer Ausstellung die Ergebnisse der Projektarbeit zeigen.

Aufwendiger, aber immer wieder vorzeigbar ist eine Videodokumentation. Dabei wird jegliche „Spurensuche" mit der Videokamera begleitet. Interviewpartner, Fotos, Dokumente, Gebäude, Schauplätze usw. werden mit der Kamera aufgenommen. Anschließend wird ein Schnittplan festgelegt, nach dem man einzelne Bildsequenzen in der gewünschten Reihenfolge aneinanderschneidet bzw. -kopiert.

Ein großer Vorteil gegenüber der Stellwand ist der, daß ein Sprecher mit einem erzählenden, die Bilder begleitenden Text zusätzliche Erklärungen und Informationen geben kann. Und fast perfekt wird die Dokumentation, wenn auch die zum Filminhalt passende Musik hinzukopiert wird.

Alle Projekte haben gemeinsam, daß jeder Schüler mit einem Arbeitsauftrag und einer Aufgabe versehen werden kann, also alle, deutsche wie ausländische Schüler, gleichermaßen gefordert sind.

Variante

⁵ Zeitzeugen erzählen im Rahmen des Geschichtsunterrichts, Schüler suchen ein Altersheim auf und lassen sich von den Bewohnern ihre Alltagserlebnisse aus der Nazizeit erzählen. Die ausländischen Jugendlichen befragen ihre Großeltern, alte Verwandte über deren Erlebnisse in dieser Zeit. Die ausländischen Texte werden ins Deutsche übersetzt.

▶ *Leben in Deutschland – Leben im Herkunftsland.*
Eine Videoreportage in zwei Teilen
(Katrin Tjaden)

Wir, das ist die 8. Klasse einer Münchner Hauptschule, bestehend aus 7 Schülern mit deutschem Paß und 20 Schülern mit Pässen aus der Türkei, Griechenland, Bosnien, Kroatien, dem Iran und Polen. Von diesen sind 12 in Deutschland geboren. Unsere Schule insgesamt wird von Schülern aus über 20 Ländern besucht.

Immer wieder tauchen im Unterrichtsgespräch Vorurteile auf, wie denn „die Anderen" in ihren Ländern leben. Aber auch die ausländischen Schüler können erstaunliche Geschichten über das Deutschlandbild in ihrer Heimat erzählen. Vor allem die türkischen Schüler bewegen sich zwischen zwei Welten. Fahren sie in den Sommerferien zur Verwandtschaft in die Türkei, so können sie sich als die „Deutschländer" zwar Mühe geben, von ihrem ganz normalen Alltag zu erzählen, aber sie stoßen in der „Heimat" immer wieder auf Vorurteile Deutschland gegenüber, die sie nur selten ausräumen können.

So entstand in unserer Klasse die Idee, einen Videofilm über uns selbst zu drehen. Für ein Schuljahr wollen wir unser Leben in und außerhalb der Schule mit der Videokamera begleiten. Diese Aufzeichnungen werden zum Schluß in der richtigen Reihenfolge geschnitten, mit erklärendem Text und passender Musik versehen. Jeder Schüler erhält anschließend eine Kopie des Filmes, den er dann im Ausland ergänzend zu seinen Erzählungen einsetzen kann.

Wie sieht nun der Arbeitsverlauf bei diesem Projekt aus? Zunächst diskutieren die Schüler über das, was ihnen ganz spontan an Unterschieden zwischen Deutschland und ihrem ersten/zweiten Heimatland auffiel. Anschließend fertigte jeder Schüler eine Themensammlung an, auf die beim Filmen möglichst eingegangen werden sollte. Wichtige Themen aus dem Schulbereich waren z. B.: das Schulgebäude – die Mitschüler – Szenen aus dem Fachunterricht, vor allem aus Englisch, Informatik, Physik, Sport (Schwimmen), Hauswirtschaft (mit Knaben), Werken, aus dem Foto/Video-Kurs – Interviews mit Lehrern – der Pausenhof – eine Betriebsbesichtigung – ein Besuch im Berufsinformationszentrum – Bilder aus dem Betriebspraktikum – der Erste-Hilfe-Kurs – die Weihnachtsfeier – der Wandertag und das Schullandheim – das Sommerfest.

Selbstverständlich sollte auch von dem Leben außerhalb der Schule berichet werden. Die Foto/Videogruppe der Klasse wird im Laufe des Jahres Bilder über ihre Stadt, ihren Stadtteil, ihren Schulbezirk, ihre Wohnhäuser aufnehmen. Wichtig ist dabei, ehrliche Bilder aufzunehmen, da ja Vorurteile abgebaut und nicht neue geschaffen werden sollten. Der Lehrer sollte sich bei der Themenauswahl möglichst zurückhalten. Hier präsentieren Jugendliche ihre Stadt, wie sie sie sehen, und das ist sicher nicht der Blickwinkel des Erwachsenen. Dazu kommt, daß viele Jugendliche einer 8. Klasse oft nicht über die Grenzen ihres näheren Wohnviertels hinauskommen. Man müßte bewußte Stadtspaziergänge unternehmen, um nochmals mit den nun älteren Schülern „Heimatkunde" zu betreiben. Vorsichtig leitend kann der Lehrer natürlich die Aufmerksamkeit der Schüler auf Bilder lenken, die sie sonst unbeachtet lassen.

Schwieriger wird das Filmen, wenn auch Bilder aus dem privaten Bereich aufgenommen werden sollen. Lehrer und Schüler müssen hier mit besonderem Fingerspitzengefühl vorgehen. Vielleicht erklären sich einige deutsche wie ausländische Eltern bereit, daß in ihrer Wohnung gefilmt werden darf, wenigstens im Kinderzimmer. Es ist doch interessant zu sehen, „wie man wohnt". (Es besteht natürlich die Möglichkeit, diese Szenen „unsere Wohnung" an den Film eines jeden einzelnen Schülers anzuschneiden, um die Privatsphäre zu wahren. Allerdings ist dieses Unternehmen sehr zeitraubend.) Zählen wir zum privaten Bereich auch den Kirchenbesuch, so kann in einer christlichen Kirche wie in der Moschee um eine Drehgenehmigung nachgesucht werden.

Zum Schuljahresende müssen alle Aufnahmen ausgewertet werden, um dann in einer entsprechenden Reihenfolge geschnitten zu werden. Vorgesehen ist im Vorspann des Filmes die Vorstellung aller Schüler wie auch die Vorstellung der Idee, die für diesen Film aussschlaggebend war. Passend zu den Bildern kann ein erklärender Text oder eine Musik hinzukopiert werden. Hier sollten die Schüler frei zu den Bildern sprechen. Das wirkt im Film lebendiger als ein vorher aufgesetzter und dann vor der Kamera abgelesener Text.

Nun wird jeder Schüler eine Kopie dieses Filmes erhalten, der, ein nicht zu leugnender Nebeneffekt, für ihn die Erinnerung an ein Jahr seiner Schulzeit enthält.

Von den 27 Schülern dieser Klasse besitzen 13 Familien eine Videokamera. Einige der anderen Schüler sehen Möglichkeiten, sich eine Kamera auszuleihen. Alle bisherigen Aufnahmen können mit der Schulkamera oder auch privaten Kameras aufgenommen werden. Wichtig ist, daß immer Videobänder des gleichen Fabrikates eingesetzt werden, da sonst zu große Unterschiede in der Farbwiedergabe auftreten.

Serdar   11·11·93

Vorschläge für einen Videofilm
Unser Leben in München / Deutschland

Hier sind die Autos nicht geschmückt. In der Türkey sind sie geschmückt. Hier werden die Verkehrsregeln beachtet, und in der Türkey sehr wenig. Hier gibt es Schulfächer die es in der Türkey nicht gibt z.B Schwimmen oder Hauswirtschaft. Hier sieht man sich so viel modernan als in der Türkey. Die Menschen in der Türkey denken das die in der Deutschland sehr reiche sind und das sie da viel mehr Geld verdienen. Hier sind die Straßen besser gebaut als die Türkey. Aber die Türkey hat mehr Sehenswürdigkeiten als Deutschland.

> Goran   Vorschläge für einen Videofilm   11.11.1993
> Unser Leben in München / Deutschland
>
> Bäckerladen mit vielen Semmelsorten und Brotsorten.
> Im Kaufhaus gibt es viel auswahl in Kleidungen
> Hier in Deutschland sind sehr viele Obdachlose.
> Fahr erlaubnis ab 16 Jahren. Videofilme
> gibt es in Jugoslawien die hier im Kino
> laufen. Jugendschutzgesetz fehlt unten in Jugo-
> slawien. Es fährt hier in Deutschland Regel-
> mäßig der Bus. U-Bahn gibt es nicht unten
> in Jugoslawien. Straßebahn gibt es nur in
> Zagreb und Belgrad. Alle kinder gehen Morgens
> in die Schule hier. Spielpistolen ist Spielzeug
> unten kann bei Kiosk kaufen egal wie viel
> Jahre. Es gibt nicht in der Stadt überall Kirchen
> in Jugoslawien. In der Pause kann man aus der
> Schule rausgehen. Zwischen denn Stunden in der
> Schule hat man ... 5 min Pause.

Im 2. Teil des Projektes filmen die ausländischen Schüler während der Ferien ihre „Heimat", ihr dortiges Leben, einfach alles, was sie, zurück in Deutschland, den Mitschülern zeigen möchten. Auch hier gilt der Hinweis, daß die Bilder ehrlich sein müssen. Wieder in der Schule, werden dieses Aufnahmen zu einem oder mehreren Filmen geschnitten (je nach Materialfülle), bevor sie einem Publikum, wie der eigenen Klasse, den Eltern oder anderen Klassen vorgeführt werden.

Varianten

§ Ein ausländischer Lehrerkollege vermittelt den Briefkontakt zu einer möglichst gleichaltrigen Klasse im Ausland. Ein Briefwechsel wie auch der Austausch von Videofilmen fördert das gegenseitige Sichkennenlernen. Es fehlt dabei allerdings die ganz persönliche Beziehung zum Film.

§ „Unser" Film wird in den Heimatländern unserer ausländischen Mitschüler an Schulen weitergegeben und den dortigen Schülern gezeigt. Durch dieses Unternehmen können sich ebenfalls Briefkontakte ergeben.

Schon immer kamen Menschen aus anderen Ländern

▶ *Interkultureller Spaziergang durch eine Stadt*
(Dieter Hirt/Peter Stötter)

Interkulturelle Phänomene werden noch häufig auf die Migrationsbewegungen der letzten 30-40 Jahre beschränkt wahrgenommen. Die Chancen, wie sie kulturelle Vielfalt in unseren Gemeinden und Städten zu bieten vermag, sieht man erst zögerlich und konstatiert: das Exotisch-Alternative des Fremden ist interessant, es erinnert ein wenig an Urlaub oder die Träume von fremden Welten; Essen und Trinken, Folklore und Tanz entführen uns aus dem oft allzu eintönigen Alltag. Auch interkulturelle Arbeit in den Schulen läuft bisweilen Gefahr, diesen Aspekt des Exotischen, des Andersartigen und damit Interessanten besonders zu betonen. Dabei vergessen wir, daß letztlich Leben in allen Kulturen und Gesellschaften zu allen Zeiten dadurch gekennzeichnet ist, daß fremde Einflüsse und fremde Menschen das eigene Leben und die eigene Kultur entscheidend mitgestalten.

Anschaulich für den Schüler ist dies nicht zuletzt im äußerlichen Erscheinungsbild unserer Gemeinden und Städte, ob bei „romanischen", „gotischen" oder „barocken" Kirchen, ob bei Bürgerhäusern oder öffentlichen Gebäuden im „italienischen, welschen" Stil, ob bei Namen von Straßen und Plätzen. Nicht zufällig sind die Geschichte einer Stadt, ihre Kunstwerke und Gebäude ein Gebiet, in dem das Überschreiten von Kulturgrenzen nicht die Ausnahme, sondern die Regel ist. Die Mobilität, das Lernen außerhalb der Grenzen der eigenen Kultur, ist charakteristisch für alle jene, die auf künstlerischem Gebiet aktiv waren und sind. Ein Blick in die Geschichte der Kunst in ihren verschiedenen Ausdrucksformen läßt rasch erkennen, wie nicht zuletzt die großen Epochen unserer Kultur nur denkbar sind im Miteinander von fremden und einheimischen Künstlern, im Transfer des Know-how über Grenzen von Regionen und Ländern hinweg. Wenn heute z. B. der gotische Kirchenbau als ein einheitliches Charakteristikum für ganz Europa angesehen wird, so war dies anfänglich etwas sehr Fremdes, das neugierig angegangen und in jahrzehntelangen Bauphasen adaptiert und angeeignet wurde.

Die Schüler erleben bei diesem Spaziergang und in der Vor- und Aufbereitung einige Facetten des jahrhundertealten interkulturellen Charakters, den unsere Kommunen und ihre Lebensformen repräsentieren. Bei diesem Spaziergang wird auf eine zeitlich festgelegte Chronologie verzichtet, ebenso auf eine Heraushebung einzelner Zuwanderergruppen oder Regionen.

Varianten

⁵ Die interkulturellen Spaziergänge sind natürlich auch unter anderen Gesichtspunkten denkbar, z. B.: Wo und wie leben Ausländer in unserer Stadt? Wo wird in unserer Stadt/Umgebung Ausländisches sichtbar?

▷ *Straßen – benannt nach Frauen und Männern aus dem Ausland*
(Katrin Tjaden)

Jahrsgangsstufe: 5-7
Fächer: Deutsch, Geschichte
Unterrichtsziel/Projektergebnis: Kommentiertes Straßennamenlexikon oder Beitrag für die Schülerzeitung oder Ausstellung, in der Fotos des Straßenschildes mit Fotos der betreffenden Person und einer Kurzbeschreibung dargestellt werden.

Schritte zur Durchführung

⁵ Mit Hilfe des Stadtplanes wird ein alphabetisches Straßenverzeichnis erstellt, bzw. es wird auf einen existierenden Stadtplan mit Straßenverzeichnis zurückgegriffen.
⁵ Fremdländisch klingende Namen werden herausgesucht.
⁵ Verschiedene Arbeitsaufträge für die Gruppenarbeiten werden vergeben, um Erkundigungen über die genannten Frauen und Männer einzuholen (Gemeindeamt, Bücherei). Sollte es bereits ein Buch über die Straßennamen des Heimatortes geben, kann dieses große Hilfe leisten.
⁵ Die Personen werden nach unterschiedlichen Gesichtspunkten zusammengefaßt, z. B. Nationalität, Geschlecht, Chronologie oder ihren wirtschaftlichen, politischen, kulturellen Werken.
⁵ Es wird untersucht, ob Personen bestimmter Nationalität herausragen, ob Männer oder Frauen bei der Namensgebung dominieren, ob Personen mehr aus der Politik, der Wirtschaft oder der Kultur zur Namensgebung herangezogen wurden.

Literaturhinweis: Baureferate der Städte stellen z. T. Verzeichnisse der Straßennamen und weitergehende Informationen zur Verfügung.

▶ *Deutschland – schon immer ein Zufluchtsort*
(Katrin Tjaden)

Jahrgangsstufe: 7-10
Fächer: Geschichte, Erdkunde, Religion, Französisch
Unterrichtsziel/Projektergebnis: Eine Broschüre über die Aufnahme und Integration von Flüchtlingen in deutschen Ländern in der Vergangenheit oder: Videofilm bzw. Fotoausstellung in der Schule, Stadtbücherei, Gemeindehaus oder VHS.

Schritte zur Durchführung

⁵ Untersuchen, welche Gruppen in der Vergangenheit einreisten, wohin und aus welchen Gründen, z. B.: Hugenotten, Salzburger Protestanten, Russen nach der Revolution, Polen.

⁵ In Freiarbeit und Gruppenarbeit untersuchen: Geschichtlicher Hintergrund, Aufnahmebedingungen, Gründung neuer Siedlungen, Einfluß auf das wirtschaftliche und kulturelle Leben, Reste aus Sitten und Gebräuchen und deren Pflege (eventuell in Landsmannschaften), Eindeutschung und Überleben ausländischer Namen, Übernahme ausländischer Wörter in die deutsche Sprache, Verlauf des Integrationsprozesses.

⁵ Als Hilfen bieten sich an: Geschichtsbücher, Religionsbücher, Telefonbücher, Bibliothek, Kirche, Vereine, Verbände, Grabinschriften, Friedhofsamt, Gemeindeamt, Standesamt, Zeitungen.

▶ *Heimatvertriebene und Flüchtlinge nach dem Zweiten Weltkrieg – ihre Eingliederung*
(Wolfgang Schierl)

Jahrgangsstufe: 7-10
Fächer: Deutsch, Geschichte, Erdkunde, Muttersprache, Sozialkunde, Textverarbeitung
Unterrichtsziel/Projektergebnis: Dokumentation der Integration von Heimatvertriebenen und Flüchtlingen und ihr Beitrag zum Wiederaufbau, zur kulturellen und wirtschaftlichen Entwicklung des Heimatortes oder der -region.

Schritte zur Durchführung

⁵ Herausfinden, wieviele Flüchtlinge und Vertriebene nach 1945 dem Wohn-/ Schulort zugewiesen wurden.

⁵ Ehemalige Flüchtlinge nach den Umständen der Vertreibung und ihrer Aufnahme im zugewiesenen Ort sowie nach ihrer Integration in der neuen Heimat befragen.

⁵ Im Gemeindearchiv nach Belegen für behördliche Unterstützungsmaßnahmen für die Neuankömmlinge suchen.

⁵ Folgende Fragefelder könnten bearbeitet werden: Wo lebten die Neuankömmlinge? Wie lebten sie, wie wurden sie versorgt? Wo fanden sie Arbeit? Welche Konflikte zwischen Einheimischen und Vertriebenen (z. B. durch den Bau von Siedlungen) gab es? Welche Unterstützung erhielten sie vom Staat oder karitativen Organisationen? Wie versuchten die Fremden, sich zu organisieren? Wie versuchten sie, ihre Identität zu bewahren? Wie versuchten die Einheimischen, die Fremden zu integrieren (z. B. welche Vereine förderten das Zusammenleben)? Welche Flüchtlinge zogen weiter, welche blieben hier?

⁵ In Interviews mit Amtsinhabern sollten die Schüler herausfinden, wie sich der Wohnort und der Alltag im Lauf der letzten Jahrzehnte durch die Flüchtlinge veränderte.

Literaturhinweis: *Pausewang, Gudrun:* Auf einem langen Weg. Ravensburg 1982. *Nuscheler, Franz:* Nirgendwo zu Hause. Menschen auf der Flucht. München 1988 (dtv-junior).

Aufnahme nach Flucht und Vertreibung

Auch Deutsche sind geflüchtet – die Emigranten des Dritten Reiches
(Katrin Tjaden)

Jahrgangsstufe: 8-10
Fächer: Geschichte, Deutsch, Erdkunde, ITG
Unterrichtsziel/Projektergebnis: Ausstellung in der Schule: Die Situation deutscher Emigranten im Dritten Reich und deren Leben im Ausland, oder: Videofilm, Ausstellung an anderen Orten, Bericht für die Schülerzeitung.

Schritte zur Durchführung

s Schüler wählen unterschiedliche Arbeitsaufträge für die Gruppenarbeit aus, z. B.: die Situation ausreisewilliger Deutscher im Dritten Reich, Genehmigungsverfahren zur Ausreise, Vergleich der aufnehmenden Länder, Genehmigungsverfahren zur Einreise, Lebensbedingungen in den aufnehmenden Ländern (Kinder und Schule, Arbeitsangebote, finanzielle Bedingungen, Fremdenfreundlichkeit und -feindlichkeit, Eingewöhnungsmöglichkeiten), Einfluß deutscher Emigranten im Ausland auf Kultur, Wirtschaft und Politik.

s Denkbar wäre es auch, sich auf einen Bereich zu beschränken und diesen genauer zu untersuchen.

s Ehemalige Emigranten oder deren Kinder interviewen.

Varianten

s Thematische Beschränkung auf ein Einwanderungsland, z. B. Türkei, England oder Frankreich;

s Erweiterung auf andere Auswanderungsströme.

Literaturhinweis: *Löwenthal, Lise:* Shalom, Ruth, Shalom. Schneider Verlag, München 1982. *Kerr, Judith:* Als Hitler das rosa Kaninchen stahl. Otto Maier Verlag, Ravensburg 1987. Auch als Kassette erhältlich. *Kerr, Judith:* Warten bis der Frieden kommt. Otto Maier Verlag, Ravensburg 1987. *Kerr, Judith:* Eine Art Familientreffen. Otto Maier Verlag, Ravensburg 1983. *Döblin, Alfred:* Schicksalsreise, Flucht und Exil 1940-1948. Verlag Piper, München 1986. *Loewy, Ernst:* Literarische und politische Texte aus dem deutschen Exil 1933-45. Band 1-3. Fischer TB, Frankfurt 1981. *Benz, Wolfgang:* Das Exil der kleinen Leute. Alltagserfahrungen deutscher Juden in der Emigration. München 1991. Auszüge aus Jugendliteratur zu diesem Thema mit Arbeitsaufgaben in : *Hesse-Kauter/Hölscher (Hrsg.):* Schritt für Schritt, Bd. 3. Schroedel Verlag, Hannover 1983.

Ein Flüchtlingsschicksal – Lailoma aus Afghanistan
(Katrin Tjaden)

Zu Beginn des neuen Schuljahres kam Lailoma neu in die 8. Klasse einer Münchner Hauptschule. Sie hatte vorher zwei Jahre lang die Übergangsklasse besucht.
Lailoma stammt aus Kabul, der Hauptstadt Afghanistans. Der Vater, ein Kaufmann mit internationalen Kontakten, war während des Krieges ins Gefängnis gekommen, seit mehreren Jahren hatten seine zwei Frauen und die Familie nichts mehr von ihm gehört. Inzwischen kümmert sich Amnesty International um seinen Fall. Die Mutter floh mit ihren drei Töchtern aus dem umkämpften Kabul zu Verwandten in die Berge nahe der pakistanischen Grenze. Sie lebten dort zu 23 Personen beengt in einem kleinen Holzhaus. Die zwei Söhne blieben als Soldaten zurück. Lailoma ist das jüngste Kind. Die zweite Frau des Vaters war schon zuvor mit ihren 5 Kindern nach Deutschland emigriert. Nach einigen Monaten beschlossen die älteren Verwandten, daß auch Lailoma mit Mutter und den zwei Schwestern das Land verlassen sollte. Zu Fuß überquerte die Familie die pakistanische Grenze und flog dann über die Schweiz nach Deutschland. München war Endstation. Als Asylbewerber bewohnt die Mutter mit Lailoma und einer älteren Schwester 1 1/2 Zimmer mit Naßzelle in einer Unterkunft für Asylbewerber.

Lailoma fand in der Klasse schnell Kontakt zu ihren Mitschülern und konnte sich auch sprachlich recht gut verständigen. Und dann wurde viel gefragt. „Warum hast du zwei Mütter? Vertragen sich die beiden? Sagst du zu beiden ‚Mama'? Hatten beide unterschiedliche Aufgaben im Haushalt? Welchen Unterricht hattet ihr in der Schule? Mußtest du einen Schleier tragen? Wie sieht Kabul aus? In den Nachrichten sieht man manchmal Bilder aus Kabul, die Frauen haben wunderschöne plissierte farbige Schleier. Waren die in deiner Familie auch üblich? Wie hat sich deine Mutter mit dem

Leben in Deutschland abgefunden? Hast du auch Tracht getragen? Wie verhalten sich in Kabul Jungen und Mädchen zueinander? Wart ihr in der Klasse gemischt? Erzähl mal von deiner Flucht. Wo lebt deine andere Mutter?"
Die Mädchen trafen sich mit Lailoma nachmittags zum Kaffeeklatsch und wollten immer mehr über die für sie so fremde Welt in Afghanistan hören. Lailoma erzählte bereitwillig von dem großen Haus, das von den zwei Familien ihres Vaters bewirtschaftet wurde, von dem Garten, der vor allem der Bereich der Mutter war. Sie erzählte von beiden Müttern, die Freundinnen waren, von den 9 Geschwistern, zu denen sie ein herzliches Verhältnis hatte. Sie zeigte Fotos von sich und ihrer Familie, gekleidet in wunderschöne farbige Gewänder, aber auch Fotos, auf denen sie einen Schottenrock trug. Lailoma zeigte Fotos von einer großen Stadtvilla, aber auch Bilder der Familie vor einem Wohnzelt. Sie erzählte von der Flucht, vom Flug nach Europa und dem neuen Leben in München, von der Trauer und Hilflosigkeit der Mutter und davon, daß nun der Mann ihrer ältesten Schwester als Familienoberhaupt die Entscheidungen für die Familie trifft. Und sie erzählte, daß sie in den Ferien ihre andere Mutter und ihre Geschwister in Norddeutschland besuchen wollte.
All dies waren Erzählungen aus einer anderen Welt. Die Neugier der Mitschüler wuchs. Sie besorgten aus der Bücherei vor allem Bildbände über Afghanistan, die Klassenlehrerin organisierte Unterrichtsfilme und Dias. Beim Betrachten der Filme und Bilder wurde Lailoma immer wieder gefragt, ob die Information auch stimme, ob sie ihr Land so in Erinnerung hätte.
Bald kam die Videogruppe der Klasse mit dem Vorschlag, über Lailoma einen Film zu drehen, um auch in anderen Klassen Verständnis zu wecken für Mitschüler, die in zwei Welten leben. Da solch ein Film keinen kommerziellen Interessen nachgeht, kann auch von Fernsehsendungen, Unterrichtsfilmen und Tonkassetten kopiert werden. Dieses Videoprojekt ist übertragbar auf ähnliche Lebensläufe.

Rahmenhandlung: Lailoma schreibt in arabischer Schrift einen Brief, auf dem Schulweg wirft sie ihn in den Briefkasten. Sie trifft Klassenkameradinnen und geht mit ihnen zur Schule.
Szenenwechsel: Im Klassenzimmer, Lailoma arbeitet mit Lexikon, meldet sich, äußert sich zum Unterrichtsthema.
Szenenwechsel: Lailoma beim Kaffeeklatsch mit ihren Freundinnen. Die Mitschülerinnen fragen, sie antwortet. Eingeblendet werden später beim Schnitt passend zum Thema Mitschnitte aus Filmen, Fernsehsendungen und Privatfotos. Im Atlas wird die Lage Afghanistans wie die Linie Pakistan – München gezeigt.
Szenenwechsel: Lailoma stellt ihre Freundinnen ihrer Mutter vor und spielt Dolmetscher bei der Unterhaltung. Die Mutter kocht für die Kinder ein Nationalgericht, und Lailoma erklärt das Rezept. Nach dem Essen verabschieden sich die Freundinnen.

Die Familie hat Post von einer Verwandten aus Afghanistan bekommen. Lailoma liest der Mutter (sie kann nicht lesen) den Brief in ihrer Landessprache vor, afghanische Musik wird hinzugespielt – ausblenden.

Es gehört sehr viel Feingefühl dazu, mit der Videokamera in die Privatsphäre gerade einer ausländischen Familie einzudringen.
Besteht keine Möglichkeit, in der Privatwohnung zu drehen, so läßt sich sicher in der Schule ein Raum finden, in dem man auch nachmittags in einer gemütlichen Runde zusammensitzen kann.
Großer Wert mußte bei diesem Projekt auf eine gute Tonqualität gelegt werden, da hier die Sprache gleichwertig neben den Bildern stand und nicht nachsynchronisiert werden konnte. Es sollten unbedingt vor Drehbeginn Testaufnahmen gemacht werden, um spätere Fehler zu vermeiden.
Da Schüler dieser Altersstufe sehr neugierig und spontan fragen,verlief die Gesprächsrunde der Mädchen recht lebhaft. Unbrauchbare Sequenzen wurden bei der Schnittarbeit weggelassen. Afghanische Musik als leise Untermalung einiger Filmszenen vervollständigte die Information. Dieser Film wurde hausintern in einzelnen Klassen im Unterricht eingesetzt, vor allem, nachdem Lailoma die Schule verlassen hatte.

Variante

⁵ Ein Flüchtlingsschicksal wird dokumentiert (Schüler oder Personen aus dem Asylbewerberheim).

▶ *Flucht vor dem Krieg – Schüler berichten*
(Katrin Tjaden)

Jahrgangsstufe: 7-10
Fächer: Deutsch, Sozialkunde, Religion, Ethik, Kunsterziehung, Geschichte, Erdkunde
Unterrichtsziel/Projektergebnis: Information und Dokumentation über Flüchtlingsschicksale in unserer Klasse/Schule oder in unserer Umgebung.

Schritte zur Durchführung

⁵ Ausgehend von der Situation bieten sich verschiedene Möglichkeiten an: Schüler in der Klasse berichten von ihren persönlichen Erlebnissen und denen ihrer Familie. Betroffene Schüler schreiben ihre Erlebnisse allein oder mit Hilfe von Mitschülern auf. Schüler führen ein (behutsames) Interview mit betroffenen Mitschülern. Möglich sind auch Gespräche/Interviews mit Flüchtlingen in der Nachbarschaft, in Wohnheimen usw.
⁵ Die Berichte können auf unterschiedliche Weise dokumentiert werden, z. B.: Wandzeitung, Abdruck in der Schülerzeitung, Veröffentlichung im Stadtteilanzeiger oder in der örtlichen Zeitung. Sie können aber auch zu einem Geheft gebunden werden.
⁵ Fotos aus der Heimat der Flüchtlinge können die Berichte ergänzen.
⁵ Vor der Dokumentation sollten die Betroffenen unbedingt ihr Einverständnis geben! Eventuell können auch Namen geändert werden.

Literaturhinweis: Die abgedruckten Berichte von jungen Mädchen aus einer Münchner Schule wurden Anfang 1994 verfaßt. Sie eignen sich als Informationsquelle besonders für Schüler, in deren Klasse keine Flüchtlinge oder Asylbewerber sind.
Weitere Texte mit Arbeitsaufgaben zum Thema „Flüchtlinge" sind abgedruckt in: *Hesse-Kauter, Rosemarie/Hölscher, Petra (Hrsg.):* Schritt für Schritt, Heft 3, Schroedel, Hannover 1993.
Sehr empfehlenswert ist das Buch: *Albus, Michael/Härtling, Peter/Neudeck, Rupert (Hrsg.):* Treibsand. Menschen auf der Flucht, Patmos, Düsseldorf 1992.
Sehr brauchbar für die Unterrichtsarbeit ist die Reihe „Interkulturelle Beiträge", hrsg. von den Regionalen Arbeitsstellen für Ausländerfragen e. V. Berlin (s. S. 29).

A N G S T

Ich habe mich immer gefragt , was bedeutet diew
Wort -Angst . Was bedeutet das Angst zu haben?
Söll das Angst von Dunkelheit sein oder von
Eltern wenn man schlechte Noten in die Schule
hat ? Diese Frage konnte mir niemand richtig
erklären bis ich mir selber den richtigen
Antwort nicht gefunden habe . Das passiert
vor zwei Jahre. Dann hat Krieg angefangen
im mein Heimat- BOSNIEN.Das habe ich gar
nicht ernst genommen. Ich dachte,das vergeht
schon schnell.Leider,es war nicht·so.Ich konnte
nicht begreifen das einige Leute so viel Haß in
sich haben konnten.Ich lebte mit den Leuten,mein
ganzes Leben.Wir waren zusammen in Schule und
dann auf einmal nach so langen zusammen Leben
haben die angefangen an mich zu schießen.
Gleich am Krieg-Anfang in meinem Heimat-Stadt
war es nicht so lebensgefärlich.Alle haben so
normal gelebt.Die ältere Leute erzälten wie es
war in vergangenen Krieg.Wir jugendliche haben
das gar nicht ̶s̶e̶h̶r̶ ernst genommen.Wir dachten
einige Köpfe sind überhitz aber die kühlen sich
schon ab und dann ist alles vorbei,aber dann ist
leider der Tag gekommen wann wir begreifen ̶m̶ü̶s̶t̶e̶n̶
müssten dasKrieg angefangen hat.Der Tag,an den ich
richtig begreifen konnte das Krieg da ist,ist der
Tag wann mein Stadt angegrifen wurde.Stunden lang
ohne Pause von allen Seiten.Dann habe ich gewust
was bedeutet Angst,w..s ̶b̶e̶d̶e̶u̶t̶e̶t̶ bedeutet Angst zu
haben.Schrekliche sciëßerei bleibt ewig in meinem
Kopf in meinen G edächtnis.Schrei verängstigen
Kinder die in Keller laufen um eigenes Leben
zu retten kann ich nicht vergessen.Ich frage mich,
was sind die kleine Kinder schuld das die Leute
die erschießen möchteß?Dessen Leben vernichten
gleich am Anfang ihren Kindheit.Ich habe die gehaßt,
weil ̶s̶i̶e̶ die uns vernichten wollen.
Wegen die bösen Leuten konnte ich nicht mit meinem
Bruder und Vater sein.Mein Bruder ist gleich zu
Militär von Bosnien und Herzegowina gegangen.
Wegen den verdamten Krieg meine Mutter und ich
müssten unseren Stadt,Land und alles was uns
lieb war verlassen,wer wißt wie lange! Zum
Abschied waren mein Bruder und mein Vater da.
Mein Bruder sagte zu mir:"Weine,nicht Schwesterlein;
WIR wir sehen uns wieder!"
Ich habe ihn lange angeschaut,dann sagte ich:"Wann
wird das sein?"
Ersagte mir nichs sonder dreht sich um und verläst
Bus. Durch Fenster schaute ich mein Vater,in seinen
Augen glänzten die Tränen.Ich habe ihn noch ein
kurzes Augenblick gesehn.dann ist Bus weggefahren
in ungewissheit.In Nebel hinten uns ̶v̶e̶r̶s̶c̶h̶w̶u̶n̶d̶e̶n̶
bleibt mein ̶l̶i̶e̶b̶e̶ Stadt,mein Vater,Bruder,meine
glückliche Kindheit.Wer weiß ob wir uns jemals _
wiedersehen würden?Dann war der Angst da.Angst verfolgt mich heute noch weil mein Vater und mein
Bruder noch in Bosnien,in Krieg sind.Und wer weiß
was uns noch Zukunft bringt.

Ein unvergeßliches Erlebnis in Mostar

Das war in Monat Mai. Kroatische Soldaten sind in unsere Wohnungen reingekommen und haben die Mäner mitgenommen. Als sie in unser Haus gekommen sind, haben sie meinen Vater · nach seinem Namen gefragt und haben ihn dann in ein Lager transporiert. Sie sind jeden Tag zu uns geraubt. Zum Glück ist nach 15 Tagen mein Vater nach Hause gekommen. Er erzählte uns, er habe 4 Tage nichts gegessen und hat allen das Essen gegeben. Als die Lagerinsassen entlassen wurden, wurde sie mit Füßen und Gewehr geschlagen. Wir waren noch 20 Tage in Mostar, dann hat uns ein Nachbar geholfen mit seinem Auto ans Meer zu fliehen und von dort nach Deutschland.

Das werde ich nie vergessen.

Ich bin mit meiner Mutter aus dem Kriegsgebiet geflohen und ich weiß, was es bedeutet, sich von dem Vater zu trennen, der in Bosnien bleibt, um dort gegen die Feinde zu kämpfen, die Tausende meiner Gleichjährigen vergewaltigt und getötet haben.

Als wir auf dem Bus gewartet haben war mein Vater mit uns, um Abschied von uns zu nehmen. Ich wollte nicht in den Bus einsteigen, und mich von meinem Vater und von Bosnien trennen. Meine Mutter hat mich kaum gehalten so zitterte ich, weinte und rief: „Laßt mich, das ist mein Vater, das ist meine Stadt. Ich wünsche hier zu sterben"? Aber die Leute waren stärker als ich, sie schoben mich mit Gewalt in den Bus und so verließ ich meinen Vater und meine Heimat. Aber ich komme wieder nach Bosnien zurück, zu meinem Vater der mich liebt und zum warmen Hausnest das hoffentlich, auf mich wartet.

Eldina Delalić

Ein unvergeßliches Erlebnis

Es war am 5. April 1992 als meine Mutter, mein Bruder
und ich nach Deutschland fahren mußten. Mein Vater
und sein Freund sind zum Bahnhof gegangen um zu erkundigen wann der Bus fährt. Der Bus sollte in drei
Stunden fahren, so daß ich noch Zeit hatte, mit meinen Freundinnen zu spielen.
Nach drei Stunden sind wir mit dem Auto zum Bus gefahren. Kaum konnten wir in den Bus vor lauter Leuten
einsteigen, die auch ihr Leben retten wollten. Um den
Bus standen die Leute, die Abschied von ihren Libsten
nehmen wollten. Ich sah durch das Fenster, wie meine
Eltern weinten und sich von einander nicht tretennen
konnten. Das war für mich am schwersten dies kann ich
mein ganzes Leben nicht vergessen. Der Bus fuhr und
so mit jedem Kilometer war ich weiter von meiner
Stadt, von meinem Vater und allen Verwandten.
In Slavonski brod war die Pause. Der Busfahrer hat
uns gesagt: „10 Minuten Pause, ich muß Benzin tanken." Wir warteten, aber der Fahrer kam nicht mehr
zurück, weil er gefolhen ist. Da kam ein enderer Bus,
der uns mitgenommen hat.
In Österreich haben sie uns an der Grenze rausge-
schmissen, weil wir keine Plätze im Bus hatten. So
mußten wir auf einen anderen Bus sint. Den Abschid
von meinem Vater und diese Fart werde ich nie vergessen.
Hier sind wir heimatlos, aber eines Tages wird für
uns auch die Sonne scheinen.

▶ *Streng nach dem Gesetz – Asylrecht und -verfahren*
(Wolfgang Schierl)

Jahrgangsstufe: 9, 10
Fächer: Deutsch, Muttersprache, Sozialkunde, Ethik, Religion
Unterrichtsziel/Projektergebnis: Dokumentation des Asylrechts und -verfahrens
in Deutschland, oder: in anderen Ländern – im Vergleich.

Schritte zur Durchführung

[s] Ausgangspunkt des Projekts könnte ein Zeitungsbericht über ein schwebendes
Asylverfahren, über eine problematische Abschiebepraxis sein. Daraufhin kann die
Asylgesetzgebung in Deutschland in Geschichte und Gegenwart untersucht werden.
[s] Im Rahmen des Projekts sollen Schüler die Standpunkte von Politikern und Parteien
zum Asylrecht sammeln; sie sollen die Stationen eines Asylverfahrens darstellen, ein
Asylverfahren im Gericht verfolgen, die zuständigen Richter, Verteidiger bzw. andere Behörden zur gegenwärtigen Abschiebepraxis interviewen.
[s] Sie sollen die Auswirkungen dieser Praxis in konkreten Einzelfällen diskutieren.

Literaturhinweis: (Zeitschrift) Interkulturell. Forum für Interkulturelle Kommunikation, Erziehung und Beratung. Hrsg. Forschungsstelle Migration und Integration
an der Pädagogischen Hochschule Freiburg. Die Hefte 1/1991, 2/1991 behandeln
sehr umfassend das Thema Flucht und Asyl.
Sehr ergiebig für dieses Thema ist die Zeitschrift: Informationsdienst zur Ausländerarbeit, hrsg. v. Institut für Sozialarbeit und Sozialpädagogik, Frankfurt. In jeder Ausgabe dieser Zeitschrift befinden sich auch ausführliche Literaturhinweise.
(Wochenzeitung) Das Parlament, Nr. 2-3/1994: z. B. die Themenausgabe: Ausländer
in Deutschland.
Informationen zur politischen Bildung, Heft 210/1991 und 237/1992. Diese Hefte
sind kostenlos zu beziehen über: Franzis-Verlag GmbH, Postfach 150 740, 80045
München.
Materialien zum Thema können angefordert werden bei: ZDWF-Zentrale Doku-
mentationsstelle der Freien Wohlfahrtspflege für Flüchtlinge e. V. in Bonn.
Breit, Gotthard: Das politisch-moralische Urteil am Unterrichtsbeispiel „Asylrecht
für politisch Verfolgte?". In: Gegenwartskunde, Heft 4/1986.

Unter allen Umständen streng nach Gesetz

Mit welcher Unerbittlichkeit sich Behörden über den Gesundheitszustand einer hochschwangeren Asylbewerberin aus Somalia hinwegsetzen wollten

Von Evelyn Roll

Frankfurt, 24. Januar – Meistens bekommt die kleine Stadt am großen Flughafen gar nicht mit, welche Dramen und Grausamkeiten sich da draußen neben dem Rollfeld von Rhein-Main abspielen, seitdem das Asylrecht geändert ist. Das Transitgebäude C 183, in dem seit Juli 1993 alle Flüchtlinge kaserniert sind, die ohne Papiere oder aus den sogenannten sicheren Drittstaaten auf dem Frankfurter Flughafen angekommen sind, ist exterritoriales Gelände. Wer hier untergebracht wird, ist juristisch gar nicht in der Bundesrepublik angekommen, er ist hinter der Grenze geblieben, wird im Eilverfahren abgefertigt und – oft mit roher Gewalt – zu einem Flugzeug transportiert, das ihn dahin zurückbringen soll, wo er hergekommen ist. Und wenn er krank ist und Hilfe braucht? Wenn er in ein Krankenhaus eingeliefert werden muß? Dann kommt der Bundesgrenzschutz mit, wenn es sein muß bis auf die Toilette der Universitäts-Frauenklinik, und sichert durch seine Anwesenheit den exterritorialen Status des Flüchtlings. Und dann, manchmal, erfahren einige Bürger der kleinen Stadt eben doch etwas von den Unmenschlichkeiten der vielgepriesenen Flughafenlösung, aber auch davon, daß es da draußen auf dem Flughafen auch couragierte Menschen gibt, die manchmal sogar Leben retten, wie es am Samstag der Kapitän der Lufthansamaschine LH 590 nach Addis Abeba getan hat.

Für die Juristen beginnt die Geschichte der Familie Osman am 10. Dezember. Ein somalisches Paar ohne Papiere und mit zwei kleinen Kindern ist mit einer Maschine aus Äthiopien auf dem Rhein-Main-Flughafen gelandet und bittet um Asyl. Die Eltern gehören Minderheitsgruppen an, die in Somalia verfolgt werden. Abukar Sido Osman ist Hubeer, das ist, so hat uns Roman Fränkel, der Anwalt der Familie, erklärt, ein kleiner Clan, der von allen größeren Clans in Somalia verfolgt wird. Seine Frau Marian Zadin Abate ist Angehörige der Reehammer, einer hellhäutigen Volksgruppe, die in Somalia praktisch nicht mehr existiert, weil ihre Angehörigen entweder umgebracht wurden oder geflüchtet sind. Alle vier, auch die beiden kleinen Kinder, haben auf ihren Körpern Wunden und Narben von Schußverletzungen, Prügelüberfällen und Folter.

Vor eineinhalb Jahren sind sie illegal nach Äthiopien geflohen. Der „Fluchthelfer", der ihnen versprochen hatte, daß es von da aus in ein sicheres Land weiterginge, hat ihr gesamtes Gut und Geld genommen. Die Weiterflucht aber hat er nicht organisiert. Weil in den äthiopischen Flüchtlingslagern der Kampf zwischen den somalischen Clans auf Tod und Leben weitergeht, Marian Zadin Abate und ihre beiden Kinder aufgrund ihrer hellen Haut von weitem als Reehammer zu erkennen sind, lebte die Familie 18 Monate lang versteckt. Nur der Mann ließ sich in der

Öffentlichkeit blicken, um nach Arbeit und Brot zu fragen. Als Marian Zadin Abate schwanger wird, schicken Freunde aus Kanada Geld, mit dem die Ausreise nach Deutschland finanziert wird. Der Antrag auf Asyl wird sofort als „offensichtlich unbegründet" abgelehnt. Die Flucht sei in Äthiopien beendet. Dort habe die Familie eineinhalb Jahre überlebt, was zeige, daß dort politische Verfolgung nicht gegeben sei. Wie das eben so klingt im Amtsdeutsch. Der Anwalt, den die Flughafensozialstation alarmiert hat, formuliert eine Klage und einen Eilantrag gegen diesen Bescheid. Der Eilantrag wird abgelehnt, als Weihnachtsgeschenk sozusagen, am 24. Dezember. Der Anwalt reicht Beschwerde beim Bundesverfassungsgericht und einen zweiten Eilantrag ein. Die Beschwerde wird abgelehnt, ebenso ein dritter Eilantrag. „Das Gericht hat sich dabei mit keinem Wort auf meine Argumentation eingelassen", sagt Fränkel. Es bleibt also dabei: Die Familie soll nach Äthiopien abgeschoben werden. Inzwischen teilt die äthiopische Botschaft dem Anwalt mit, daß man sie aber nicht in Äthiopien einreisen lassen, sondern sie umgehend wieder zurückschicken werde. Fränkel schreibt eine zweite Verfassungsbeschwerde: 50 Seiten Begründung, 20 Argumente. Postwendend erhält er einen Satz zurück: „Nicht zur Prüfung angenommen." Ein Fall wie tausend andere.

Exterritoriale Begleitung

Dann allerdings, am vergangenen Donnerstag, wird es kompliziert. Marian Zadin Abate bekommt in der Flüchtlingsbaracke draußen auf dem Flughafengelände krampfartige Schmerzen und Blutungen. Sie reagiert panisch, da sie, wie sie sagt, schon zwei Fehlgeburten hatte. Mit dem Krankenwagen wird sie in die Universitäts-Frauenklinik gebracht. Die Ärztin dort diagnostiziert „Cervix-Insuffizienz" und „vorzeitige Wehen", verordnet ein wehenhemmendes Mittel und Bettruhe. Draußen vor der Tür sitzt ein Mann vom BGS in Zivil. Das sei nämlich so, haben wir uns von der Pressestelle des BGS erklären lassen, sobald ein Flüchtling nicht mehr vom BGS begleitet ist, gelte er als eingereist. Und das könne man nur auf diese Art und Weise verhindern. Anwalt Fränkel erzählt, daß es auch schon Fälle gegeben habe, in denen eine BGS-Beamtin die Patientin bis auf die Toilette begleitet habe, um auch dort deren exterritorialen Status sicherzustellen.

Am Freitagnachmittag, die behandelnde Ärztin und der Chefarzt der Frauenklinik haben keinen Dienst, ruft ein BGS-Beamter in der Klinik an und fragt, ob die Frau aus Somalia endlich wieder reisefähig sei. Er gerät an einen jungen Oberarzt, der die Fehlgeburten-Vorgeschichte nicht kennt, die Frau untersucht, keine Wehen mehr feststellt und mitteilt, sie sei flugtauglich. Möglicherweise hätten seine Kollegen die Frau ja auch nur aus sozialer Rücksicht über das Wochenende hinaus krankgeschrieben, soll er noch gesagt haben. Sofort fährt ein Auto des Bundesgrenzschutzes vor, um die Frau abzuholen und ins Flüchtlingslager zurückzubringen. Wenn man herauszufinden versucht, ob denn der Bundesgrenzschutz heutzutage einfach einen Patienten aus einer Frankfurter Universitätsklinik abholen darf, erfährt man im Wissenschaftsministerium, die Klinik selbst habe das Hausrecht, das sie nutzen oder nicht nutzen könne.

Am frühen Samstagmorgen wird die Familie Osman draußen im Flüchtlingslager neben dem Rollfeld vom Barackenlautsprecher geweckt. Abukar Sido Osman und seine Familie müssen jetzt nach Äthiopien zurückgeflogen werden. Als Osman sagt, daß es seiner Frau aber wieder schlechter gehe, daß sie Schmerzen habe und nicht aufstehen könne, werden ihm vor den Augen der Kinder Handschellen angelegt. Auf die Bitte, doch einen Arzt hinzuziehen, sagt ein Beamter des BGS, wenn die Frau Schmerzen habe, solle sie doch Schmerztabletten nehmen. Sie sei gestern nachmittag für flugtauglich erklärt worden. Auch der Alarmanruf des Anwalts, der auf die Diagnose und auf eine drohende Fehlgeburt hinweist, wird ignoriert. Marian Zadin Abate wird aus dem Bett gezerrt und über den Fußboden hinaus zum Rollfeld geschleift.

Der Flugkapitän, dessen Namen die Lufthansa uns nicht verraten will und der den Flug LH 590 nach Addis Abeba fliegen sollte, bezweifelte offenbar die Reisefähigkeit der schwangeren und in Handschellen herbeigeschleiften Frau. Jedenfalls weigerte er sich, die Patientin mitzunehmen, weil sie die Sicherheit des Fluges gefährde. Daraufhin wurde die Schwangere in den Warteraum gelegt und später in die Flughafenklinik gebracht. Dort wurde sie sofort als Notfall behandelt und mit dem Krankenwagen zurück in die Universitäts-Frauenklinik gebracht. Die Ärzte dort attestieren erneut Reise- und Fluguntauglichkeit. Vor ihrer Zimmertüre wacht seither ein uniformierter und bewaffneter BGS-Beamter. Am heutigen Dienstag sollte die Familie endgültig nach Äthiopien abgeschoben werden, auch ohne die Mutter, falls diese weiterhin nicht fliegen könne. Die äthiopische Botschaft teilte noch einmal mit, daß ihre Regierung die Familie nicht einreisen lasse, sondern sie mit der nächsten Maschine zurückschicken wolle. Der Anwalt schreibt einen vierten Eilantrag und fragt, wie oft die Behörden, so ein „Pingpongspiel" mit Kindern und einer schwangeren Frau denn wohl durchexerzieren wollten. Er weist auch darauf hin, daß Äthiopien das Spiel nach einigen Ballwechseln abbrechen und die Familie nach Somalia befördern könne. Somalia aber, und das war in dem Verfahren nicht umstritten, bedeutet möglicherweise den Tod der Familie Osman. Pro Asyl alarmiert die Presse. Einige Journalisten erkundigen sich beim Verwaltungsgericht in Frankfurt nach dem Fall. Und siehe da, am Montagmittag kommt endlich der Bescheid: Der Vollzug der Einreiseverweigerung wird für die gesamte Familie ausgesetzt. „Bis vier Wochen nach der Entbindung" wird die aufschiebende Wirkung der Klage gegen die Abschiebungsandrohung befristet.

Wie war das noch, als vor zwei Wochen das Bundesinnenministerium die „Bilanz" des neuen Asylrechts vorlegte und mitteilte, die Bewerberzahlen hätten sich halbiert? Regierungssprecher Dieter Vogel sagte da, die Bundesregierung sei darüber „zufrieden und glücklich". Zufrieden. Das mag ja sein. Aber muß man darüber auch glücklich sein?

Entnommen aus: Süddeutsche Zeitung vom 25.1.1994

▶ *Der Bau eines Wohnheims für Asylsuchende – ein Problem und keine Lösung*
(Wolfgang Schierl)

Jahrgangsstufe: 9/10
Fächer: Deutsch, Muttersprache, Sozialkunde, Textverarbeitung
Unterrichtsziel/Projektergebnis: Ein Planspiel.

Schritte zur Durchführung

⁵ Ausgangspunkt könnte eine Stadt-, Kreis- oder Gemeinderatssitzung sein, in der das Problem diskutiert wird, wo und wie Asylbewerber untergebracht werden können.

⁵ Die Schüler machen sich zur Asylproblematik zuerst sach- und fachkundig. Sie erkundigen sich, welche Entscheidungsgremien (z. B. Stadtrat), welche kommunalen (z. B. Sozialamt), kirchlichen und karitativen Behörden (z. B. Initiativgruppe Asyl) bzw. Einrichtungen mit dem Problem umgehen müssen, welche politischen, wirtschaftlichen (z. B. Wohnbaugesellschaft), gesellschaftlichen (Jugendtreff) und privaten (Anlieger) Interessen damit verbunden sind.

⁵ Einzelne Schülergruppen untersuchen die Aufgaben der genannten Institutionen; sie versuchen, Interessen, Absichten, Positionen, Meinungen, Argumentationen zu formulieren und auf Rollenkarten festzuhalten.

⁵ Bei einer Podiumsdiskussion sollen die beteiligten Institutionen einen (Kompromiß-) Vorschlag erarbeiten.

Literaturhinweis: Vgl. S. 100

Begegnung mit dem „Fremden"

▷ **Kolumbus und die Indigena – ein Rollenspiel**
(Wolfgang Schierl)

Jahrgangsstufe: 7
Fächer: Geschichte, Deutsch
Unterrichtsziel/Projektergebnis: Rollenspiel, oder: Textbuch bzw. themengebundene Schülerzeitung.

Schritte zur Durchführung

5 Bildquellen stehen im Mittelpunkt dieses Projektes. Die produktive Auseinandersetzung mag nicht beim ersten Mal gelingen; Geduld, Ausdauer, behutsame Vorgehensweise und eine gehörige Portion Mut brauchen Lehrer und Schüler.

5 Als *Voraussetzung* für die weitere Arbeit ist es wichtig, daß die Schüler v. a. die Schenkungsszene (s. Abb. und Text S. 106 ff.) mit den entsprechenden Textstellen aus dem Tagebuch des Kolumbus im Unterrichtsgespräch vergleichen. Die Textquelle sollen die Schüler mit Hilfe von Erschließungsfragen lesen. Mit den Antworten auf diese Fragen erkennen sie, daß die dargestellte Szene mit den Tagebucheintragungen nicht übereinstimmt.

5 In einem *ersten Schritt* sollen die Schüler einzelne Szenen/Gruppen des Bildes möglichst genau erfassen und beschreiben, z. B. die Indigena, die Spanier (im Vordergrund, im Hintergrund, Verhaltensweisen der Personengruppen, ihr Aussehen, ihre Ausrüstung und Kleidung, ihre Gestik usw.). Wichtig ist dabei, daß die Schüler Zeit haben, das Bild genau anzuschauen. Diese Arbeitsaufträge erledigen die Schüler als distanzierte, beschreibende Beobachter.

5 Der Übergang zum *zweiten Schritt* kann sehr fließend sein, vielleicht ist der Impuls gar nicht erforderlich, daß die Szene sicher nicht wortlos und leise abgelaufen ist. Hoch motiviert sind die Schüler, wenn sie die Abbildung mit Sprechblasen verfremden dürfen, d. h. mehreren Personen eine Stimme verleihen können. So wird die Begegnung sprachlich ausgestaltet: Die Indigena sprechen untereinander, ebenso die Spanier, dann versuchen beide Gruppen miteinander zu sprechen.

So entstehen Skizzen für Rollenkarten, es werden mögliche Verhaltensweisen gefunden und festgelegt. Dabei ist es immer wieder hilfreich, daß die Schüler sich an die Textauszüge aus dem Tagebuch des Kolumbus erinnern und versuchen, diese in ihr Gespräch einzubringen.

⁵ In einem *dritten Schritt* versuchen Schüler, die Distanz zu den Bildinhalten aufzugeben. Der Lehrer sollte die Schüler auffordern, sich mit ihrer ganzen Phantasie in dieses Bild, in die Personen hineinzuversetzen. Ein Schüler ist jetzt einer der Eingeborenen im Hintergrund, die gerade fliehen; er berichtet in seinem Dorf, was er gesehen hat; ein anderer Schüler ist einer der Soldaten, die das Kreuz aufrichten; ein dritter beschreibt, wie er aus der Ferne die Begegnungsszene erlebt hat; ein weiterer Schüler tritt als Begleiter des Kolumbus auf, er schreibt, was er fühlte, sah und hörte. So könnten Schüler zum **Rollenspiel** angeleitet werden. Einzelne Personen aus der bildlichen Darstellung werden mit Inhalten ausgestattet, die von Schülern auch vorgetragen werden können. Schüler sind kreativ schreibend tätig.

⁵ Es bietet sich an, Texte und Erfahrungen der Schüler mit dem authentischen, zeitgenössischen Bericht eines Indigena (s. S. 108 f.) zu vergleichen. Die Texte können zu einem Buch oder Heft zusammengebunden werden.

Literaturhinweis: Weiteres Bildmaterial findet sich in: *Gewecke, Frauke:* Wie die neue Welt in die alte kam, Stuttgart 1986 (dtv 4568)

---

12. Oktober 1492

Um 2 Uhr morgens kam das Land in Sicht, von dem wir etwa 8 Seemeilen entfernt waren. Wir holten alle Segel ein und fuhren nur mit einem Großsegel, ohne Nebensegel. Dann lagen wir bei und warteten bis zum Anbruch des Tages, der ein Freitag war, an welchem wir zu einer Insel gelangten, die in der Indianersprache "Guanahani" hieß.

Dort erblickten wir allsogleich nackte Eingeborene. Ich begab mich, begleitet von Martin Alonso Pinzón und dessen Bruder Vicente Ybanez, dem Kapitän der "Niña", an Bord eines mit Waffen versehenen Bootes an Land. Dort entfaltete ich die königliche Flagge, während die beiden Schiffskapitäne zwei Fahnen mit einem grünen Kreuz im Felde schwangen, das an Bord aller Schiffe geführt wurde und welches rechts und links von den je mit einer Krone verzierten Buchstaben F und Y umgeben war. Unseren Blicken bot sich eine Landschaft dar, die mit grün leuchtenden Bäumen bepflanzt und reich an Gewässer und allerhand Früchten war.

Sofort sammelten sich an jener Stelle zahlreiche Eingeborene der Insel an. In der Erkenntnis, daß es sich um Leute handle, die man weit besser durch Liebe als mit dem Schwerte retten und zu unserem heiligen Glauben bekehren könne, gedachte ich sie mir zu Freunden zu machen und schenkte also einigen unter ihnen rote Kappen und Halsketten aus Glas und noch andere Kleinigkeiten von geringem Werte, worüber sie sich ungemein erfreut zeigten. Sie wurden so gute Freunde, daß es eine helle Freude war. Sie erreichten schwimmend unsere Schiffe und brachten uns Papageien, Knäuel von Baumwollfaden, lange Wurfspieße und viele andere Dinge noch, die sie mit dem eintauschten, was wir ihnen gaben, wie Glasperlen und Glöckchen. Sie gaben und nahmen alles von Herzen gern - allein mir schien es, als litten sie Mangel an allen Dingen.

Sie gehen nackend umher, so wie Gott sie erschaffen, Männer wie Frauen, von denen eine noch sehr jung war. Alle jene, die ich erblickte, waren jung an Jahren, denn ich sah niemand, der mehr als 30 Jahre alt war. Dabei sind sie alle sehr gut gewachsen, haben einen schön geformten Körper und gewinnende Gesichtszüge. Sie haben dichtes, struppiges Haar, das fast Pferdeschweifen gleicht, das über der Stirn kurz geschnitten ist bis auf einige Haarsträhnen, die sie nach hinten werfen und in voller Länge tragen, ohne sie jemals zu kürzen. Einige von ihnen bemalen sich mit grauer Farbe (sie gleichen den Bewohnern der Kanarischen Inseln, die weder eine schwarze noch eine weiße Hautfarbe haben), andere wiederum mit roter, weißer oder einer anderen Farbe; einige bestreichen damit nur ihr Gesicht oder nur die Augengegend oder die Nase, noch andere bemalen ihren ganzen Körper.

Sie führen keine Waffe mit sich, die ihnen nicht einmal bekannt sind; ich zeigte ihnen die Schwerter, und da sie sie aus Unkenntnis bei der Schneide anfaßten, so schnitten sie sich. Sie besitzen keine Art Eisen. Ihre Spieße sind eine Art Stäbe ohne Eisen, die an der Spitze mit einem Fischzahn oder einem anderen harten Gegenstand versehen sind. Im allgemeinen haben sie einen schönen Wuchs und anmutige Bewegungen.

Manche von ihnen hatten Wundmale an ihren Körpern. Als ich sie unter Zuhilfenahme der Gebärdensprache fragte, was diese zu bedeuten hätten, gaben sie mir zu verstehen, daß ihr Land von den Bewohnern der umliegenden Inseln heimgesucht werde, die sie einfangen wollten und gegen die sie sich zur Wehr setzten. Ich war und bin auch heute noch der Ansicht, daß es Einwohner des Festlandes waren, die herkamen, um sie in die Sklaverei zu verschleppen.Sie müssen gewiß treue und kluge Diener sein, da ich die Erfahrung machte, daß sie in Kürze alles, was ich sagte, zu wiederholen verstanden; überdies glaube ich, daß sie leicht zum Christentum übertreten können, da sie allem Anschein nach keiner Sekte angehören. Wenn es dem Allmächtigen gefällt, werde ich bei meiner Rückfahrt sechs dieser Männer mit mir nehmen, um sie Euren Hoheiten vorzuführen, damit sie die Sprache (Kastiliens) erlernen. Auf dieser Insel traf ich keine Tiere an, bis auf Papageien.

Entnommen aus: Christoph Columbus, Dokumente seines Lebens und seiner Reisen. 1. Band. 1451-1493. Leipzig 1991, S. 104 ff.

· ·

Manko Inka, der Vater des Berichterstatters, erhielt 1532 durch Boten die ersten Nachrichten über die Spanier:

„Diese Tieflandsindianer hatten erklärt, sie hätten eine bestimmte, von uns ganz verschiedene Art von Menschen bei ihnen landen sehen, die Wiraqochas zu sein schienen: mit diesem Namen bezeichneten wir früher den Schöpfer aller Dinge:

wir nannten ihn Teqsi Wiraqochan, was ‚Ursprung' und ‚Urheber' aller Dinge bedeutet. Aus mehreren Gründen bezeichnete man die neuentdeckten Leute mit diesem Wort: einerseits, weil sie sich in ihrer Kleidung und äußeren Erscheinung von uns unterschieden; andererseits, weil sie auf sehr großen Tieren ritten, die überdies Silberfüße hatten: das meinte man der glitzernden Hufe wegen. Ein weiterer Grund zu dieser Namensgebung war der, daß man sie dabei ertappt hatte, wie sie ganz allein in eine Art Tücher hinein sprachen, so wie eine Person mit einer anderen spricht: damit bezog man sich aufs Lesen von Büchern und Briefen. Außerdem nannte man sie Wiraqochas in Anbetracht der Erhabenheit und des Aussehens ihrer Gestalt und wegen des großen Unterschieds zwischen den einen und den anderen, denn die einen trugen schwarze Bärte, die anderen rote: dazu kam, daß man sie aus silbernem Geschirr essen sah. Ein letzter war, daß sie über illapas verfügten – mit diesem Wort bezeichneten wir den Donner: damit spielte man auf die Feuerwaffen an, denn man vermutete, es handle sich um Himmelsdonner."

(Entnommen aus: Geschichte lernen, Heft 25/1992, S. 58)

Meinungsspiegel – Äußerungen zum Thema „Ausländer bei uns"
(Petra Hölscher/Johanna Heiß)

Jahrgangsstufe: 5-10
Fächer: Religion, Ethik, Deutsch, Informatik, Sozialkunde
Unterrichtsziel/Projektergebnis: Kassettenaufnahme mit Meinungsäußerungen und Auswertung zum Thema „Ausländer bei uns". Mit Hilfe eines Fragebogens wird der unterschiedliche Wissensstand festgehalten. Ergebnisse, Aussagen und Interviews werden zu einer Dokumentation auf Kassette zusammengestellt.

Schritte zur Durchführung

₅ Zielgruppen festlegen (verschiedene Schulen …).
₅ Fragebogen entwickeln für Erwachsene und Kinder/Jugendliche.
₅ Interviewfragen formulieren und Interview per Rollenspiel (Video) einüben.
₅ Kontakt zu einem Meinungsforschungsinstitut herstellen.

s Durchführung mit Fragebogen und Interviews: Straßenbefragung am Wohnort, Bürgermeister befragen, Befragen von Flüchtlingen/Asylbewerbern am Wohnort.
s Auswertungs des Materials: Zwischentexte schreiben, Herstellung der Kassetten, Elternbrief, Zeitungsartikel.

Fremde in unserer Stadt – Berichte in den Medien
(Wolfgang Schierl)

Jahrgangsstufe: 8-10
Fächer: Deutsch, Muttersprache, Sozialkunde, ITG
Unterrichtsziel/Projektergebnis: Ein Feature/eine Reportage für einen Privatsender der Stadt, oder: Wandzeitung.

Schritte zur Durchführung

s Aus der regionalen und lokalen Presse, aus Amtsblättern, Behördenbroschüren, aus Publikationen der ortsansässigen Vereine, aus Veranstaltungskalendern in der Zeitung – einfach aus allen greifbaren lokal-/regionalbezogenen Publikationsorganen sammeln Schüler Meldungen, Berichte, Abbildungen usw., in denen Informationen über Fremde in der Stadt stehen.
s Diese werden zuerst geordnet, z. B. nach Themen oder Ereignissen; es wird eine Statistik erstellt, wie oft, wie umfangreich und in welchem Zusammenhang über Fremde in der Stadt berichtet wird, welches Bild der Öffentlichkeit vermittelt wird.
s Ihre Ergebnisse verarbeiten die Schüler in einem zweiten Teil des Projekts zu einem Rundfunkbeitrag für einen lokalen Privatsender.

Varianten

s Über einen bestimmten Zeitraum hinweg verfolgen die Schüler Fernsehsendungen unterschiedlicher Art und nehmen sie auf Video auf.
Sie stellen fest, ob und in welchen Szenen Menschen gezeigt werden, die wegen ihrer ethnischen Gruppenzugehörigkeit, ihrer Religion oder ihrer Hautfarbe verfolgt werden.
Diese Szenen schneiden die Schüler zu einer Video-Collage zusammen und kommentieren sie.

Prominente Bürger und ihr Verhältnis zu Ausländern
(Johanna Heiß/Petra Hölscher)

Jahrgangsstufe: 5-10
Fächer: Deutsch, ITG, Kunst
Unterrichtsziel/Projektergebnis: Zitatensammlung von Prominenten zum Thema „Umgang mit Ausländern" – ein Bericht für die Zeitung.

Schritte zur Durchführung

5 Äußerungen von Schriftstellern zum Thema werden vorgestellt und diskutiert.

5 Eigene Fragen für eine Befragung von Prominenten erarbeiten, z. B.: Haben Sie mit Ausländern zu tun? Wo begegnen Sie Ausländern? Tun Sie persönlich etwas gegen Ausländerfeindlichkeit, oder haben Sie schon einmal etwas dagegen getan?

5 Planung der Befragung, u. a.: Wer zahlt Geld für Briefmarken? (Elternbeirat, Elternspende, Organisation von Sponsoren)

5 Auswahl der Adressaten (z. B. Bürgermeister, Pfarrer, Lehrer, Abgeordnete, Stadträte, Vertreter des öffentlichen Lebens, prominente Sportler, Schauspieler, Schriftsteller). Es sollten viele befragt werden, damit genügend Antworten kommen.

5 Entwurf eines freundlichen, aufklärenden Anschreibens und Gestalten des Briefes.

5 Auswerten der Antworten, auch provokative werden berücksichtigt.

5 Verfassen eines Briefes an verschiedene Zeitungen mit Bericht über die Arbeit der Klasse und Bitte um Veröffentlichung. Aus den erarbeiteten Vorschlägen entsteht ein gemeinsamer, optimierter Brief an die Zeitungen.

Varianten

5 Berichte aus der Zeitung über Initiativen gegen Fremdenfeindlichkeit als Einstieg verwenden.

5 Die Befragung wird auf örtliche Prominente beschränkt und mündlich durchgeführt. Interviews werden trainiert.

5 Für die Präsentation der Anworten bieten sich als weitere Möglichkeiten an: Ein Bauzaun wird mit Äußerungen der Prominenten beschriftet; aus den Antworten wird eine Collage als Plakat hergestellt, mit Fotos, bzw. Abbildungen der Einsendern; es entsteht eine Ausstellungswand mit Zitaten und Fotos der Einsender, eventuell auch mit Kurzbeschreibung der befragten Personen.

▶ *Mit fremden Augen gesehen – Karikaturen-Ausstellung*
(Wolfgang Schierl)

Jahrgangsstufe: 8/9
Fächer: Deutsch, Geschichte, Sozialkunde, Religion, Ethik
Unterrichtsziel/Projektergebnis: Schüler machen eine Karikaturen-Ausstellung,
oder: Buch, Schülerzeitung.

Schritte zur Durchführung

ˢ Die Schüler sammeln aus in- und ausländischen Zeitungen und anderen Publikationsorganen, die ihre Eltern lesen, Karikaturen zu den Themen: Ausländer in
Deutschland – So sehen Ausländer die Deutschen – So sehen die Deutschen Ausländer.

ˢ Sie beschreiben diese und stellen den jeweiligen aktuellen Zusammenhang her; sie
versuchen, die Argumentation des Karikaturisten herauszuarbeiten, und beziehen
selbst Position.

ˢ Ihre Arbeitsergebnisse tragen sie zu einer Wandzeitung zusammen.

ˢ Sie lassen sich von den Karikaturen anregen und versuchen, selbst solche zu zeichnen.

Literaturhinweis: Geschichte lernen, Heft 18, November 1990: Politische Karikaturen. *Gesthuisen, Birger/Jerman, Tina (Hrsg.):* Die in der Fremde arbeiten. Zeichnungen und Karikaturen. Karikaturisten aus Griechenland, Italien, Jugoslawien,
Spanien und der Türkei zeichnen die Situation in der Bundesrepublik. (Ausstellungskatalog zur Wanderausstellung) Duisburg o. J. Aus diesem Band sind die Beispiele entnommen.

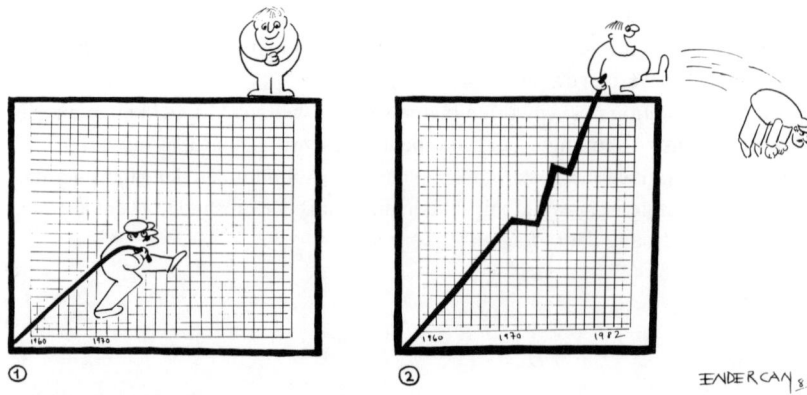

Fremde in der Karikatur
(Wolfgang Schierl)

Jahrgangsstufe: 7-9
Fächer: Deutsch, Sozialkunde, Kunsterziehung
Unterrichtsziel/Projektergebnis: Schüler machen sich selbst zu Experten.

Schritte zur Durchführung

ₛ Die Klasse wird in Gruppen eingeteilt, in jeder Gruppe soll eine Karikatur besprochen werden. Wenn es also fünf Gruppen sind, müssen fünf unterschiedliche Karikaturen zur Bearbeitung vorliegen.

ₛ Jede Gruppe erhält einen Umschlag. In diesem ist eine Karikatur in der entsprechenden Anzahl der Gruppenmitglieder enthalten, d. h. jedes Gruppenmitglied kann aus dem Umschlag die gleiche Karikatur entnehmen. Es empfiehlt sich, die Karikaturen im Format DIN A 4 vorzulegen.

ₛ Die Schüler erhalten den Auftrag, die auf der Karikatur dargestellte Situation möglichst detailliert zu beschreiben, sie sollen versuchen, die Aussagen der Karikatur herauszufinden und zu interpretieren. Sie sollen in die Diskussion ihre eigenen Erfahrungen einbringen.

ₛ Während die Schüler in der Gruppe arbeiten, klebt der Lehrer jedem Gruppenmitglied einen andersfarbigen Klebepunkt auf den Handrücken.

ₛ Jedes Gruppenmitglied kann nach der Gruppenarbeit sein Expertenwissen weitergeben. Dies geschieht in einer neuen Gruppe, in der die Schüler mit gleichfarbigen Klebepunkten sich zusammenfinden. Jeder Schüler nimmt seine Karikatur mit.

ₛ In dieser neuen Gruppe liegen jetzt alle verschiedenen Karikaturen vor, die zu Beginn der Stunde ausgegeben wurden. Nacheinander stellen die Experten ihre Karikatur in der neuen Gruppe vor, sie referieren das Diskussionsergebnis aus der ersten Gruppe und beantworten Fragen, die von den Mitgliedern der neuen Gruppe gestellt werden.

ₛ Nach dieser zweiten Gruppenarbeit kennt jeder Schüler alle Karikaturen. Im Verlauf dieser Gruppenarbeiten mußte auch jeder Schüler etwas sagen.

ₛ Mit einem Kreisgespräch wird diese Phase abgeschlossen. Die Schüler werden aufgefordert, ihre Karikatur in der Kreismitte abzulegen und dabei eine persönliche Aussage zur Karikatur zu formulieren. Dabei wird keine Reihenfolge vorgegeben, die Schüler sollen selbst entscheiden, wann sie ihre Aussage machen wollen.

Varianten

ₛ Anstelle von Karikaturen können auch kurze Texte oder Fotos vergeben werden.

„Ausländer in Deutschland" – Kinder- und Jugendliteratur zum Thema wird untersucht
(Katrin Tjaden)

Jahrgangsstufe: 5-13
Fächer: Deutsch, Religion, Erziehungskunde
Unterrichtsziel/Projektergebnis: Auswertung der gelesenen Lektüre nach einem vorgegebenen Fragenkatalog: Broschüre mit Buchempfehlungen.

Schritte zur Durchführung

⁵ Zusammentragen von Listen und Informationsbroschüren zum Thema Kinder- und Jugendliteratur, in der die Ausländerproblematik behandelt wird.

⁵ Festlegung auf Literatur für eine bestimmte Altersstufe. Auch 18jährige Schüler können Grundschulliteratur untersuchen.

⁵ Gemeinsame Erarbeitung eines Fragenkatalogs, nach dem die Bücher untersucht werden sollten, z. B.: Ist der Autor Deutscher oder Ausländer? Wer hat das Buch illustriert? Wann ist das Buch erschienen? Wer sind die Helden der Geschichte, und aus welchem Land kommen sie? Wie werden die Frauen/Mütter beschrieben? Wie werden die Männer/Väter beschrieben? Wie werden die Mädchen/Jungen beschrieben? Wie verkehren die Menschen unterschiedlicher Nationalitäten miteinander? Wie werden die Lebensformen der Menschen beschrieben? Liegen im Stil und in der Wortwahl eine Wertung? Was ist die Botschaft des Buches? Werden Vorurteile bestätigt? Welche Aussagen haben die Illustrationen? Ist das Buch sachlich informierend? Welche Gefühle werden angesprochen?

⁵ Bestellung von unterschiedlichen ausgesuchten Büchern, eines für jeden Schüler, in der Stadtbücherei.

⁵ Nach Durcharbeiten der Bücher Zusammentragen der Ergebnisse.

⁵ Versuch einer Wertung; Diskussion der Frage, ob Bücher dazu beitragen können, Vorurteile abzubauen.

⁵ Empfehlung ausgesuchter Bücher in einem Wandplakat für die Schule und Vorstellen des Inhalts in einem kurzen Text, Weiterleitung der Empfehlung an die Bücherei.

Literaturhinweis: Daheim in der Fremde. Hrsg.: Arbeitskreis für Jugendliteratur e. V., Schlörstraße 10, 80634 München. Der Katalog nennt 100 Kinder- und Jugendbücher. Außerdem sind in allen Stadtbüchereien Listen und Broschüren zum Thema zu erfragen.
Siehe auch Literaturaufstellung in diesem Buch, S. 185 ff.

Varianten

⁵ Das gleiche Projekt kann mit Literatur zum Thema „Dritte Welt" durchgeführt werden.

Literaturhinweis: Guck mal übern Tellerrand. Hrsg.: Gesellschaft zur Förderung der Literatur aus Afrika, Asien und Lateinamerika e. V. Zu bestellen bei: Buch- und Medienvertrieb, Schülkestraße 3, 42277 Wuppertal.

▷ *Amerikanische Soldaten an unserem Wohnort*
(Wolfgang Schierl)

Jahrgangsstufe: 8-10
Fächer: Deutsch, Geschichte, Sozialkunde, Ethik
Unterrichtsziel/Projektergebnis: Dokumentation der deutsch-amerikanischen Beziehungen am Wohnort, oder: das deutsch-russische Verhältnis.

Schritte zur Durchführung

Dieses Projekt kann überall dort durchgeführt werden, wo amerikanische (oder andere) Soldaten stationiert sind/waren.

Die Schüler sollen darstellen, wie sich das Verhältnis Sieger – Besiegte zu einem freundlichen Verhältnis veränderte. Dabei sollen Akten aus dem Gemeindearchiv, Amtsblätter, die Zeitungen der Lokalpresse ausgewertet werden, oft liegen auch sog. Clubnachrichten von Freundschaftsclubs vor.

Wichtig ist, daß die Schüler einheimische und amerikanische Zeitzeugen suchen und befragen und vor allem die Stationen einer alltagsgeschichtlichen, lokalen Annäherung dokumentieren, vom Nebeneinanderherleben zwischen z. B. „Amis" und Einheimischen bis zur politischen, wirtschaftlichen, kulturellen und nicht selten auch familiären Integration.

▶ *Begegnung mit dem Fremden – eine Recherche in Bildern*
(Wolfgang Schierl)

Jahrgangsstufe: 7-10
Fächer: Religion, Ethik, Deutsch, Musik, Fotokurs
Unterrichtsziel/Projektergebnis: Fotoalbum mit Texten, oder: Fotoausstellung mit Kommentar, Videofilm (mit Texten und Musik), Schülerzeitung.

Schritte zur Durchführung

⁵ Beispiele von positivem und negativem Miteinanderleben von ausländischen und deutschen Jugendlichen werden aufgespürt und aufgezeigt (z. B. Klassenzimmer, Pausenhof, Vereinsleben, Freizeit, Schullandheim).

⁵ Weitere Beobachtungspunkte könnten sein: Vom Umgang mit Ausländern: Geschichten, Lieder, Gedichte; Szenen von Gewalt – Skinheads und ihr Verhältnis zum „Fremden".

Literaturhinweis: Ein Beispiel für ein Projekt „Gib Gewalt keine Chance" ist zu finden in der Zeitschrift : unterrichten/erziehen, Heft 6, Wolf-Verlag, Regensburg 1993.

▶ *Mitbürger oder Außenseiter? – Ausländer in unserem Ort*
(Wolfgang Schierl)

Jahrgangsstufe: 7-9
Fächer: Deutsch, Sozialkunde, Ethik, Religion
Unterrichtsziel/Projektergebnis: Videoreportage, oder: Tonreportage, Ton-Dia-Dokumentation, Artikelserie für die Regionalzeitung, Wandzeitung.

Schritte zur Durchführung

⁵ Die Schüler versuchen, eine Antwort auf die Projektfrage durch gezielte Interviews und Umfragen, durch spontane Passantenbefragungen sowie durch Erkundungen vor Ort zu finden. Das Projekt sollte zuerst im kleinen Rahmen starten, an der Schule, im Betrieb, im Stadtteil.

⁵ Ansprechpartner sollen Ausländer und Einheimische sein. Es sollten Aussagen von einschlägigen Behörden, gesellschaftlichen Organisationen und Funktionsträgern (auch ausländischen, z. B. Ausländerbeirat am Ort, Vorsitzender einer Religionsge-

meinschaft, Vorsitzender eines Kulturkreises, Mitarbeiterin im Frauentreff) gesammelt werden; es sollten Kontakte hergestellt werden zu Ausländern, die mittlerweile die deutsche Staatsbürgerschaft angenommen haben.

5 Folgende Lebensbereiche sollten thematisiert, erkundet und beschrieben werden: Ausländer wohnen in unserem Ort; sie arbeiten hier; ausländische Kinder spielen hier oder gehen hier zur Schule; ausländische Mädchen und Frauen; Engagement von Ausländern im gesellschaftlichen Leben; Kontakte zu Nachbarn; Freizeitformen und -möglichkeiten; aktuelle innen- und außenpolitische Ereignisse.

Literaturhinweis: Die Bundesbeauftragte für die Belange der Ausländerinnen und Ausländer hat eine Broschüre herausgegeben, in der neben der Darstellung des geltenden Einbürgerungsrechts der Bundesrepublik auch Vorschläge zur Änderung und Ergänzung gemacht werden. Es werden Argumentationslinien aufgezeigt, außerdem wird das Einbürgerungsrecht in anderen Ländern vorgestellt. Die Broschüre kann bezogen werden bei: Beauftragte für die Belange der Ausländer, Postfach 140 280, 53170 Bonn.

„Informationen für Religionslehrer an Grund-, Haupt- und Sonderschulen", Heft 37/1993, hrsg. vom Schulreferat I, Erzbischöfliches Ordinariat München, Schrammerstr. 3, 80333 München. Dieses Heft behandelt schwerpunktmäßig das Thema „Ausländer" und ist kostenlos erhältlich.

Schwere Schicksale in unserem Land

▶ Zwangsarbeit in Deutschland
(Wolfgang Schierl)

Jahrgangsstufe: 8/9
Fächer: Deutsch, Geschichte, Kunsterziehung, Sozialkunde
Unterrichtsziel/Projektergebnis: Fotodokumentation oder Bericht für Schülerzeitung.

Schritte zur Durchführung

⁵ Schüler versuchen herauszufinden, ob und wie viele Zwangsarbeiter während des Zweiten Weltkriegs am Wohnort lebten.

⁵ Sie recherchieren die Namen der Zwangsarbeiter (darunter waren häufig auch Jugendliche und Kinder) und ihre Herkunft.

⁵ Sie suchen die ehemaligen Arbeitsstätten und die Orte, wo sie untergebracht waren; sie versuchen zu rekonstruieren, unter welchen Verhältnissen sie arbeiteten und lebten, welchen Diskriminierungen (z. B. Kennzeichnungspflicht) sie unterworfen waren.

⁵ Sie suchen nach Sachrelikten (Wohnbaracken) und Zeitzeugen, werten zeitgenössische Zeitungen und Dokumente (z. B. Verordnungen zur Behandlung von Fremdarbeitern) bzw. Archivmaterialien (Gemeindearchiv, Registratur- oder Arbeitskarten) aus.

⁵ Sie versuchen, das Leben, einen Lebensabschnitt von namentlich bekannten Zwangsarbeitern zu dokumentieren; sie bemühen sich herauszufinden, was mit diesen Menschen geschehen ist; vielleicht finden sie auch in Zeitungsartikeln, in denen über Besuche von ehemaligen Kriegsgefangenen berichtet wird, Spuren von Hilfe und Mitmenschlichkeit.

⁵ Ihre Arbeitsergebnisse dokumentieren sie in einer Ausstellung, die eigenen Anstrengungen und Erfahrungen mit dem Thema ebenso.

Die Schüler könnten auch versuchen, mit Hilfe der entsprechenden Medien, an ehemalige Zwangsarbeiter bzw. deren Familie oder an andere Betroffene zu schreiben.

▶ *Begegnung mit ehemaligen jüdischen Mitbürgern*
(Wolfgang Schierl)

Jahrgangsstufe: 8-10
Fächer: Deutsch, Geschichte, Muttersprache, Religion, Ethik
Unterrrichtsziel/Projektergebnis: Schüler laden ehemalige jüdische Mitbürger
bzw. deren Nachkommen zu einem Treffen ein.

Schritte zur Durchführung

5 Schüler recherchieren bei Behörden (Einwohnermeldeamt, Stadtarchiv), in Lokalzeitungen, in Gesprächen (ältere Mitbürger, gesellschaftliche Gruppen), wie viele jüdische Mitbürger vor der Zeit des Nationalsozialismus im Ort gelebt haben.

5 Themenfelder für die Recherche könnten sein: Wo arbeiteten die jüdischen Mitbürger? Welche Berufe übten sie aus? Wo wohnten sie, wo spielten ihre Kinder? Wo gingen sie zur Schule? Wo beteten sie?

5 Mit ihren Ergebnissen versuchen sie, das Schicksal, das diese Menschen im Nationalsozialismus erleiden mußten, zu dokumentieren (autobiographische Texte, Interviewauszüge, Bilder und Zeitungsausschnitte).

5 Sie bemühen sich, Kontakte zu Überlebenden bzw. deren Nachkommen herzustellen und evtl. zusammen mit anderen Jugendgruppen ein Treffen zu organisieren.

5 Die Schüler arbeiten Vorschläge aus, wie ihr Heimatort das Andenken an die jüdischen Mitbürger bewahren kann: Sie suchen nach entsprechenden Straßennamen, oder sie entwerfen eine Gedenktafel und schlagen einen geeigneten Standort vor. Sie erfassen und dokumentieren die Gräber im Judenfriedhof.

▶ *Auch an unserer Schule waren jüdische Schüler*
(Wolfgang Schierl)

Jahrgangsstufe: 9, 10
Fächer: Deutsch, Geschichte, Ethik, Religion
Unterrichtsziel/Projektergebnis: Denkschrift.

Schritte zur Durchführung

5 Die Schüler versuchen, sich über das Schicksal der ehemaligen jüdischen Schüler, die ihre Schule besucht haben, zu informieren und deren Leben zu rekonstruieren.

⁵ Sie recherchieren in der Schulchronik, in vielleicht vorhandenen Jahresberichten der Schule oder Schülerlisten, sie befragen ehemalige Mitschüler und Lehrer.
⁵ Ihre Ergebnisse veröffentlichen sie in einer Denkschrift.

Varianten

⁵ Schicksale jüdischer Mädchen und Jungen in der Literatur recherchieren und eine Literaturmappe zusammenstellen.

Literaturhinweis: *Edvardson, Cordelia:* Gebranntes Kind sucht das Feuer. München, Wien 1986 (dtv-Taschenbuch). *Kerr, Judith:* Als Hitler das rosa Kaninchen stahl. Ravensburg 1983. *Kerr, Judith:* Warten bis der Frieden kommt. Ravensburg 1975. *Kerr, Judith:* Eine Art Familientreffen. Ravensburg 1983. *Klüger, Ruth:* Weiter leben. Eine Jugend. Göttingen 1992. Ghettotagebuch des Dawid Sierakowiak. Leipzig (Reclam). *Leitner, Isabella:* Isabella. Ravensburg 1993.

▶ *„Jamal – ein Tod in Deutschland".*
Ein Zeitungsartikel rüttelt auf
(Isolde Eberhard/Petra Hölscher)

Jahrgangsstufe: 7-9
Fächer: Deutsch, Religion, Ethik, Kunsterziehung
Unterrichtsziel/Projektergebnis: Eine Dokumentation.

Schritte zur Durchführung

⁵ Der Zeitungstext wird gelesen: still, gemeinsam, oder der Lehrer liest vor.
⁵ Die Schüler erschließen an Hand des Arbeitsblattes in Einzel- oder Gruppenarbeit den Text.
⁵ Darstellung und Zusammenfassung der Ergebnisse; Unterrichtsgespräch.
⁵ Blitzlicht: „Äußere Dich in einem Satz zu dem Artikel." Spielregeln: Jeder Schüler äußert sich, jeder sagt nur einen Satz, es geht der Reihe nach, es gibt keine Diskussion.
⁵ Diskussionsvorschläge: „Was würdest Du gerne genauer erfahren?" – „Welche Frage würdest Du der Mutter stellen?" – („War Jamals Tod umsonst?")
⁵ Erstellen einer Dokumentation zu Jamals Schicksal: Ergebnisse der Gruppenarbeit, Kontakt zum Autor dieses Zeitungsartikels aufnehmen, Aufspüren ähnlicher Schick-

sale aus Zeitungsberichten oder der näheren Umgebung, Erfahrung mit Selbstmord, Ursachen für Selbstmord, Angebote, Hilfe zur Verhütung
⁵ Kunsterziehung: Stelle die inneren Ängste von Jamal dar!

Jamal

Dein Tod ist für ein Zeichen für Gewalt in einer
zunehmend lebensfeindlichen
und menschenverachtenden Gesellschaft.
Wir sind betroffen und traurig.
Wir werden Dich in Erinnerung behalten,
wenn wir unsere Zukunft gestalten.

DeineMitschülerinnen und Mitschüler
der Jahrgangsstufe 13

Er hatte es nicht mehr ertragen können, immer "Scheiß-Asylant" oder "Dealer" genannt zu werden

Jamal – ein Tod in Deutschland

Von Roland Kirbach

Nichts am Ludgeriplatz, einem Verkehrsknotenpunkt in Münster, erinnert mehr an Jamal Amasheh. Die Blumen vor dem Stadthaus, die Freunde und Mitschüler des Neunzehnjährigen niedergelegt hatten, sind inzwischen entfernt. Und die Fensterscheibe im obersten Stockwerk, die er mit einem schweren Standaschenbecher zerschlug, ist längst repariert. Es herrscht der übliche Feierabendverkehr - wie am 18. März dieses Jahres, als Jamal sich gegen 17 Uhr in die Tiefe stürzte. Er war sofort tot. Einen Abschiedsbrief hat er nicht hinterlassen, nur diese Fragen, mit Filzstift an eine Toilettentür des Stadthauses geschrieben: "Wieso ist diese Welt so schlecht? Wieso has-

sen sich die Menschen? Wieso muß ich in dieser Welt leben? Wieso gibt es unterschiedliche Rassen? Ich hoffe, Ihr findet eine Antwort!"
Jamal Amasheh war kein Ausländer, er wurde in der Bundesrepublik geboren, aber seit seiner frühesten Kindheit bekam er zu spüren, was es heißt, anders als die anderen zu sein, eine dunkle Hautfarbe und einen fremden Namen zu haben. Seine Mutter ist Deutsche, sein Vater Palästinenser. Nach der Scheidung der Eltern zog er 1979 mit seiner Mutter und den zwei älteren Schwestern von Bottrop nach Münster. Als sie damals aus dem Möbelwagen stiegen, erinnert sich die Mutter Barbara Scharf, riefen die Nachbarkinder:

"Bei uns ziehen Neger ein!" Über fünf Monate habe Jamal - er war gerade fünf Jahre alt – sich damals nicht mehr allein aus dem Haus getraut. Später, in der Grundschule, wollte er unbedingt getauft werden; er dachte, so könne er einen deutschen Namen erhalten. Daß Jamal an den alltäglichen Diskriminierungen litt, wußte seine Mutter. Aber daß sie offensichtlich nicht wußte, wie sehr, "das macht mich wahnsinnig", sagt sie. Seitdem die beiden Schwestern ausgezogen waren, lebte Jamal allein mit seiner Mutter in der Hausmeisterwohnung eines Studentenheimes, in dem Barbara Scharf sich um alles kümmert, vom Putzen bis zur Verwaltung. Jamals Kontakt zum Vater, einem Arzt, beschränkte sich auf die Unterhaltszahlungen. Zusätzliche Geldgeschenke habe er von den schulischen Leistungen abhängig gemacht. Barbara Scharf kann es vor allem nicht verwinden, daß Jamal nicht das Gespräch mit ihr suchte: "Ich war doch auch seine Vertraute", sagt die kleine, zerbrechlich wirkende Frau. "Da muß sich viel angestaut haben." Der Vorfall an jenem 18. März könne nicht allein der Grund für den Selbstmord sein. An jenem Donnerstag hatte Jamal seine letzte Vorklausur fürs Abitur geschrieben. Er hatte ein gutes Gefühl; er war überhaupt ein guter Schüler, sein Abitur war ihm sicher. Nach der Klausur feierte er mit Schulfreunden und trank reichlich Alkohol. Er freute sich auf den Abiturientenball und seine geplante Reise nach Jamaika. Jamal hörte leidenschaftlich gern jamaikanische Reggae-Musik, hatte seine Haare in letzter Zeit auch zu Rasta-Locken geflochten. Zwei Freunde baten Jamal schließlich, sie mit seinem Wagen nach Hause zu fahren. Normalerweise,

betonen seine Freunde, sei Jamal nie Auto gefahren, wenn er getrunken hatte. Er verursachte prompt einen Auffahrunfall, bei dem zwar nur Blechschaden entstand; doch aufgrund seines hohen Alkoholpegels wurde ihm der Führerschein abgenommen. Die zwei Frauen in dem anderen Auto, berichtet eine Mitschülerin, die den Unfall beobachtete, seien sofort aus dem Auto gesprungen, hätten "hysterisch" gegen Jamals Wagen getreten, ihm Schläge angedroht und ihn mit "alte Ausländersau" und "Scheiß-Asylant" beschimpft. Als die Polizei eintraf, mußte sich Jamal an den Einsatzwagen stellen - Hände aufs Dach, Beine breit - und wurde durchsucht. Dann sei er in das Polizeiauto "gesteckt" worden, sagt sein Freund Markus, "allein, von uns durfte keiner mit". Was auf der Wache geschah, ist unklar. Als Jamal gegen 16 Uhr nach Hause kam, schilderte er seiner Mutter den Unfall und sagte nur noch: "Was sonst passiert ist, erzähle ich dir später." Er wollte sich hinlegen und bat seine Mutter, ihn um 17.30 Uhr zu wecken. Er mußte um 18 Uhr an seiner Arbeitsstelle in einem Krankenhaus sein, wo er immer abends zwei Stunden lang in der Küche half. Bevor er sich hinlegte, rief er noch eine Freundin an, um sich mit ihr für den nächsten Tag zu verabreden. Am Telephon sagte er ihr nur: "Ich bin am Ende, die Bullen haben mich fertiggemacht." Die Polizei bestreitet, daß Jamal auf der Wache schlecht behandelt worden sei. Als seine Mutter ihn um 17.30 wecken wollte, war Jamals Bett leer. Kurz darauf klingelte die Kriminalpolizei an der Tür und teilte mit, Jamal sei "etwas Schreckliches" passiert. "Wir dachten zuerst, das ist ein schlechter Scherz, als wir es erfuhren", sagt Jamals Schulfreund Dirk. "Er hat nie von so was wie Selbstmord gesprochen." Im Gegenteil, Jamal sei "immer guter Laune" gewesen, ein richtiger "Partylöwe". Auf andere Menschen habe er immer sympathisch gewirkt. Sicher, ihnen sei aufgefallen, daß er in letzter Zeit fast nur noch Musik hörte, die Rassenkriminierung anprangerte. Und daß sich Jamals Ängstlichkeit zur Panik steigerte, war ihnen auch nicht entgangen. In die Germania-Thermen, ein Hallenbad und Fitneßzentrum, traute er sich schon lange nicht mehr allein. Sein Freund Markus ging immer mit: "Er ertrug es einfach nicht, wie ihn vor allem ältere Leute in der Sauna anguckten." Aber Gedanken hätten sie sich nicht weiter gemacht. Hat denn

"Wie kommt es", wurde er oft gefragt, "daß du so gut Deutsch sprichst?"

nicht Jamal auch selbst Witze gerissen über sein Aussehen? Wenn er zum Beispiel Kakao trank, sagte er oft: "Ich muß wieder Farbe tanken." Jamal war ein sehr guter Skateboard-Fahrer und hatte bereits drei Pokale gewonnen. Auf der Skateboard-Bahn im Stadtteil Berg Fidel fuhr er mit Freunden oft von Schulschluß bis Einbruch der Dunkelheit. Marcel, einem aus der Gruppe, war aufgefallen, daß Jamal in letzter Zeit "auffällig panisch" reagierte. Als die Skateboard-Freunde während eines Berlin-Aufenthalts zufällig durch den Stadtteil Marzahn kamen, der als Skinhead-Hochburg gilt, habe sich Jamal im Auto auf dem Boden vor dem Beifahrersitz versteckt.

Jetzt, im nachhinein, fallen den Freunden etliche Begebenheiten ein, die sie früher wenig beachtet hatten. Markus erinnert sich, wie er mit Jamal in einer Boutique T-Shirts kaufte und die Verkäuferin nur ihn, Markus, bediente und Jamal ignorierte. Hendrik, ein Skater-Freund, erzählt, daß Jamal auf der Toilette von McDonald's von einem Mann angesprochen wurde, der Koks haben wollte: "Er hielt Jamal wegen seines Aussehens für einen Dealer." Antje, eine Schulfreundin, wurde mehrmals Zeugin, wie Jamal gefragt wurde: "Wie kommt es, daß du so gut Deutsch sprichst?"
Die Mutter sagt, vor allem nach dem Möllner Brandanschlag im November vergangenen Jahres habe sich Jamals Angst gesteigert: "Da fing er an, mich zu fragen, wie die Nazizeit anfing, wie das damals war." Auch in Münster habe die Gewalt zugenommen. Wiederholt seien öffentliche Feten und Schulpartys von rechten Schlägern heimgesucht worden. "Jamal wollte dort nicht mehr hingehen." Für ihn habe festgestanden, daß er nach dem Abitur das Land verlassen werde. "Er wollte in Amsterdam Medizin studieren", berichtet die Mutter. "Er meinte, in Amsterdam würde er nicht so auffallen. Und als ich sagte, ich komme mit, hat er sich riesig gefreut: Würd'ste das machen? Klar hab' ich gesagt, mich hält hier nichts." Und dann bricht es aus ihr hervor: "Mein Gott, er fehlt mir so. Ich bin schon 61 und war immer froh, noch so einen jungen Sohn zu haben."
Seine Freunde bedrückt, wie wenig ihnen Jamals Ängste und Nöte bewußt waren. "Vielleicht hat er nie über Ausländerfeindlichkeit gesprochen, weil er fürchtete, damit eine Kluft zwischen

sich und uns aufzutun", überlegt Antje. "Ich hab´ immer gedacht, wir haben alle dieselben Probleme", sagt Markus. "Erst jetzt ist mir bewußt, daß es Ausländern bei uns doch ziemlich schlecht geht." Die Freunde wollten nicht einfach zur Tagesordnung übergehen. Nachdem die Zeitungen in Münster nichts über Jamals Selbstmord berichtet hatten, verfaßten die Mitschüler ein Flugblatt mit Jamals letzten Zeilen und machten auf die Fremdenfeindlichkeit aufmerksam. Über 2000 Exemplare verteilten sie am Ludgeriplatz. Was sie dabei zu hören bekamen, sagt Antje, sei teilweise schlimm gewesen: "Der Satz, den ich am meisten hörte, war: Es gibt hier doch keine Ausländerfeindlichkeit." Und viele Leute hätten gegiftet: "Was wollen die ganzen Ausländer auch hier!" Am schlimmsten sei die Bemerkung eines alten Mannes gewesen, der Jamals Selbstmord mit den Worten kommentierte: "Richtig so. Wieder einer weniger." An den Schulen in Münster wurde viel über Jamals Tod gesprochen, nachdem die Nachrufe veröffentlicht worden waren. Doch die Hintergründe blieben unklar. Gerüchte kursierten: War er ein Junkie? Hatte er Aids? "Den Schülern schien es so, als sollte der Vorfall totgeschwiegen werden", sagt der evangelische Pfarrer Christoph Schmidt-Ehmcke, der selbst an einer Schule unterrichtet. "Damit die jungen Leute mit ihrem Verdacht des Totschweigens nicht recht behalten", widmete er seine wöchentliche Kolumne in der Münsterschen Zeitung Jamals Selbstmord. "Er fehlt uns. Je länger das jetzt her ist, um so mehr fehlt er uns", sagt Jamals Skater-Freund Marcel. "Er hat eine große Lücke gerissen. Wir sind jetzt alle mehr zusammengerückt", erklärt Schulfreund Markus. Nahezu täglich rufen die Freunde Jamals Mutter an oder besuchen sie. "Die Jungs", sagt die Mutter, "kümmern sich rührend um mich. Sie fragen, ob sie mich wohin fahren sollen, oder gehen mit mir essen." Es tut ihr gut: "Die Jungs sind ja das einzige, was mir von Jamal geblieben ist."

Entnommen aus: "Die Zeit" vom 9.7.93

Arbeitsaufträge für die Gruppenarbeit

(*Aufgaben mit höheren Leistungsanforderungen)

1. Entnehmt dem Artikel alle Daten zu Jamals Leben und ordnet sie zu einem kurzen Lebenslauf.
2. Im Text werden Ereignisse genannt, die Jamal wohl als ausländerfeindlich empfunden hat. Macht eine Aufstellung mit Ort und Art des Vorfalls.
3.* Den Mitschülern war nicht entgangen, „daß sich Jamals Ängstlichkeit zur Panik steigerte". Beschreibt einige Verhaltensweisen von Jamal, die als Alarmzeichen hätten wirken können.

4. Beschreibt die Gefühle der Mutter nach dem Tod ihres Sohnes. Arbeitet heraus, mit welchen Gedanken sie sich quält.

5. Tragt die Aussagen des Textes über die Mutter zusammen. Beschreibt ihr Aussehen, ihre Tätigkeit und ihr Verhältnis zu Jamal und seinen Freunden und Freundinnen.

6. Die Mitschüler und Mitschülerinnen von Jamal sind von seinem Tod sehr betroffen. Aber sie trauern nicht nur, sie werden aktiv. Schildert, wie sie bewirkten, daß Jamals Tod in der Öffentlichkeit nicht verschwiegen wurde.

7.* Versucht, alle Informationen des Artikels zu einem Bild von Jamal zu addieren. Berichtet über seine Kindheit, seine Rolle als Schüler, Sohn und Freund, sein Aussehen und sein Verhalten.

8.* Welche Ursachen seht Ihr für dieses Schicksal? Gibt es welche in seiner Person, und seht Ihr welche in seiner Umwelt?

Mit der Sprache fängt es an –
Sensibilisierung gegen Formen der Gewalt

▶ Fremde Menschen in der deutschen Sprache
(Wolfgang Schierl)

Jahrgangsstufe: 9-10
Fächer: Deutsch, Muttersprache, Ethik, Kunsterziehung
Unterrichtsziel/Projektergebnis: Die Schüler sollen ihren eigenen bewußten und unbewußten Sprachgebrauch kritisch reflektieren. Sie sollen dafür sensibilisiert werden, wann sie Vorurteile, Feindbilder, Aggressionen formulieren. Sie sollen die Sprache in ihrer Umgebung beobachten und Beispiele für unsensiblen Sprachgebrauch in der Öffentlichkeit sammeln. Sie sollen überlegen, wie sie im sprachlichen Umgang miteinander mehr Rücksichtnahme erreichen können.
Ergebnis könnte ein Tagebuch oder ein Protokoll sein. Denkbar sind auch Plakate, Pressedokumentation oder Wandzeitung.

Schritte zur Durchführung

⁵ Den Schülern wird unterschiedliches Material angeboten, das sie zunächst in Freiarbeit, dann in der Kleingruppe bearbeiten. Aus den Vorschlägen kann auch eine Auswahl getroffen werden. Dieses Material sollte die Schüler anregen, ihr persönliches sprachliches Umfeld zu erkunden.

⁵ Konkret geht es um folgende Fragestellungen: Welche Wörter, Begriffe, Redewendungen, Witze, Texte und Bilder usw. sind belastet? Warum? Wann, wo, warum werden sie bewußt/unbewußt/arglos verwendet? Welche Botschaften werden damit transportiert, welche Einstellungen werden sichtbar? Wann ist Sprache verletzend?

Literaturhinweis: *Riepe, Regina und Gerd:* Du schwarz – ich weiß. Bilder und Texte gegen den alltäglichen Rassismus. Wuppertal 1992. *Lorbeer, Marie/Wild, Beate (Hrsg.):* Menschenfresser, Negerküsse. Das Bild vom Fremden im deutschen Alltag. Berlin 1991. Viele Anregungen zur grafischen Gestaltung enthält der Ausstellungskatalog: Plakate gegen den Fremdenhaß (Ausstellung im Ernst-Reuter-Haus, 27.03. – 07.05.1993, Berlin).

Beispiele / Sprüche und Witze, die Schüler erzählten und aufschrieben

---

Warum werden die Mülltonnen jetzt aus Glas gebaut?
Das die Türken auch einen Schaufensterbummel machen
~~können~~ können.

Was hat ein Chinese und ein grüner Punkt
gemeinsam? – Einen gelben Sack.

Was ist wenn es in der Mülltonne Blitz und Donnert?
– Disco time in Türckenheim

Was ist ein Türke zwischen zwei Mülltonen? –
Stolzer Hotel besitzer.

Was ist ein Türke auf einer ~~Ro~~ Rolltreppe? Scheiße am
laufenden Band.

Was ist der Unterschied zwischen einem Juden und einem
Türken? Der Jude hat es schon hinter sich!

**Witze über Ausländer hast du auch schon gehört. Erledige
bitte der Reihe nach folgende Arbeitsaufträge.**

1. Wer hat in deiner Umgebung Ausländerwitze erzählt und wann?
2. Was wollte der Erzähler damit erreichen?
3. Wie wird der Fremde im Witz dargestellt?
4. Welche Aussagen werden über den Fremden im Witz gemacht?

5. Prüfe diese Aussagen. Wie wahr sind diese Aussagen?

6. Warum lachen einige/viele/alle Zuhörer über diesen Witz?

7. Was ist die Funktion solcher Witze?

8. Würdest du solche Witze als inhumanen Sprachgebrauch bezeichnen?

9. Kennst du wenigstens einen ausländerfreundlichen Witz? Kannst du ihn erzählen? Kannst du begründen, warum er ausländerfreundlich ist?

Von besonderem Interesse für unsere Fragestellung sind solche Beispiele, die fremde Menschen abwerten, beschimpfen oder sich über sie lustig machen.

1. Notiere Beispiele, die dir spontan einfallen für:

Italiener:

Amerikaner:

Polen:

Menschen aus den neuen/alten Bundesländern:

2. Wer in deinem Bekanntenkreis hat solche oder ähnliche Personenbezeichnungen verwendet?

3. In welchen Situationen geschah dies?

4. Was wollte der Namensgeber deiner Meinung damit erreichen?

5. Warum hat er eine negative Bezeichnung gewählt?

6. Wie wirken diese Personenbezeichnungen auf dich?

7. Welche Möglichkeiten erkennst du, gegen solche Personenbezeichnungen vorzugehen?

8. Gehören solche Personenbezeichnungen für dich zum inhumanen Sprachgebrauch?

In allgemeinsprachlichen Wörterbüchern lassen sich ca. 30 Personenbezeichnungen finden, mit denen Fremde abwertend genannt sind.

Lies diese Liste durch!

Ami (ugs.: Amerikaner), *Apparatschik* (abw.: Funktionär im Staats- und Parteiapparat totalistischer Staaten des Ostens), *Bolschewik* (veraltend abw.: Kommunist), *Bolschewist* (veraltend abw.: Kommunist), *Egghead* (bildungsspr., oft scherzhaft: Intellektueller in den USA), *Franzmann* (ugs. veraltet: Franzose), *Itaker* (ugs. abw.: Italiener), *Itzig* (veraltet, ugs. abw.: Jude), *Iwan* (ugs. scherzh., oft abw.: Russe, die Russen), *Japs* (ugs., oft abw.: Japaner, die Japaner), *Kameltreiber* (ugs. abw.: Araber), *Katzelmacher* (bes. östr., ugs. abw.: Italiener), *Kümmeltürke* (sal. abw., Schimpfw.: Türke, türkischer Gastarbeiter), *Makkaroni* (ugs. abw.: Italiener), *Mauschel* (spött.: (armer) Jude), *Mijnheer/Mynheer* (scherzh.: Holländer), *Nigger* (abw., oft Schimpfw.: Neger), *Ölscheich* (ugs.: Scheich, der durch Erdöl zu Reichtum gekommen ist), *Paparazzo* (scherzh.: italienische Bezeichnung für aufdringliche Pressefotografen, Skandalreporter), *Spaghetti* (ugs. abw.:Italiener), *Tschusch* (österr., ugs. abw.: Ausländer, bes. aus einem südosteuropäischen oder orientalischen Land), *Uncle Sam* (scherzh.: der/die Amerikaner).

Entnommen aus: *Braun, Peter.* Personenbezeichnungen - der Mensch in der deutschen Sprache. In: Muttersprache, H. 2-3, 1990, S. 167 ff.

Überlege und diskutiere:

1.Haben diese Personenbezeichnungen auch für dich eine negative, abwertende Tendenz? Begründe deine Meinung!

2.Versuche herauszufinden, warum diese Bezeichnungen abwertend sind, d.h., worin die Abwertung besteht.
Nimm als Beispiel die Bezeichnung **Kümmeltürke.**

S. 131:
Entnommen aus: *Riepe, Regina und Gerd:* Du schwarz – ich weiß.
Bilder und Texte gegen den alltäglichen Rassismus. Wuppertal 1992, S. 68

Lies bitte die folgende „Ansicht eines Kolonialherren" (1898) durch.

Der Neger ist ein vollkommen unerzogenes, mit allen Fehlern behaftetes Kind. Von diesem Standpunkt aus muß man bei seiner Beurteilung und seiner Behandlung ausgehen. Irgendwelche edlen Anlagen sind weder von Natur ihm gegeben, noch durch Erziehung in ihm entwickelt worden. Was Wunder, wenn er nur egoistische Regungen empfindet! - Eine Anhänglichkeit oder Liebe zu Eltern oder Geschwistern kennt der Neger im allgemeinen nicht ... Wehe dem Feinde, der lebendig in seine Hände fällt! Wenn man ihn nicht als wertvolles Pfandobjekt oder für den Verkauf schont, wird er in den meisten Fällen auf die grausamste Weise hingerichtet werden. Die Foltern des Mittelalters sind Wohltaten dagegen ...

Die Erziehung des Negers kostet Zeit und - Prügel. Er muß zunächst Furcht vor der Rute haben; dann fügt er sich willig ... Häufig erscheint den europäischen Neulingen in Afrika die Schärfe der Prügelstrafe gegen die Neger und die Art ihrer Vollstreckung unwürdig und grausam; aber sie urteilen meist falsch; sie kennen noch nicht das wenig entwickelte Ehrgefühl des Schwarzen und andererseits seine Unempfindlichkeit gegen Schmerzen, sein dickes Fell.

Entnommen aus: Politik und Unterricht, 3/90: Vorurteile und Feindbilder, S. 20

Versuche einen Zusammenhang herzustellen zwischen den Bilderwitzen und dem Text.

1. Wie werden „Opfer" und „Täter" in den Bilderwitzen dargestellt? Beschreibe möglichst umfassend und präzise.

2. Welche Geschichten/Situationen werden in den Bilderwitzen erzählt? Stelle eine Liste der einzelnen Witzelemente zusammen.

3. Viele dieser Bilderwitze kennen nur ein Thema. Kannst du dafür Begründungen finden?

4. Bilderwitze dieser Art werden seit Jahrzehnten immer wieder erfolgreich publiziert. Kannst du darüber lachen? Wer kann darüber lachen?

5. Warum sind diese Bilderwitze lustig? Warum glaubt der Zeichner/Erfinder dieser Bilderwitze, daß sie lustig sind? Stelle Vermutungen an.

---

1. Lies das folgende Kindergedicht/Lied von den „Zehn kleinen Negerlein" durch. Erinnere dich, ob du dieses Gedicht schon gehört hast.

2. Mit welchen Eigenschaften werden die „Negerlein" in dem Gedicht beschrieben?

3. Welche Wirkung könnte dieses Gedicht bei Kindern erzeugt haben und immer noch erzeugen? Formuliere Vermutungen!

4. Versuche, eine Verbindung vom Kindergedicht zu der Werbeanzeige herzustellen.

10 kleine N..., sich auf Urlaub freun,
das eine schmerzt ein böser Zahn, da warens...
9 kleine N..., die gingen auf die Jagd,
einer schoß sich durch den Kopf, da warens...
8 kleine N..., die wollten sich nicht lieben,
sie schlugen sich die Köpfe ein, da warens...
7 kleine N..., die gingen zu 'ner Hex,
das eine hat sie totgehext, da warens...
6 kleine N..., die gehen durch die Sümpf,
doch eins erschrickt vor einem Frosch, da warens...
5 kleine N..., die kämpften mit dem Stier,
eines wurde aufgespießt, da warens...
4 kleine N..., die fuhr'n nach Spanien,
ein Stier nahm eines auf's Geweih, da warens...
3 kleine N..., die machten groß Geschrei,
das eine hat sich totgeschrien, da warens...
2 kleine N..., die gingen zu 'nem Schreiner,
der hat das eine eingesargt, da warens...
1 kleines N..., das fuhr mal in der Kutsch,
da ist es hinten durchgerutscht, nun warn sie alle...
oder
1 kleines N..., das lockte aber bald,
die anderen 9 Negerlein mit Trommeln aus dem...
oder
1 kleines N..., das ist nicht gern allein,
es sucht sich eine Negerfrau, denn schöner ist's zu zwein.
Es baut das kleine Negerlein mit seiner Frau ein Heim
bald spielen dort im Sonnenschein zehn kleine N...

Zusammenschnitt aus verschiedenen Versionen des Liedes,
entnommen aus: *Riepe, Regina
und Gerd*: Du schwarz – ich weiß.
Bilder und Texte gegen den alltäglichen Rassismus. Wuppertal
1992, S. 64

1. Lies bitte diesen Interview-Auszug mit vier Frauen im Alter zwischen 19 und 37 Jahren aus Gabun, Kamerun, Marokko und Guadeloupe durch.

Hier in Deutschland kennt man Afrika nicht. Man kennt nur Amerika. Die Schwarzen aus Amerika sind immer besser angesehen als die Afrikaner. Jetzt ist es auch ein bißchen Mode, schwarz zu sein; aber nur, was aus Amerika kommt, Musik, Mode, Jazz und Theater. Bei dem deutschen Wort "Neger" schwingt nicht mehr die Bedeutung "schwarz" mit. Es ist in jedem Fall negativ zu verstehen. Man verbindet es mit Sklaverei. Ein Neger ist ein schwarzer Sklave. Und damit hängt alles zusammen, von der Zeit des Kolonialismus bis heute.
Man geht eben davon aus, daß Schwarze nie etwas zustandegebracht haben, weder wirtschaftlich noch technisch. Ein Neger hat nie ein Auto erfunden. Nie hat ein Schwarzer etwas erfunden oder entdeckt, nichts! Das ist die Grundlage für alle Einschätzungen. Afrika war nie aufgrund wissenschaftlicher Arbeit anerkannt. Deshalb sind wir immer nur als Diener anerkannt. Das, was wir zur Zeit der Sklaverei waren, sind wir in den Augen der anderen immer noch. Keine Entwicklung! So denken die Europäer, die Weißen. In Europa müssen wir, um anerkannt zu sein, viel besser sein als die Leute hier. Wir müssen etwas Besonderes sein. Und wir dürfen auch keine Fehler machen. Aber es gibt doch keinen Menschen auf der Welt, der nicht mal einen Fehler macht!

Entnommen aus: *Lorbeer, Marie/Wild, Beate (Hrsg.)*: Menschenfresser, Negerküsse. Das Bild vom Fremden im deutschen Alltag. Berlin 1991, S. 67

2. Was versuchen die Frauen zu erklären? Welche Argumente verwenden sie?

3. Sprich in deiner Gruppe darüber. Notiere die Meinung(en) aus der Gruppe.

▶ *Gewalt in unserer Klasse? – Einstieg in das Thema*
„Wie wir miteinander umgehen"
(Katrin Tjaden)

Welcher Lehrer möchte sich nicht häufig verzweifelt die Ohren zuhalten, wenn ausgesuchte Kraftausdrücke und Beleidigungen kreuz und quer durch die Klasse fliegen! Kaum eine bleibt unbeantwortet. Der Lärmpegel schwillt an, die Obszönität der Ausdrücke steigert sich, irritiert schaut man nur hoch, wenn eine bisher noch unbekannte Formulierung ertönt. Wer kennt das nicht, das langsam grummelnde Bauchweh, der eigene wachsende Schmerz und dann die große Wut?!

Zum Schuljahresbeginn überraschte der „Neue", ein türkischer Schüler (seit zwei Jahren in Deutschland, seine Lehrer mit einem reichhaltigen Vokabular der miesesten deutschen Schimpfworte, perfekt hinausgebrüllt. Sogar die Mitschüler waren sichtlich beeindruckt. Dem Unterricht konnte dieser Schüler auf Grund seiner mangelnden Deutschkenntnisse allerdings nur unzureichend folgen. Wie kommt es, daß ein neu hinzugezogener Junge so schnell die deutschen Schimpfwörter beherrscht, sich aber sonst kaum auszudrücken vermag?

Die Schmerzgrenze war erreicht. Wenigstens dieser Klasse sollte bewußt werden, auf welch einem Sprachniveau sie sich befindet.

Die Klassenlehrerin baute während der Pause im Klassenzimmer eine Videokamera auf mit Blickrichtung auf die Klassenzimmertür (Weitwinkel). Die Kontrollampe, die anzeigt, daß das Gerät eingeschaltet ist, wurde vorher mit einem kleinen schwarzen Tupfer zugeklebt.

Der Pausengong ertönte, die Tür wurde aufgerissen, und herein strömten lärmend die Schüler der 8. Klasse. Die Kamera lief, zeichnete auf. Fragenden Schülern wurde erklärt, die Kamera sei für die spätere Übung des Bewerbungsgespräches schon aufgebaut worden.

Bei laufender Kamera forderte die Lehrerin zum Stundenbeginn auf. Der Klassensprecher wollte einen Bericht von der Klassensprecherversammlung geben. Es ging um die Gestaltung eines geplanten Schulfestes.

Nun folgten 20 Minuten lärmendes Klassengespräch, bei dem einzelne Schüler lautstark in den Vordergrund traten, selten mit guten Beiträgen. Einige Schüler verhielten sich völlig still und unbeteiligt, andere versuchten, eine faire Diskussion in Gang zu bekommen, vergeblich. Einer brüllte den anderen nieder. (Ein idealer Drehort, um ähnliche Situationen aufzunehmen, ist übrigens der Platz vor dem Pausenverkauf.)

Nun wurde den Schülern erklärt, daß die Kamera die letzten 20 Minuten eingeschaltet gewesen war. Jetzt sollten diese Aufnahmen abgespielt werden, ein jeder solle sich selbst kritisch beobachten und bewerten. Dafür aber sei unbedingte Ruhe die Voraussetzung.

Und wirklich, ohne zu lachen, nachzuäffen, Faxen zu machen, sahen sich die Schüler ihre Bilder an und waren ehrlich erschrocken. Deutlicher konnte ihnen ihr Verhalten nicht vorgeführt werden.

Im folgenden, sehr ruhigen, fairen und vor allem ehrlichen Gespräch wurde das Verhalten der Mitschüler besprochen. Warum stehen immer Schüler im Mittelpunkt, reden unüberlegt, lehnen Vorschläge der anderen ab, ohne sie anzuhören? Warum hören Schüler interessiert zu, beteiligen sich aber nicht am Gespräch? Warum halten sich Mitschüler völlig aus dem Gespräch heraus und beschäftigen sich anderweitig? Warum gelingt es einigen Schülern nicht, eine geordnete Diskussion in Gang zu bringen?

Den Schülern fiel auf, wieviel Gewalt einmal in ihrer Sprache steckt und wie gewalttätig sie auch miteinander umgehen. Herrschen zu wollen, die anderen beherrschen zu wollen, dieser Wunsch drückte sich im Verhalten einiger Schüler aus wie auch bei anderen die totale Resignation, sich dagegen aufzulehnen.

Von dieser Stelle an konnten wir weiterarbeiten, z. B. so:

Schimpfwörter tun weh!

Schimpfwörter, Beleidigungen, Verbalinjurien sind oft Anlaß für schwere Prügeleien; häufig wegen ihres sexuellen Inhalts und des – gerade für Pubertierende interessanten – Reizes des Verbotenen. Ein Projekt, das diese Schimpfwörter aus der „Grauzone" herausholt, sie zum Thema macht, nimmt ihnen ein Stück dieses Reizes und klärt auf über die unterschiedliche Wertigkeit in den Kulturen.

Deutsche und ausländische Kinder schreiben Schimpfwortlisten aus ihrer jeweiligen Sprache auf. Nach der Übersetzung ins Deutsche werden sie von beiden Seiten dem Grad der Beleidigung nach bewertet und gewichtet. Eine „Schwarze Liste der 10 Schimpfwörter, die am meisten weh tun" wird erstellt. Den Schülern wird klar, daß Schimpfwörter verletzen wollen. Regeln für den „Täter-Opfer-Ausgleich" werden aufgestellt, die als „Klassengesetz" definiert werden.

▶ *Gewalt in Redensarten*
(Wolfgang Schierl)

Jahrgangsstufe: 9, 10
Fächer: Deutsch, Muttersprache, Sozialkunde, Kunsterziehung, Ethik
Unterrichtsziel/Projektergebnis: Die Schüler schreiben ein (illustriertes) Lexikon sprichwörtlicher Redensarten, in denen Gewalt gegen Menschen ausgedrückt wird, oder: im Schulhaus entstehen aus Text und Bild Rückzugsecken zum Nachdenken.

Schritte zur Durchführung

5 Häufig verwenden wir im Alltagsgebrauch unbewußt Redensarten, in denen Gewalt gegen Menschen ausgedrückt wird. Dabei handelt es sich nicht nur um längst bekannte Redensarten, in der Jugend- und Szenesprache tauchen immer wieder neue auf.

5 In der Gruppe sammeln sie spontan Redensarten, in denen ihrer Meinung nach Gewalt gegen Menschen ausgedrückt wird.

5 Die Schüler überlegen, wie sie in einschlägigen Fachlexika fündig werden können; sie entwerfen einen Stichwortkatalog, nach dem sie diese Fachbücher durchsehen (z. B. Juden, Neger, Bauer.)

Literaturhinweis: Text- und Bildmaterial ist zu finden in: *Röhrich, Lutz:* Lexikon der sprichwörtlichen Redensarten. 3 Bde. Freiburg 1992 *Gewecke, Frauke:* Wie die neue Welt in die alte kam. Stuttgart 1986 (dtv 4568)

Varianten

5 Diese Untersuchung sollte auch in der Muttersprache versucht werden.

▶ *Es geht auch anders – ein Sprachbarometer*
(Isolde Eberhard/Petra Hölscher)

Jahrgangsstufe: 5-10
Fächer: Deutsch, Sozialkunde
Unterrichtsziel/Projektergebnis: Ein von den Schülern entwickeltes Sprachbarometer, um in Konfliktsituationen sprachlich angemessen, wirksam und konfliktreduzierend reagieren zu können.

Schritte zur Durchführung

5 Video- oder Tonbandaufnahme: Eine Schülergruppe im Konflikt; sie beschimpfen sich. Als Alternative denkbar ist Tafelanschrift/Plakat: „In unserer Klasse sind wir ein Herz und eine Seele".

5 Aussprache und anschließend Gruppenarbeit: „In jeder Konfliktsituation kann man durch Sprechen angemessen reagieren. Die Möglichkeiten der sprachlichen Reaktion können sehr unterschiedlich ausfallen. Schreibt auf, welche euch zu diesem Konflikt

einfallen." Als Material wird benötigt: Moderationskarten in 2 verschiedenen Farben, dicke Stifte.

ₛ Die Schüler schreiben positive und negative Äußerungen auf die Karten.

ₛ Die Karten werden ungeordnet an die Tafel geheftet.

Die Ausdrücke und Redewendungen werden gemeinsam geordnet: zu allgemein, verletzend, angemessen, trifft zu, wenig wirksam, gibt den eigentlichen Ärger nicht wieder.

ₛ Aussprache und anschließend Rollenspiel.

ₛ Weiterführung: Großes Plakat auf der Seitentafel, das im Laufe des Schuljahres immer wieder ergänzt wird.

Name: _____   Datum: _____

Es geht auch anders!
Wir entwickeln ein Sprachbarometer für Konflikte.

Ausgangssituation: _____

_____

_____

überzogen

angemessen

verletzend

▶ „Jede Geschichte hat zwei Seiten.“ – Lieder über Vorurteile und Toleranz
(Johanna Heiß)

Jahrgangsstufe: 9/10
Fächer: Englisch, Deutsch, Geschichte, Musik
Unterrichtsziel/Projektergebnis: Zusammenstellen eines Heftes mit Liedtexten zum Thema.

Schritte zur Durchführung

⁵ Recherchieren in Gruppen nach entsprechenden Songs, entsprechender Musik in Musikzeitschriften, Musikläden, evtl. Verlage anschreiben, Nachfrage bei Eltern zu Musik aus den Sechzigern.

⁵ Vorstellen der Songs: evtl. übersetzen, in Beziehung setzen zu aktuellen Ereignissen.

⁵ Auswahl der Lieder und Zusammenstellung der Texte in einem Geheft mit Angaben der Quellen.

⁵ Als Erweiterung ist möglich: Zuordnen von passenden Artikeln aus der Tagespresse (auch Archiv der Tageszeitung nutzen).

⁵ Wir schreiben selbst einen Text zum Thema Vorurteile, Toleranz: Veröffentlichung im Textbuch, bekannte Melodie zu eigenem Text nehmen.

⁵ Schüler komponieren Musik evtl. selbst.

Literaturhinweis: Es gibt zahlreiche Beispiele engagierter deutscher und ausländischer Rockmusik wie „Both sides of the story“ von Phil Collins oder „Naachtijall“ von BAP.

Ein Text zum Thema „Toleranz", aufgebaut auf drei kölschen Kalender-
weisheiten, von denen ich zwei schon von Kind an kenne. Den dritten Spruch
habe ich erst relativ spät auf dem Schild entdeckt, das die erste Figur des
Kölner Rosenmontagszugs diesem alljährlich voranträgt.

BAP „**Naachtijall**" (Köln 3.1.93)

Dä Ein läuf em Hawaihemp römm,
dä Andre nur en schwazz,
dä Eine schlööf em Wasserbett,
dä Andre op ner Luffmatratz.

Dä Ein drink leever Wasser,
un dä Andre leever Wing,
die miehste stonn op Zärtlichkeite,
Masochiste stonn op Ping.
Dä Ein freut sich op Weihnachte
un dä Andre op Karneval.
Dämm Ein sing Ühl
ess dämm Andere sing Naachtijall.

Dä Eine fährt op Teckno aff,
dä Andere op Rock'n Roll.
Während dä Ein sich völlig secher ess
frööht sich dä Andre, wat dat soll.

Manch einer jläuv ahn Buddha,
ming Oma nimmp dä Paps für voll.
Trotz allem schört dä Will noch op Karl Marx,
ich kenne Lück, die wähle Helmut Kohl.
Dä Eine zeich jähn vill Jeföhl
un dä Andre blieht jähn kalt.
Dämm Ein sing Ühl
ess dämm Andere sing Naachtijall.

Dä Eine ess Zweckpessimist,
un dä Andre nonchalant.
Während ich miehstens saare: „Jeht schon klar!"
mohls du jähn Düüvel ahn de Wand.

't Salz en der Zupp sinn Jäjesätz,
dat Zauberwoot heiß „Toleranz"
Om eezte Schild vom Ruusemoondaachszoch
steht:
„Jeck, loss Jeck elans!"

Un noch 'ne Spruch ess bahl ald widder neu,
ich kenn en sich 'ner Ewigkeit:
„Et jitt kei jrößer Leid,
als wat der Minsch sich selvs ahndeit."

Wing – Wein
die miehste –
    die meisten
stonn – stehen
Ping - Pein–
    (Schmerzen)
Ühl – Eule
frööht – fragt
jläuv – glaubt
Lück – Leute
jähn – gerne
nonchalant –
    unbekümmert
Düüvel – Teufel
Zupp – Suppe
Jeck – Narr
loss elans – laß vorbei
ald – schon
ahndeit – antut

▷ *Nazi-Rock – eine Analyse von Text und Musik*
(Wolfgang Schierl)

Jahrgangsstufe: 9, 10
Fächer: Deutsch, Muttersprache, Musik, Sozialkunde
Unterrichtsziel/Projektergebnis: Schüler machen sich kundig und bereiten ein Podiumsgespräch vor.

Schritte zur Durchführung

⁵ In Gruppenarbeit hören sich die Schüler ausgewählte Beispiele von Nazi-Rockgruppen (z. B. von Böhse Onkelz, Stuka, Kahlkopf, Störkraft, Radikahl, Werwolf usw.) an.

⁵ Sie versuchen, den formalen Aufbau der Texte darzustellen, die wesentlichsten Textaussagen zu interpretieren und dabei die grundsätzlichen Züge der neonazistischen Ideologie herauszuarbeiten. Die inhaltlichen Aussagen zu folgenden Gesichtspunkten könnten überprüft werden: Alltag, Ausländer, Beruf, Deutschlandbild, Frauen, Fremde, Freunde, Gewalt, Helden, Jugend, Politik, Problemlösungen, Zukunft. Wichtig wäre auch die Frage, welche Sprache, welche sprachlichen Mittel die Textschreiber verwenden.

⁵ Bei der musikalischen Analyse könnte geklärt werden, was das Typische an diesem Sound ist, welche Instrumente wofür eingesetzt werden, welche Elemente aus anderen Musikrichtungen (z. B. Metal, Punk) eingebaut werden.

⁵ Vielleicht gelingt es den Schülern auch, Kontakt zu den Musikern herzustellen, um z. B. herauszufinden, welche politischen Kenntnisse in der Musikszene vorhanden sind.

⁵ In Musikgeschäften können sie recherchieren, wie die Platten, CDs oder Kassetten gehandelt werden; auch in den Redaktionen der Musikzeitschriften können Schüler versuchen, sich kundig zu machen.

⁵ Schüler können versuchen, Presseberichte über Konzerte von Nazi-Bands zu sammeln und auszuwerten (z. B. gewalttätige Ausschreitungen, Polizeiaufgebot).

⁵ Die Schüler sollten (vielleicht auf der Basis von Zeitungsberichten über Konzerte) darüber diskutieren, welche psychologische Wirkung die rechtsextremistische Musik und die Liedtexte haben. Sie sollen Lieder aus dem Nationalsozialismus zum Vergleich heranziehen.

Literaturhinweis: Medien + Erziehung, Heft 4/93. Rechtsruck? Analysen und Reaktionen. Bundesministerium des Innern (Hrsg.), Verfassungsschutzbericht 1992, Bonn 1993.

Varianten

⁵ Aufspüren und Untersuchen von rechtsradikalen oder ausländerfeindlichen Äußerungen. (Dokumentation mit Flugblättern, Fotos von Graffitis usw.)

„Trotz Verbot nicht tot", CD 1992

„Ich tret ihn zu Boden, rotz ihm ins Gesicht,
denn dreckige Scheißpunks, die mag ich nicht.
Punks sind dreckige Schweine.
Punks sind der Abschaum der Stadt,
Punks sind dreckige Schweine,
rote Scheißpunks, ich hab euch satt.
Sein Kiefer zersplittert durch die Doc-Stahlkappe,
jetzt noch 'nen Eiertritt und dann liegt er auf der Matte,
er blutet aus dem Schädel und bewegt sich noch,
da tret ich nochmal 'rein mit meinem 14-Loch,
mit meinem 14-Loch, immer auf'n Kopf-Skinhead!"

Entnommen aus: Bundesministerium des Innern
(Hrsg.): Verfassungsschutzbericht 1992, Bonn 1993, S. 85

▶ *Unser Theater will provozieren und zum Denken anregen*
(Johanna Heiß/Petra Hölscher)

Jahrgangsstufe: 9-10
Fächer: Deutsch, Kunst, Textilarbeit, ITG, Hauswirtschaft, Musik
Unterrichtsziel/Projektergebnis: Aufführung eines Theaterstückes oder von Szenen zum Thema Gewalt/Antisemitismus/Fremdenfeindlichkeit.

Schritte zur Durchführung

⁵ Planung der Aufführung (Adressatenkreis, Zeitpunkt, Ort usw.).
⁵ Vorstellen und Einlesen in verschiedene geeignete Textvorlagen.
⁵ In Gruppenarbeit Kurzvorstellung der einzelnen Texte.
⁵ Auswahl des Textes oder der einzelnen Szenen für die Aufführung.

₅ Erarbeitung des ausgewählten Textes und Herausfinden geeigneter Textstellen für die szenische Umsetzung.

₅ Gruppenarbeit: Regiebuch mit Texten – Überlegungen zum Verhalten – Entwurf der Kostüme – Bühnenbilder – Requisiten – Auswahl von Geräuschen und Musik.

₅ Evtl. notwendige Sprechertexte verfassen, die die einzelnen Szenen verbinden.

₅ Proben.

₅ Entwurf und Herstellung von Plakaten oder anderen Werbemaßnahmen.

₅ Verfassen einer Pressemitteilung.

₅ Schreiben von Einladungen für verschiedene Zielgruppen (Schüler, Eltern, Honoratioren, Presse).

₅ Gestaltung des Programmheftes, evtl. Werbeanzeigen einholen.

₅ Planung des Pausenimbisses für den Vorführungsabend und weitere Gestaltungsideen.

₅ Herstellung der Kostüme, der Bühnendekoration, der Requisiten und schließlich des Pausenimbisses.

Literaturhinweis: Geeignete Textvorlagen: Jugendbücher zum Thema Gewalt und Fremdenfeindlichkeit, siehe Aufstellung in diesem Buch, besonders auch „Der Bücherkoffer" der Stiftung Lesen zum Thema ‚Gewalt', s. S. 182.
Für ältere Schüler, zum Thema Antisemitismus: *Bernhard, Thomas:* Heldenplatz. Frankfurt am Main 1989.

Varianten

₅ Weniger arbeitsintensiv ist die Herstellung eines Hörspiels zum Thema.

Schüler schreiben über Gewalt – ein Schreibwettbewerb
(Jörg Knobloch)

Anregungen für das hier skizzierte Projekt gab das von *Regina Rusch* herausgegebene Buch *„Gewalt – Kinder schreiben über Erlebnisse, Ängste, Auswege".* Die hier zusammengefaßten Bilder und Geschichten sind Ergebnis eines Schreibwettbewerbs der Gewerkschaftszeitung „metall", an dem sich mehr als vierhundert Kinder zwischen acht und vierzehn Jahren beteiligt hatten. Viele der jungen Autoren setzten sich mit der Gewalt gegen Ausländer, gegen Fremde auseinander. Mehr als die Hälfte der Beiträge kam aus den neuen Bundesländern, beispielsweise der folgende Text:

Döner Kebab und Tiramisu

Zum Nachtisch süßes italienisches Tiramisu. Davor Puszta-Steak, den französischen Beaujolais für Mutti. In der Mittagspause schnell einen heißen Döner Kebab vom Türken oder ein Big Mac vom Amerikaner. Warum ich hier vom Essen rede? Weil es ein gutes Beispiel ist. Es zeigt, daß wir ohne die Ausländer, die hier bei uns leben und arbeiten, auf eine ganze Menge schöner Dinge verzichten müßten. Auch auf viel Musik, beispielsweise Dr. Alban, David Hasselhoff, Roxette, Kris Kross und so weiter. Fest steht, Ausländer können nichts für unsere Probleme wie Wohnungsnot, zu hohe Mieten, keine Arbeit und so weiter.

Wenn ich im Urlaub in ferne Länder fahre – und das möchte ich gern – dann wünsche ich mir, daß ich als Deutsche akzeptiert werde und schöne Urlaubstage erleben kann. Ohne Angst zu haben, als Ausländer beschimpft zu werden. Darum macht es mich traurig, wie hier bei uns die Ausländer behandelt werden.

Bianka Fetscher, 13 Jahre (Magdeburg/Sachsen-Anhalt)

Durchführung eines Schreibwettbewerbs

Wenn innerhalb der Schule mit diesem Projekt Schüler zum Schreiben aufgefordert werden, ist damit nicht Aufsatzunterricht im traditionellen Sinne gemeint. Zwar wird ein *Rahmenthema* vorgegeben – z. B. „Gewalt" –, aber die Schüler sind in der Wahl ihrer literarischen Mittel frei. Unterschiedlichste Textsorten sind möglich. Die Ergebnisse werden nicht nach den Kriterien des Aufsatzunterrichts korrigiert: Einleitung und Schluß z. B. dürfen, aber müssen nicht sein. Es gibt keine Noten, fraglich ist, ob – selbst wenn ein Jury für eine geplante Veröffentlichung eine Auswahl treffen muß – es bei dieser oder einer ähnlichen Thematik überhaupt eine qualitative Reihenfolge und damit eine Bewertung geben darf. Insofern ist der Begriff Schreib*wettbewerb* natürlich mißverständlich.

Einen Anreiz für die Teilnahme an Schreibwettbewerben bildet oft ein breites Angebot an *Sach- oder Geldpreisen.* Diese könnten, um eine qualitative Bewertung zu vermeiden, an die teilnehmenden Schüler verlost werden. Die wesentliche Motivation muß allerdings aus der Aufgabe selbst erfolgen, d. h. aus der Thematik oder aber aus der Aussicht auf Veröffentlichung der eingereichten Arbeit.

Für eine Veröffentlichung werden die eingereichten Arbeiten vorsichtig in bezug auf Rechtschreibung und Zeichensetzung den geltenden Normen angepaßt. Es empfiehlt sich, auf die Nennung von Namen zu verzichten bzw. diese zu anonymisieren, z. B. „Deutsche Schülerin, 7. Klasse" oder „Türkischer Schüler, 6. Klasse".

Als Möglichkeiten der *Veröffentlichung* bieten sich mit einfachen Mitteln herge-stellte Bücher in Kleinstauflagen an (vgl. dazu die Hinweise auf S. 55 f.), außerdem natürlich die Schülerzeitung. In Einzelfällen wird es möglich sein, eine Vereinbarung mit der Lokalzeitung zu treffen und so mit den Texten einen größeren Leserkreis zu erreichen. Die Veröffentlichung kann natürlich auch bei einer „Autorenlesung" im Rahmen eines Elternabends oder einer ähnlichen Veranstaltung erfolgen.

Grundlage jedes Schreibwettbewerbs ist eine *Ausschreibung*, in der das Rahmen-thema erläutert, der erwartete Umfang angegeben, Abgabetermin und -adresse fest-gehalten und die Art der geplanten Veröffentlichung beschrieben werden. Daß jeder der jungen „Autoren" ein kostenloses Exemplar der aus den Beiträgen entstehenden Veröffentlichung erhält, ist selbstverständlich, sollte in der Ausschreibung aber eben-falls betont werden. Die Ausschreibung legt zudem fest, für welche Zielgruppe der Schreibwettbewerb gedacht ist: Er kann innerhalb einer Klasse oder aber auch für mehrere Jahrgangsstufen einer Schule durchgeführt werden.

Literaturhinweis: *Bockhorst, Hildegard/Weber, Hans (Red.):* „Ich geb's Dir schrift-lich ..." Junge Leute schreiben. Aktionen, Werkstätten, Wettbewerbe. Remscheid: Bundesvereinigung Kulturelle Jugendbildung 1986 (Küppelstein 34, 42857 Rem-scheid). *Rusch, Regina (Hrsg.):* Gewalt – Kinder schreiben über Erlebnisse, Ängste, Auswege. Frankfurt am Main 1993. *Filipović, Zlata:* Ich bin ein Mädchen aus Sara-jevo. Bergisch Gladbach 1994.

Varianten

Rahmenthemen für innerschulische Schreibwettbewerbe (z. T. in Anlehnung an Schreibwettbewerbe verschiedener Organisationen):
- Ich bin in einem fremden Land
- So leben die anderen
- Ein Flüchtling in unserer Stadt
- Angst vor den andern
- Freunde suchen – Freunde finden
- Deine, meine – eine Welt
- Unsere Klasse – Kinder aus vielen Ländern

Nicht alle schauen zu:
Mitmischen – Eingreifen – Gestalten

▶ *Neu und fremd an der Schule – Starthilfe durch die Klasse*
(Johanna Heiß)

Jahrgangsstufe: 5-10
Fächer: Deutsch, Sozialkunde, Kunsterziehung
Unterrichtsziel/Projektergebnis: Einrichtung einer Arbeitsgemeinschaft, die ausländische Mitschüler beim Beginn in der neuen Schule betreut, oder: Ansprechpartner in jeder Jahrgangsstufe finden.

Schritte zur Durchführung

ˢ Diskussion über Schwierigkeiten, die sich bei einem Schulwechsel ergeben.

ˢ Sensibilisierung für die Problematik von Schülern, die die deutsche Sprache nicht beherrschen: Ein ausländischer Mitschüler berichtet in der Muttersprache über das Herkunftsland, die Familie ... oder ein ausländischer Kollege unterrichtet in der Muttersprache in der Klasse. Die Wirkung bei den deutschen Schülern dürfte sein: Ich verstehe nichts.

ˢ Bereiche recherchieren, in denen wir als Klassenverband, als einzelne Hilfestellung leisten können. Erfahrungsberichte von Schülern, die schon länger an der Schule sind, einbeziehen.

ˢ Mögliche Diskussion in Gruppen: Hilfen in der Klasse – Orientierung im Schulhaus – Vermittlung von Schülern, die dolmetschen können – Hausaufgabenhilfe – Freizeitangebote – Unterstützung beim „Deutschlernen".

ˢ Tips in schriftlicher Form an alle Jahrgangsstufen weitergeben.

ˢ Gruppenarbeit zur Organisation einer AG (ggf. ausländische Kollegen um Hilfestellung bitten): Verfassen eines Willkommensgrußes für neue ausländische Mitschüler in mehreren Sprachen mit Angabe von Ansprechpartnern im Schulhaus – Vorschläge für die Zusammenarbeit von Schulleitung, Klassenleitung und AG, um schnellen Kontakt von ausländischen Mitschülern zur AG zu ermöglichen.

ˢ Gestaltung einer Informationstafel am schwarzen Brett: „Deine Ansprechpartner an der neuen Schule." – „Neue Mitschüler stellen sich vor."

⁵ Statt der Tafel am schwarzen Brett Informationsseite in der Schülerzeitung oder monatliches Info-Blatt für die Schule gestalten.

⁵ Einrichtung einer AG an der Schule unter der Mitarbeit interessierter Schüler: Vorstellung in den Klassen, durch die Schülerzeitung, durch Plakate am Schwarzen Brett.

⁵ Zusätzlich zur Vorstellung in der Schule: Hinweise und Plakate in Flüchtlingsunterkünften und Übergangswohnheimen zur AG.

Literaturhinweis: Ein Programm zum selbständigen Deutschlernen, das gut geeignet für Partnerlernen ist, (Lösungen, Spiele sind integriert, Kassetten): Schritt für Schritt. Selbständig Deutsch lernen. Band 1 und 2. Hannover 1992.

▶ *Klassenpartnerschaft in der Schule*
(Karl Rauscheder)

Jahrgangsstufe: 5-9

Neben Regelklassen gibt es in vielen Schulen eine zunehmende Zahl von besonderen Klassen, in denen neu nach Deutschland eingewanderte Schüler ohne oder mit geringen Deutschkenntnissen auf den Übertritt in eine Regelklasse vorbereitet werden. Gegenüber der sofortigen Einschulung in Regelklassen haben diese Klassen den Vorteil eines differenzierten, systematischen Deutschunterrichts, eines auf das Sprachniveau und die Bedürfnisse der ausländischen Schüler abgestimmten Sachunterrichts und häufiger Unterrichtsgänge zur Erkundung der außerschulischen Umwelt. Andererseits fallen die sozialen und sprachlichen Kontakte zu deutschen Klassenkameraden weg. Dadurch haben viele Schüler über den Unterricht hinaus nur wenige Kontakte zur neuen Sprachumwelt. Das hat oft zur Folge, daß sie wohl ihren Lehrer, andere Muttersprachler aber kaum verstehen können.

Obwohl in jeder Schule einige Hundert mögliche Sprachpartner zur Verfügung stehen, wird die Möglichkeit, kommunikative Kompetenz durch echtes Sprachhandeln mit gleichaltrigen Muttersprachlern natürlich zu erwerben, institutionell nicht gefördert. Ganz im Gegenteil bleiben solche Klassen – oft räumlich wie sozial von den anderen Klassen getrennt – in vielen Schulen Fremdkörper und stellen Ziele für ausländerfeindliche Attacken dar. Beim Übertritt nach maximal zwei Jahren sind bisweilen schon auf beiden Seiten Aversionen aufgebaut, die eine Integration erschweren.

Ziele und methodische Überlegungen

In dieser Situation entstand die Idee eines Projekts (konzipiert und durchgeführt an der Hauptschule Wiesentfelser Straße in München gemeinsam mit Gabi Busch, Clauda Bzduch, Beate Dippold und Monika Landes), das Schüler der Übergangsklasse mit den Schülern der Regelklasse, in die sie voraussichtlich integriert werden würden, zusammenführt. Dabei sollten sich die gemeinsamen Aktivitäten nicht auf Schulfeiern und Ausflüge beschränken, sondern regelmäßig in den Unterricht einbezogen werden.

Ziele des Projektes waren: Gegenseitiges persönliches Kennenlernen und Entwickeln eines klassenübergreifenden Wir-Gefühls, Toleranz für kulturelle Unterschiede aus interkultureller Betrachtung diverser Unterrichtsgegenstände und Gegebenheiten des täglichen Lebens, Verbesserung der kommunikativen Kompetenz der Schüler der Übergangsklassen sowie Sprachreflexion bei Schüler der Regelklasse, Anregen von verantwortlichem und selbstverantwortlichem Lernen.

In Gesprächen zwischen Kollegen der Übergangs- und der Regelklassen entwickelte sich die Idee einer Klassenpartnerschaft. Für den gemeinsamen Unterricht entstanden folgende didaktischen Grundüberlegungen:

ˢ Die Aktivitäten und Unterrichtsformen sollen so attraktiv sein, daß möglichst alle Schüler interessiert sind, an ihnen teilzunehmen.

ˢ Eine echte, inhaltsbezogene Kommunikation zwischen den Schülern aus beiden Klassen muß durch die Aufgabenstellung notwendig werden.

ˢ Neben den sprachlichen Zielen (der Lehrer) sollen für die Schüler Themen und angestrebte Ergebnisse (möglichst Produkte) klar erkennbar sein, die ihnen unabhängig von Noten ihre Leistung deutlich machen.

ˢ Der gemeinsame Unterricht soll einerseits persönlichem Kennenlernen dienen, andererseits Wissen über die Kultur des Partners vermitteln und zur Diskussion über unterschiedliche Sichtweisen anregen.

ˢ Das Arbeitsmaterial muß so gestaltet sein, daß die Schüler in Klein-/Partnergruppen möglichst selbständig arbeiten können und auf verschiedenen Wegen zu unterschiedlichen Ergebnissen kommen können.

ˢ Jede gemeinsame Arbeit soll Elemente enthalten, in denen die Schüler der Übergangsklasse maßgeblich am gemeinsamen Erfolg beteiligt bzw. den meist jüngeren Schülern der Regelklasse überlegen sind.

ˢ Der gemeinsame Unterricht soll während der regulären Unterrichtszeit ablaufen, den sonstigen Schulbetrieb aber nicht stören.

Die Umsetzung dieser Ansprüche schien nur in projektorientiertem Unterricht möglich. Darunter verstanden wir allerdings nicht nur große vielschichtige Klassenprojekte mit dem Ziel einer Präsentation nach außen. Auch die Lösung begrenzter Aufgaben bzw. das Erzeugen kleiner Produkte in freier, gemeinsamer Arbeit betrachteten wir als projektorientiert. In der Anfangsphase war sogar eine sehr genaue Anleitung nötig, um den Schülern die Gewöhnung an die Unterrichtsform zu erleichtern und Sprachmittel für die gemeinsame Kommunikation zur Verfügung zu stellen.

Viele der genannten Grundüberlegungen hatten zum Ziel, von Schülern, Eltern und Schulorganisationen akzeptiert zu werden. Auch der zeitliche Rahmen von 1-2 Unterrichtsstunden/Woche (bei Exkursionen ein ganzer Vormittag) ergab sich daraus.

Themen – Projektinhalte

Die konkrete Auswahl von Themen/Projekten und die Vorbereitung des Materials erfolgten stets in enger Zusammenarbeit der Lehrer in Anlehnung an die Lehrpläne der Klassen. Hier einige Beispiele:

⁵ Kennenlernen (Kennenlernen im Spiel, Abbau von Angst, Frage-und-Antwort-strukturen);

⁵ Vertrauensspiele (nonverbale Kommunikation, Kennenlernen);

⁵ Erstellen eines Plans des Schulhauses und der Schulumgebung;

⁵ Stellwand jeweils für das Zimmer der Partnerklasse: Wir stellen uns vor (Bilder, Schattenrisse, Steckbriefe erstellen und zuordnen);

⁵ Sportliche Aktivitäten wie Tischtennis, Jonglieren, Eislaufen;

⁵ Wissen- und Geschicklichkeitsrallye im nahen Wald/Dorf/Stadtteil;

⁵ Rallye im Tierpark (Planlesen, Oberbegriffe);

⁵ Nachzeichnen einfacher Figuren nach verbalen Beschreibungen des Partners, der seine Vorlage für den Zeichner unsichtbar hält;

⁵ Kurzführer für Schüler zur Innenstadt (Planlesen, Kennenlernen der Alt-/Kreisstadt);

⁵ Fragenkataloge für Betriebserkundungen vorbereiten;

⁵ Projekt: Gemeinsamer Schullandheimaufenthalt (Lebensgewohnheiten);

⁵ Lesebuch für Sprachlerner: Verfassen/Aufbereiten je eines Textes wie ein easy reader;

⁵ Erarbeiten, Einstudieren, Aufführen eines Theaterstückes;

⁵ Klassenzeitschrift/Zeitungswand;

⁵ Projekt: Landwirtschaft/Stadtentwicklung in Deutschland und anderswo;

⁵ Origami-Ausstellung (Faltanweisungen geben und verstehen);

⁵ Bauen und Starten von Drachen (freies und produktorientiertes Sprechen, Fachwortschatz);

⁵ Collagen zu verschiedenen Themen;

ˢ Projekt: Wohnen in Deutschland und Wohnungssuche, -größe, -einteilung, -mieten usw. (Bei ausländischen Schülern muß in Wohnsituation in Deutschland und ihren Heimatländern unterschieden werden.) Ziel: Ausstellung oder Broschüre;

ˢ Broschüren: Freizeitaktivitäten in unserem Viertel/Freundschaft und Liebe in Deutschland usw.;

ˢ Erlernen von Liedern, Tänzen usw.;

ˢ Vorbereiten eines multikulturellen Schulfestes;

ˢ Erarbeiten und Darbieten von RAP-Strophen (Sprachrhythmus, Reime, Darstellung von Jugendproblemen im Stadtviertel);

ˢ Ausstellung von Schaubildern: Vergleiche von Schulsystemen, Berufsausbildungssystem, Familienstrukturen usw.

Planung und Durchführung von Einheiten

Neben der Themenfindung mußten sich die Kollegen stets über Zeitpunkt, zeitlichen Umfang, Organisationsform, Differenzierungen, Art und Form der benötigten Anweisungen, Arbeitsmaterialien und Arbeitsteilung bei der Erstellung bzw. Besorgung von Material verständigen. Nach kurzer Zeit konnte dieser Mehraufwand in der Regel in Pausen und Freistunden erledigt werden. Durch die Arbeitsteilung bei der Materialerstellung wurde er wieder aufgewogen.

An Beginn jeder Einheit stand die Partnerwahl, die von den Lehrern nur in Problemfällen beeinflußt wurde. Innerhalb eines Projekts blieben die Partner verbunden. In einigen Fällen bildeten sich feste Partner-/Dreiergruppen heraus. Je nach Thema arbeiteten alle Partner-/Kleingruppen in einem Raum oder verteilten sich auf beide Klassenzimmer.

Trotz des steten Bemühens um Material, das sich selbst erklärt, wünschten die Schüler in der Regel eine mündliche Einführung der Aufgaben/Ziele sowie der möglichen Sprachmittel zu Beginn einer Einheit. Im weiteren Verlauf zogen die Lehrer sich auf die Position der Beobachter und Ansprechpartner zurück. Oft blieb Zeit zu Einzelgesprächen und Beobachtungen. Besonders angenehm war dabei, daß alle Gespräche der Partner unabhängig vom Inhalt dem Ziel des echten, kommunikativen Sprechens dienten. Da zudem alle Schüler beschäftigt waren, stellte die Disziplin kein großes Problem dar.

Am Ende jeder Einheit konnten/mußten die Kleingruppen ihre Produkte beiden Klassen präsentieren und erklären. Hier konnten die Gruppen ihre Leistungen vergleichen und selbst einschätzen. Häufig wurden diese prämiert. Die Lehrer waren stets bemüht, den Schülern beider Klassen den Lernzuwachs während der Einheit deutlich zu machen. Die Schüler der Regelklasse erfuhren, daß mit Ausnahme der Sprache die Partner aus der Übergangsklasse ihnen in nichts nachstanden.

Exemplarische Einheiten

„Plan der Schulumgebung" steht ziemlich am Anfang des Projekts zur Klassenpartnerschaft. Die Schüler haben noch wenig Erfahrung in der neuen Unterrichtsform und kennen sich nur wenig. Die Kommunikation ist in der Regel noch durch die geringen Deutschkenntnisse der ausländischen Schüler behindert. Obwohl die Schüler aus diesen Gründen durch Vorgaben relativ eng geführt werden, können sie doch in freier Gestaltung der Arbeitsabfolge, freier Konversation und freier Schwerpunktsetzung auf ein gemeinsames Produkt hinarbeiten. In diesem Sinn wird die Einheit als projektorientiert verstanden.

Am Anfang erhalten die Partnergruppen (Dreiergruppen) je ein Blatt mit Arbeitshinweisen (s. S. 153) und Fragen sowie eine Rohform des Umgebungsplans (s. S. 154). Die Arbeitsanweisungen und der zeitliche Arbeitsverlauf werden zudem mündlich vorbesprochen. Besonders auf die zeitlichen und räumlichen Vorgaben sollte man mehrmals eingehen. Während der Hauptphase durchstreifen die Gruppen das bezeichnete Gelände allein und versuchen den Plan zu verstehen bzw. nach den Anweisungen zu ergänzen. Die Lehrer sind stets im Freien präsent, greifen aber möglichst nicht in das Geschehen ein.

In einer ruhigen Phase am Ende gestalten die Gruppen den Plan aus (Farben wie im Stadtplan). Das Kontrollblatt (s. S. 154) sollten in erster Linie die ausländischen Schüler beantworten, um den Lernzuwachs evident zu machen. Entgegen unseren Erwartungen sind stets auch die Schüler der Regelklasse zu einem großen Teil an einer Kopie des Plans interessiert.

Als weiteres Beispiel sei die Erstellung eines Lesebuchs für Sprachlehrer nach dem Muster von easy reader dargestellt. Dieses Projekt kann im Verlauf der Zusammenarbeit immer wieder aufgegriffen werden und Texte aus unterschiedlichen Fachgebieten umfassen. In einer geführten Phase erschließen die Partner einen Text aus je einem easy reader (deutscher Originaltext vereinfacht + Worterklärungen + phonetische Hinweise + Bilder + kurze Kapitelzusammenfassungen) und einem Band mit zweisprachig dargestellten Erzählungen:

⁵ Inhalt kurz zusammengefaßt (5 Sätze);
⁵ unbekannter Wortschatz;
⁵ Unterschiede zu einem „normalen" Text (s. o.);
⁵ Welche Wörter sind erklärt (nicht alle, sondern nur schwierige und für die Sinnerfassung unverzichtbare);
⁵ Lautes Lesen des Sprachlerners – Korrektur der Aussprache durch den Regelschüler – Darstellung in Lautschrift;
⁵ Vereinfachen schwieriger Sätze.

Wir zeichnen einen Plan der Schulumgebung

Heute sollst Du mit Deinem Partner die Gegend rund um die Schule erkunden.

Ein Plan zeigt, welchen Bereich Ihr anschauen sollt. Versucht zuerst, den Plan zu verstehen.

Geht nicht weiter, als die Aufgabe es verlangt!
Überquert die Straße nur an der Ampel!

1. Geht zu folgenden Punkten und tragt sie in Euren Plan ein:

(Was kann man dort kaufen? 2 Waren)

a) das Zentrum: - die Bäckerei _____

               - die Bank _____

               - der Supermarkt _____

               - die Eisdiele _____

               - der Schuster _____

               - der Blumenladen _____

               - die Drogerie _____

               - der Katra-Markt _____

               - die Stadtbücherei _____

               - der Schreibwarenladen _____

b) das Freizeitheim

c) der Fußball-Sandplatz

d) die Tischtennisplatten

e) die große Spielwiese   Schreibt die Namen an die

f) der Rodelberg   richtige Stelle im Plan.

g) die beiden Kindergärten

h) die Bushaltestelle

i) das Haus von Herrn Holmer

Verfolgt Euren Weg auf dem Plan! Schaut Euch besonders "a - i" in Ruhe an!

Sprecht deutlich! Sprecht viel Deutsch!!! Wiederholt neue Wörter mehrmals!

2. **Kehrt spätestens bis _____ Uhr ins Klassenzimmer zurück!**

Malt den Plan wie folgt aus: Häuser, Kirche, Läden etc. ------------> rot

                             Autostraßen ------------> gelb

                             Wiesen, Grünanlagen, Bäume -----------> grün

                             Parkplätze -----------> grau

3. Dreht den Plan um und löst das Kontrollblatt aus dem Kopf!

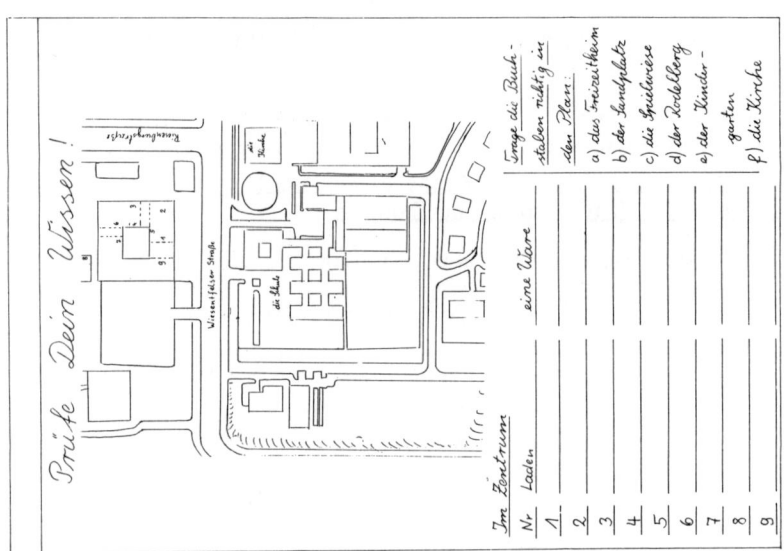

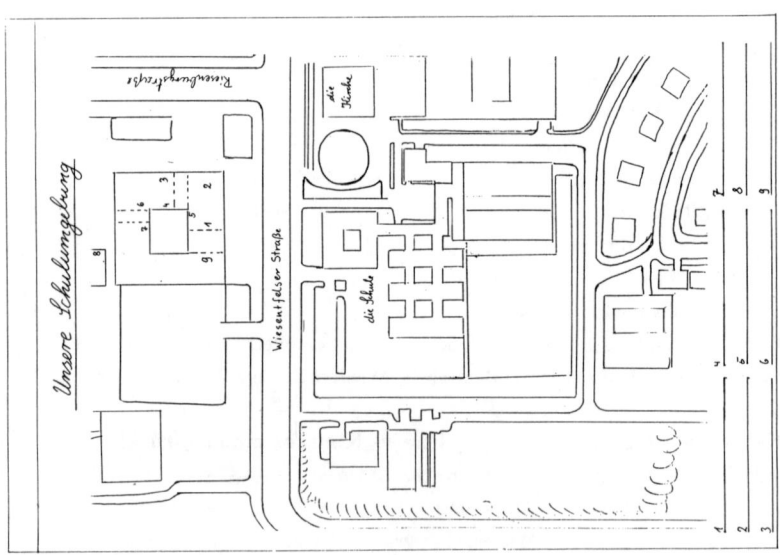

Nach dem Aufbau des Wissens über Textentlastung haben die Schüler die Aufgabe, sich selbst Texte zu suchen, die sie interessieren, um sie in Partnerarbeit nach dem erlernten Schema aufzubereiten. Für Schüler, die von zu Hause keine Texte mitbringen, stellen die Lehrer Lesebücher, Zeitschriften, Sachbücher usw. zur Verfügung. Die Schüler sollen den Inhalt ihres Textes in wenigen Sätzen zusammenfassen, wichtige Wörter durch Umschreibungen, Bilder aus Zeitschriften oder Zeichnungen erklären, Sätze vereinfachen und schwer lesbare Wörter lautschriftlich darstellen. Dabei sind die Schüler der Übergangsklasse die Informanten bezüglich problematischer Stellen, während die Schüler der Regelklasse sprachliche Hilfen geben. Häufig sind letztere jedoch nicht in der Lage, einfache Erklärungen zu finden. In diesen Fällen steht der Lehrer für Erklärungen oder Hinweise auf Informationsquellen zur Verfügung. Nach der Aufbereitung muß der Text sauber geschrieben und so dargestellt werden, daß die notwendigen Erklärungen dort präsent sind, wo sie gebraucht werden. Zuletzt wird der Text, wo möglich, mit Illustrationen versehen und mit den Ergebnissen der anderen Gruppen zusammengeheftet.

Texte in den Muttersprachen der ausländischen Schüler werden von diesen in Deutsch nachempfunden (später übersetzt), von den deutschen Schülern in ständiger Rücksprache mit den ausländischen in Schriftsprache gefaßt und anschließend wie oben beschrieben gemeinsam überarbeitet. Solche Texte werden in beiden Sprachen aufgeschrieben. Die fertigen Heftchen werden kopiert und an alle interessierten Schüler ausgegeben.

Erkenntnisse, Ergebnisse, Folgen

Die Schüler der Regelklasse zogen psychischen Nutzen aus der Tatsache, daß sie eine sinnvolle Aufgabe hatten und ernst genommen wurden, ein Gefühl, das für Schüler der 5. und 7. Hauptschulklasse besonders wichtig ist. Gerade daraus entwickelte sich aber ein Problem für das Projekt: Schüler der Regelklassen gefielen sich in einer „Lehrerrolle" – einige mit rüdesten Lehrermanieren. Manche Schüler der Übergangsklasse hatten Probleme, sich von Mitschülern in ihrem Deutsch korrigieren zu lassen bzw. sich der Führung der sprachgewandteren Schüler der Regelklasse zu überlassen.

Diese Probleme wurden durch Gespräche im jeweiligen Klassenverband und anschließende Diskussionen mit der Partnerklasse bearbeitet. Die Lehrer zeigten Video-Aufzeichnungen gelungener und gestörter Partnerarbeit. An diesen diskutierten die Schüler produktive und weniger sinnvolle Verhaltensweisen. In einzelnen Fällen beteiligten sich Schüler vorübergehend nicht am gemeinsamen Programm und erhielten Einzelaufgaben.

Im allgemeinen hatte jedoch der größte Teil der Schüler viel Spaß am gemeinsamen Unterricht und bewertete ihn bei Umfragen stets überwiegend positiv.

Die sprachlichen Erfolge waren nur schwer exakt nachzuweisen. Es war jedoch zu beobachten, daß die Schüler sich auch mit geringen Mitteln verständigen konnten und die Schüler der Übergangsklasse die Scheu verloren, sich mitzuteilen. Wenn sich auch nur wenige der erhofften langfristigen Freundschaften ergaben, so bewirkte das intensive gegenseitige Kennenlernen, daß die Übergangsklasse innerhalb der Schule nicht so isoliert war wie in den vorangegangenen Jahren. Über die gemeinsamen Aktivitäten hinaus waren viele Kontakte in den Pausen sowie vor und nach dem Unterricht zu beobachten.

Früher und zahlreicher als in vorangegangenen Jahren frequentierten die Schüler der Übergangsklasse das Freizeitheim und Sportvereine.

Wie bei vielen Projekten lassen sich die erzieherischen und sprachlichen Fortschritte der Schüler nur schwer dokumentieren. Nicht alle Schüler, denen wir das Projekt anboten, waren nur begeistert. Dennoch scheinen die dargestellten Ergebnisse und die Tatsache, daß Schüler stets den Partnerunterricht vorzogen, ein Grund zu sein, ein solches Projekt neben regulärem Klassenunterricht anzubieten. Sinnvoll scheint es überall dort, wo ausländische Schüler vorübergehend oder auf Dauer getrennt unterrichtet werden. Zu überlegen wäre auch, ob nicht ein Tutorenunterricht älterer mit jüngeren Schülern auf der oben genannten Basis etwas mehr Leben und Sprechpraxis in jeden Fremdsprachenunterricht bringen könnte.

Literaturhinweis: *Dreke, M./Lind, W.:* Wechselspiel. Berlin 1986 (Materialien für Partnerarbeiten). *Gaies, St. J.:* Peer Involvement in Language Learning. Prentice-Hall Inc. 1985. *Hahn, M.:* Begegnung mit ausländischen Mitschülern als Chance für ein gestaltetes Schulleben. In: Pädagogische Welt 7/1988, S. 322-326. *Lohfert, Wolfgang:* Kommunikative Spiele für Deutsch als Fremdsprache. München 1982 (Material für Partnerarbeiten). *Müller, M./Wertenschlag, L./Wolff, J. (Hrsg.):* Autonomes und partnerschaftliches Lernen. Berlin/München 1989. *Nakipoglu-Schmiang, Berin:* Birlikte Ögrenelim – Gemeinsames Lernen. Deutscher Volkshochschul-Verband, Frankfurt 1991. *Pommerin, G./Jehle-Santoso, B./Bozikake-Leisch, E. (Hrsg.):* Es geht auch anders! Leben und Lernen in einer multikulturellen Gesellschaft. Frankfurt 1992. *Steinig, Wolfgang:* Partnerschaftliches Lernen mit remigrierten und einheimischen Schülern im Deutschunterricht der Herkunftsländer ausländischer Arbeitnehmer. In: Zielsprache Deutsch 21/1 1990, S. 24-34. *Wolf, Jürgen:* Das Tandem-Konzept und die „Interkulturellen Zentren". In: Jahrbuch Deutsch als Fremdsprache 11/1985, S. 271-284.

▶ *Schüler machen einen zweisprachigen Stadt(teil)führer*
(Wolfgang Schierl)

Jahrgangsstufe: 5-7
Fächer: Deutsch, Erdkunde, Geschichte, Muttersprache
Unterrichtsziel/Projektergebnis: Stadtführer, in dem die Sehenswürdigkeiten auch in der Landessprache der ausländischen Mitschüler beschrieben werden.

Schritte zur Durchführung

ˢ Grundlage könnte der fast in jedem größeren Ort käufliche Stadt(teil)führer sein.

ˢ In Arbeitsgruppen erkunden Schüler die entsprechenden Orte, lesen nach, was sie darüber aus dem Führer erfahren, und überlegen, wie sie diese Informationen z. B. übersetzen und in einer eigenen Broschüre präsentieren können.

ˢ Wichtig ist bei diesem Projekt, daß einheimische und ausländische Schüler gemeinsam an dem Stadtführer arbeiten.

Varianten

ˢ Wir gestalten den offiziellen Stadt(teil)führer so um, daß ausländische Mitschüler wichtige Einrichtungen, z. B. Ämter, Geschäfte, Dienstleistungsunternehmen, Spielplätze, Schwimmbad, Disco usw. auch in ihrer Landessprache lesen können.

ˢ In größeren Städten ist es sinnvoll, sich auf einen Stadtteil zu beschränken oder auf die Innenstadt, damit die Aufgabe überschaubar bleibt.

▶ *Nicht alle schauen zu – Dokumentation zu Aktionen gegen Ausländerfeindlichkeit*
(Petra Hölscher)

Jahrgangsstufe: 6-10
Fächer: Religion, Ethik, Deutsch
Unterrichtsziel/Projektergebnis: Zeitung, Ausstellung.

Schritte zur Durchführung

ˢ Aus Pressemeldungen, Fernsehen usw. werden Beispiele von Aktionen gegen Ausländerfeindlichkeit gesammelt: Aufrufe, Plakate, Lichterketten, usw.

Literaturhinweis: „Fremden begegnen – sich begegnen". Der Verein „Kunst für Begegnungen e. V." will mit künstlerischen und therapeutischen Mitteln Gewaltbereitschaft und Intoleranz bei Jugendlichen abbauen und die Bereitschaft zum multikulturellen Zusammenleben fördern.

An der Plakataktion „Fremden begegnen – sich begegnen" beteiligten sich viele namhafte Schriftsteller und Künstler. Die Plakate, die zunächst in München auf Großplakatwänden zu sehen waren, sind im kleineren Format in einer Mappe erhältlich, die zum Selbstkostenpreis vertrieben wird durch: Kunst für Begegnung e. V., Fremden begegnen – sich begegnen, Zieblandstraße 19, 80799 München.

„Plakate gegen Gewalt und Fremdenhaß" – ca. 150 Ergebnisse des Plakatwettbewerbs sind als Katalog erhältlich beim Verein für Kommunalwissenschaften e. V., Straße des 17. Juni Nr. 112, 10623 Berlin.

Der Kinospot „Umfrage" gegen Ausländerfeindlichkeit wurde von zwölf baden-württembergischen Städten gefördert und in Zusammenarbeit mit dem Ausländerbeauftragten der Stadt Ravensburg produziert. Der Filmspot, der alle jene erreichen soll, die eine ablehnende Haltung gegenüber Ausländern einnehmen, ist bereits in vielen Städten im Kinovorprogramm gezeigt worden. Der Filmspot ist als 35-mm-Kinokopie zu kaufen oder als VHS-Kassette gegen eine Schutzgebühr zu erhalten. Bezug: Frey Film GmbH, Ittenbeuren 5, 88212 Ravensburg.

Neo-Nazi als „Schwarzer Peter"

Schweinfurt (dpa) - Ob Deutsche oder Ausländer - Schweinfurts Schülerinnen und Schüler sitzen künftig "alle in einem Bus". So lautet das Motto eines Karten-Quartettspiels, mit dem die Stadtwerke bei rund 10 000 Kindern von der ersten bis zur fünften Klasse gegen Ausländerfeindlichkeit werben wollen. Als "Schwarzer Peter" ist ein angetrunkener Nazi abgebildet, der den Arm zum "Hitlergruß" ausstreckt. Die Schüler erfahren auf den Spielkarten etwas über die Geographie einzelner Länder wie die Türkei, Rußland oder die USA, über bekannte Automarken, Musikgruppen und Sportler sowie die "typische Kopfbedeckung". Damit sollen sie zu Toleranz gegenüber Menschen mit anderer Hautfarbe und anderer Sprache ermutigt werden.

Entnommen aus: Süddeutsche Zeitung vom 20.10.93

Farbe bekennen – wir tragen Sticker
(Isolde Eberhard/Petra Hölscher)

Jahrgangsstufe: 5-10
Fächer: Deutsch, Sozialkunde, Kunsterziehung
Unterrichtsziel/Projektergebnis: Sticker mit einem guten Slogan herstellen und verkaufen.

Schritte zur Durchführung

5 Lesen von Zeitungsberichten als Hintergrundinformation;
5 Recherche und Ideenwettbewerb für den besten Slogan;
5 Auswahl in der Klasse oder durch ein Schülerforum, mit Beteiligung von ausländischen bzw. betroffenen Schülern, die Konflikten ausgesetzt sind;
5 Gruppenarbeit (innerhalb der Klasse oder klassenübergreifend) zur Organisation: Finanzierungsplan, Briefe an Geldgeber, Ermitteln des Herstellers (Die einfach zu bedienenden Geräte sind oft vorhanden bei Sparkassen, Sportvereinen, Betrieben.), Preisvergleich;
5 Entwurf und Gestaltung im Unterricht: Der Text muß lesbar sein. Schrift und Text stehen in einem Zusammenhang. Welche Farbe signalisiert die Absicht, die Botschaft?
5 Herstellung der Sticker;
5 Der Verkauf sollte abzüglich der Spenden kostendeckend kalkuliert sein.

Varianten

5 Weitere Werbeträger für den Slogan könnten sein: Aufkleber, T-Shirts, Plakate, Flugblätter, Bauzäune, Litfaßsäulen. Entsprechend Ideenwettbewerbe durchführen.

▶ *Filmabende gegen Ausländerfeindlichkeit*
(Wolfgang Schierl)

Jahrgangsstufe: 8-10
Fächer: Deutsch, Muttersprache, Religion, Ethik, Sozialkunde
Unterrichtsziel/Projektergebnis: Schüler organisieren zusammen mit ihren Lehrern, interessierten Eltern (Elternbeirat), außerschulischen Jugendorganisationen einen (regelmäßigen) Filmabend an der Schule (für Schüler und Eltern).

Schritte zur Durchführung

Verschiedene Medien haben themenorientierte Filmkataloge zur Ausländerfeindlichkeit, zum Rechtsradikalismus, zu Gewalt in der Gesellschaft zusammengestellt. In diese Angebote sind auch zahlreiche Filme für Kinder und Jugendliche aufgenommen.

5 Die Schüler gründen eine (schulartübergreifende) Arbeitsgemeinschaft Film. Diese Arbeitsgemeinschaft setzt sich zum Ziel, interessierten Mitschülern z. B. Filme zum Thema Ausländerfeindlichkeit vorzuführen und darüber zu diskutieren.

5 Zuerst besorgen sich die Mitglieder der Arbeitsgemeinschaft einschlägige Filmkataloge. Sie informieren sich über das Filmangebot, die Verleihbedingungen und die erforderliche Apparateausstattung. Sie suchen nach Räumen und Sponsoren. Sie stellen ein Programm für einen oder mehrere Vorführtermine zusammen.

5 In einer Umfrageaktion eruieren sie die Interessen bei Mitschülern, Lehrern, Eltern und Jugendlichen. Sie entwerfen Filmplakate, formulieren Einladungen und Pressetexte.

5 Jeder Film wird zuerst in der Arbeitsgemeinschaft angesehen und diskutiert. Mit Hilfe der mitgelieferten mediendidaktischen Materialien wird in der Arbeitsgemeinschaft eine Diskussion für die öffentliche Vorführung vorstrukturiert. Nach der Vorführung versuchen die Mitglieder der Arbeitsgemeinschaft, eine Diskussion über den Film mit den Zuschauern zu führen.

Medienhinweise: Die Bundeszentrale für politische Bildung in Bonn (Postfach 2325, 53013 Bonn) legte 1992 in der Reihe „Themenorientierter AV-Medienkatalog" den Band „Gewalt, Ausländerfeindlichkeit, Rechtsradikalismus" vor.
In einer sogenannten Brennpunkt-Broschüre macht die Landesmedienstelle Hannover (Niedersächsisches Landesverwaltungsamt – Landesmedienstelle, Stiftstraße 13, 30159 Hannover) unter anderem auch auf das Medienangebot zu den Themen Außenseiter, Fremde, Gewalt aufmerksam.
Der Landesfilmdienst hat eine Liste zum Thema „Fremdsein in Deutschland" herausgegeben. Darin sind die vorhandenen Dokumentar- und Informationsfilme und

auch Spielfilme zum Thema Ausländer, Aussiedler, Asylbewerber verzeichnet. Die Liste kann angefordert werden beim Landesfilmdienst in 86150 Augsburg, Prinzregentenplatz 14; 80802 München, Dietlindenstr. 18; 90429 Nürnberg, Fürther Str. 80a; 97070 Würzburg, Kardinal-Döpfner-Platz 5. (Siehe auch die Medienaufstellung in diesem Buch S. 177 ff.) Diese Kataloge enthalten neben ausführlichen Filmbeschreibungen auch mediendidaktische Hinweise. Filme mit dem Schwerpunkt Interkulturelles Lernen, z. B. zur Einführung in verschiedene Herkunftsländer oder zur Problematik der Integration, s. Aufstellung der Medien S.171 ff.).

Unsere Klasse engagiert sich in einer Flüchtlingsunterkunft
(Johanna Heiß)

Jahrgangsstufe: 5-10
Fächer: Deutsch, Sozialkunde, Musik, Sport, Hauswirtschaft
Unterrichtsziel/Projektergebnis: Gestaltung eines Projekttages in einer Flüchtlingsunterkunft.

Schritte zur Durchführung

˙ Sammeln und Zusammenstellen von Informationen aus den Medien: Woher kommen Flüchtlinge? Warum kommen sie? Welche Unterstützung erhalten sie?
˙ Herstellen eines Informationsgeheftes zum Thema: Flüchtlinge leben bei uns. Möglich sind auch Wandzeitung im Klassenzimmer oder im Schulhaus, Veröffentlichung in der Schülerzeitung.
˙ Kontaktaufnahme zu einer Flüchtlingsunterkunft über die Gemeinde, Sozialarbeiter, ehrenamtliche Mitarbeiter von Initiativen, Wohlfahrtsverbände oder Kirchen; Schulleitung in jedem Fall in das Vorhaben einbeziehen;
˙ Einladung einer Flüchtlingsfamilie in die Schule (evtl. Familie von Mitschülern);
˙ Gesprächsrunde in der Schule mit der Klasse, Flüchtlingen, Sozialarbeitern, ehrenamtlichen Mitarbeitern von Initiativen als Teilnehmer. Themen der Runde könnten sein: Unter welchen Umständen leben Flüchtlinge in den Heimen? Was brauchen sie an Hilfe? Wie kann unsere Klasse aktiv werden?
˙ Gruppenarbeit zur Organisation eines gemeinsamen Projekttages in einer Flüchtlingsunterkunft. Bei der Vorbereitung Schülereltern einbeziehen, ebenso interessierte Mitschüler aus allen Jahrgangsstufen einladen. Mögliche Vorhaben für den

Projekttag könnten sein: Basar mit Spielsachen, Kleidung usw., gemeinsame Spiele, sportliche Aktivitäten, Musik und Tänze, Minisprachkurs in Deutsch und einer uns fremden Spraehe, gemeinsames Kochen;

⁵ Finanzierung und Raummöglichkeiten abklären;

⁵ Durchführung des Projektes, auch Eltern dazu einladen;

⁵ Dokumentation für die Presse erstellen, oder: Wandzeitung in der Schule, in der Flüchtlingsunterkunft;

⁵ Fortsetzung der Gruppeninitiativen (auf freiwilliger Basis) über den Projekttag hinaus.

Varianten

⁵ Es ist sicherlich sinnvoll, in einem frühen Stadium des Vorhabens die Raumfrage abzuklären. Wenn in der Flüchtlingsunterkunft keine Möglichkeit für den Projekttag vorhanden ist, müssen – zumindest für einige Vorhaben – Ersatzräume in der Schule, bei der Gemeinde, evtl. den Kirchen organisiert werden.

Medien für interkulturelles Lernen – eine kommentierte Aufstellung für die Grundausstattung einer Bibliothek und Videothek

„Heißt du wirklich Hasan Schmidt?" – Bücher über das Zusammenleben von Kindern und Jugendlichen unterschiedlicher Herkunft, Sprache und Tradition

(Ditmar Heinl)

Die Bücher eignen sich auch als Klassenlektüre, da es sich größtenteils um preisgünstige Taschenbücher handelt. Gleichzeitig können sie als Grundlage für Projekte dienen, wie Theater, Hörspiele oder Produktion von Kassetten.

Türken in Deutschland

Merhaba ... Guten Tag
König, Karin u.a.
Lamuv TB 40. Göttingen 1985
Respektlos, ehrlich und unpathetisch erzählt das 11jährige Mädchen Birgül aus Anatolien von den kleinen Dingen seines Alltags.
Sie schildert ihre Familie, die Wohnung im Frankfurter Stadtteil Bockenheim, den Hort und die Schule, die sie besucht, und die Arbeit des Vaters. So wie Birgül erzählt, werden die Probleme zugleich spannend und auch schon für ihre Altersgenossen einsichtig gemacht. Den anderen Teil ihres Lebens beschreibt sie in der Urlaubsfahrt mit dem vollgepackten Auto durch die Balkanländer und in ihren Heimatort. Der Höhepunkt ist die Hochzeit ihrer Schwester Fergül. Zurück in Deutschland, taucht sie wieder ein in die alten Sorgen der Familie um Wohnung und Arbeit und die Schwierigkeiten mit der deutschen Sprache.

Wir sind doch nicht vom Mond
Hermann, Ruth
rororo rotfuchs TB 47. Reinbek 1987
Das leicht lesbare Buch beschreibt in einzelnen Kapiteln, in denen jeweils ein Problem schwerpunktmäßig behandelt wird, das Leben des 10jährigen Kasim und die Geschichte seiner Familie.
Sein Vater hat die Angehörigen aus einem Dörfchen in Anatolien in die Großstadt Hamburg geholt. Kasim berichtet von den Schwierigkeiten, denen Ausländer im fremden Land begegnen. Vor allem sind es Sprachschwierigkeiten. Sie aber werden nicht behoben, solange die Türken isoliert in „Klein-Istanbul an der Elbe" leben. Darüber hinaus bleiben genug Differenzen, die aus dem Unverständnis gegenüber der jeweils „anderen" Kultur herrühren. Kasim gelingt aber die Anpassung an die neuen Verhältnisse: Er erlernt die deutsche Sprache, seine Familie zieht aus dem Ghetto in ein Haus mit freundlichen deutschen Nachbarn, Kasim besucht das Gymnasium, und eigentlich weist nur noch sein Name auf seine Herkunft hin. Ein optimistisches Buch über eine gelungene Integration in Deutschland.

Keine Hosenträger für Oya
Banscherus, Jürgen
Arena TB 1581. Würzburg 1991
Eine Floßfahrt auf dem Dortmund-Ems-Kanal bildet den Höhepunkt dieses spannenden Kinderromans; eine Floßfahrt, bei der dann alle – im wahrsten Sinne des Wortes – baden gehen.
Sieben Jungen, darunter der Türke Sinan, gründen eine Bande. Ihr Abzeichen sind bunte Hosenträger. Sie beschließen, ein Floß zu bauen. Dabei ist Sinan wichtig, er verfügt über das nötige Know-how. Doch es kommt zum Streit zwischen Sinan und den deutschen Jungen. Klischees und Vorurteile, besonders gegenüber Türken, zeigen ihre unheilvolle Wirkung. Enttäuscht schließt sich Sinan einer Gruppe älterer Jungen an, die auf Ladendiebstahl spezialisiert sind. Sinans Schwester Oya, die Titelheldin, versöhnt geduldig und beherzt Sinan mit seinen Hosenträgerfreunden und bringt ihn von der schiefen Bahn ab.
Das Floß geht zwar grandios zu Bruch, mitsamt den sieben Freunden, den Eltern und Oya natürlich, aber die Beziehungen, die sich trotz aller Hindernisse entwickelt haben, haben gute Chancen, haltbar zu bleiben.

Die Reise nach Tamerland
Mechtel, Angelika
Ravensburger TB 1620. Ravensburg 1987
In der märchenhaften Parabel von der Reise nach Tamerland gelingt es Angelika Mechtel, den jugendlichen Lesern einen Spiegel vorzuhalten.

Emma und Yüksel laufen oft im Park Skateboard. Aber manchmal bekommt Yüksel Heimweh, und dann ist er zu nichts zu gebrauchen. Das versteht Emma nicht, weil es die Türken hier doch viel besser haben. Abends beim Fernsehen schlägt ein kleiner Kerl, der so ähnlich wie ein Flaschengeist aus dem Fernseher gesprungen ist, Emma eine Reise nach Tamerland vor. Emma findet sich mit ihren Eltern tatsächlich in einem Lande wieder, in dem sie niemanden versteht, wo ihre Kleidung Aufsehen erregt und wo völlig andere Sitten herrschen. Ehe Emma zurückkehren darf, muß sie dem Männchen drei Aufgaben erfüllen. Das schafft sie in vielen spannenden Begegnungen mit Tamerländern. Vor allem aber weiß sie nun, wie Yüksel zumute ist, wenn er Heimweh hat.

Engin im englischen Garten
Tekinay, Alev
Ravensburg 1990
Die deutsch schreibende, in München lebende Schriftstellerin Alev Tekinay läßt in dieser spannenden Erzählung den jugendlichen Leser die Zerrissenheit, aber auch die Stärke spüren, die aus der Verschmelzung der verschiedenen Kulturen für die in Deutschland geborene Generation von Türken erwächst.
Bin ich Türke oder Deutscher, wo bin ich zu Hause? 12 Jahre lang hatte sich das türkische Zwillingspaar Engin und Emel eine solche Frage nicht gestellt, denn sie sind in München geboren und dort heimisch. Sie sprechen besser deutsch als türkisch und kennen die Türkei nur vom Urlaub. Plötzlich muß Emel, das Mädchen, ein Internat in Izmir besuchen, denn die Eltern denken an eine Rückkehr. Sie wollen ihre Tochter so erziehen, wie es in der Türkei für ein Mädchen üblich ist. Die Trennung belastet die Geschwister sehr. Emel leidet besonders darunter, daß sie für ihre Klassenkameradinnen eine „Ausländerin" ist.

Hamide spielt Hamide
Schwarz, Annelies
dtv junior 7864. München 1986
Theaterspielen – zwischen Fiktion und Realität, Vorurteilen und Verständnis.
Hamide bekommt in der Klasse schwer Anschluß, selbst die beiden türkischen Mitschüler helfen ihr nicht. Die Lehrerin gründet eine Theatergruppe, und sie spielen „Türken und Deutsche in einem Haus". Die Türken schreiben auf, was hinter verschlossenen Türen bei ihnen gesprochen wird, die Deutschen, was man an Klischees und Vorurteilen kennt. Einige deutsche Schüler springen ab, weil ihnen die Texte zu türkenfreundlich erscheinen. Einige türkische Mädchen dürfen nicht mitmachen, weil die Väter es nicht wollen. Aber das Spiel und das Verständnis füreinander kommen voran.
Hamide spielt Hamide. Sie erspielt sich große Anerkennung bei den anderen und

Selbstvertrauen, Selbstsicherheit für sich. Endlich ist sie angenommen. Sie hat sich mit Chris, einem Mitspieler, angefreundet, und da ihr Vater das Theaterspielen schon immer mißtrauisch beobachtet hat, ist für ihn nun das Maß voll. Hamide muß zurück in die Türkei. Dort soll sie einen Mann heiraten, den die Familie aussucht.

Heißt Du wirklich Hasan Schmidt?
Bosetzky, Horst
rororo rotfuchs TB 360. Reinbek 1984
Dem bekannten Krimi-Schriftsteller Horst Bosetzky – Pseudonym ky – gelingt es in diesem humorvollen, aber auch sehr spannenden Jugendroman die Situation türkischer Familien in Deutschland aus einem ganz anderen Blickwinkel aufzuzeigen.
Matthias Schmidt, 14 Jahre, Berliner Realschüler, braucht 800 DM, um einen Schaden, den er angerichtet hat, wieder gutzumachen. Er kann für gutes Geld Reparaturarbeiten übernehmen, stellt aber verschreckt fest, daß er in Wirklichkeit Türken aus ihrer Wohnung heraussanieren soll. Als notorischer Pechvogel gerät er in ein kriminelles Umfeld. Eine türkische Familie hält ihn gefangen und versteckt ihn zugleich, und mit schwarz gefärbten Haaren wird er zu „Hasan" Schmidt. Er lernt das Leben auf der „anderen Seite" und die Demütigungen kennen, denen Türken ausgesetzt sind; er wehrt einen Messerstich auf einen Türken ab und verliebt sich in Shirin. Was aus der Liebe wird, bleibt offen; aber als die Presse Matthias unverhofft Popularität verschafft, findet ein „Kreuzberger Fest" deutsch-türkischer Versöhnung statt.

Italiener und Deutsche

Die Spaghetti-Bande
Rudorf, Günter
Ravensburger TB 713. Ravensburg 1981
13 Spaghetti-Rezepte illustrieren diese humorvolle, unterhaltsame Erzählung – und verlocken zum Kochen und gemeinsamen Essen.
Vor einem italienischen Restaurant wird Opa Masolle von einem Auto angefahren und verletzt. Der Vorfall bringt drei ungefähr 13jährige Kinder zusammen, Tina aus wohlhabender Familie, Paolo, Sohn aus dem Restaurant, und Mark, einen Aussiedlerjungen aus Polen. Als Opa Masolle aus dem Krankenhaus entlassen wird, kochen die Kinder für ihn, vor allem Spaghetti. Die Hilfsbereitschaft der Kinder und die Spaghetti-Begeisterung werden vom Fernsehen aufgegriffen. Als Tinas Vater, von einer Reise zurück, ihr die Freundschaft mit den Ausländerkindern verbietet, reißt sie aus, nach Italien, wo Paolo und Mark die Ferien verbringen. Erst die Angst um seine Tochter verhilft Tinas Vater, wenn auch nicht zur Einsicht, so doch zum Nachgeben.

Rumänen und Deutsche

Im Land der Schokolade und Bananen
Gündisch, Karin
Beltz & Gelberg TB 77. Weinheim 1990
Spannend und manchmal komisch ist es, mit Kindern aus Rumänien das Leben in Deutschland zu erforschen. Der Leser erfährt, wie die Kinder lernen, sich zurechtzufinden und selbst Freunde zu erorbern.
Ingrid und Uwe haben mit ihrer Familie ein schönes Leben in Rumänien geführt. Es ging ihnen gut, und sie können nicht verstehen, warum die Eltern mit ihnen in ein unbekanntes Land ziehen. Die Kinder erkunden neugierig und nachdenklich die neue Welt von Lager und Übergangswohnung aus. Sie entdecken Schokolade und Bananen, Fahrstühle und warme Zimmer. Sie erleben aber auch Unfreundlichkeit und Einsamkeit im Land ihrer Vorfahren. Die Eltern haben Zeit, sie sind arbeitslos. Sie unternehmen viel mit Ingrid und Uwe und helfen ihnen liebevoll, all das Neue zu verarbeiten.

Aussiedler aus Polen in Deutschland

Der fremde Linksaußen
Berger, Herbert
Schneider. München 1990
Nicht unbedingt ein Länderspiel, aber Fußball auf der Baustelle hilft Gräben überwinden!
Sind sie nun Polen, die Peterkas, oder Deutsche. Für die Eltern ist es klar, sie haben endlich ihre Ausreisegenehmigung bekommen. Jan aber fühlt sich als Pole, schon der Sprache wegen. Er möchte nicht aus der Heimat weg, weg von den Freunden, den schönen Spielplätzen, vom Bach mit den Forellen. In Deutschland findet die Familie nach Wochen im Aufnahmelager eine Wohnung, und die Eltern bekommen auch Arbeit. Jan besucht wegen seiner Sprachschwierigkeiten eine Förderschule mit Internat, und das ist weit weg. In den Ferien ist alles noch schlimmer. Da ist nur noch Heimweh. Als auf einer Baustelle Jungen Fußball spielen, nähert er sich ihnen radebrechend. Sie lachen ihn aus und lassen ihn stehen. Einmal aber landet ein Ball in seinem Beobachtungsversteck. „Schieß doch, Rußki!" rufen sie. Und wie er schießt! Da ist das Eis gebrochen, er wird Linksaußen. An seiner Sprache nimmt keiner mehr Anstoß, und auf einmal sieht alles ganz anders aus.

Kristina, vergiß nicht …
Fährmann, Willi
Arena. Würzburg 1990
Ihre polnische Lehrerin gibt Kristina ein wichtiges Wort mit auf die Reise: „Vergiß nicht die polnische Sprache! Wir brauchen Menschen, die sich verständigen können. Je mehr das sind, um so größer ist die Chance zur Brüderlichkeit!"
Eine deutsche Familie will Polen verlassen und in die Bundesrepublik umsiedeln. Kristina und ihr Bruder wollen das nicht; für sie ist Polen ihre Heimat. Doch die Großmutter besteht auf der Ausreise, besonders seit ihr Sohn sich bei einer Dienstreise abgesetzt hat und auf Umwegen nach Deutschland gekommen ist. Einige polnische Behörden machen Schwierigkeiten, obwohl alle Dokumente in Ordnung sind. Erst beim neunten Antrag erteilen sie die Ausreiseerlaubnis.
Der Vater holt seine Familie in Friesland ab und regelt alle Formalitäten. Seine Wohnung ist zu klein, so bleiben Oma und Kristina in einem Übergangsheim, wo viele Familien aus Polen sind, die wenig Deutsch verstehen. Es ist alles anders, als Kristina es sich vorgestellt hatte. John, aus Kristinas Klasse, gründet eine Gruppe, die deutschen Kindern aus Polen in der Schule helfen will.

Österreich und Ägypten

Yasmin
Thabet, Edith
Ueberreuther. Wien 1990
Die Grundaussage dieses Jugendromans ist eindeutig: Die Begegnung mit einer fremden Kultur ist nicht als Bedrohung, sondern als Bereicherung der eigenen Kultur anzusehen. Man muß nur bereit sein, Neues kennenzulernen und anzunehmen.
Yasmin lebt als Tochter einer Österreicherin und eines Ägypters in Wien. Nach dem Umzug in eine neue Wohnung werden sie mit der mehr oder weniger deutlich gezeigten Ausländerfeindlichkeit der Hausbewohner konfrontiert. Während Mohamed, der Vater Yasmins, Halt und Unterstützung bei seiner Frau findet, flüchtet sich Yasmin in Tagträume. Erst mit der Zeit gelingt es der Familie, die Vorurteile ihrer Mitbewohner abzubauen. Yasmin befreundet sich mit einem Mädchen aus der Nachbarschaft, und die Hausgemeinschaft feiert zusammen ein arabisches Fest.

Griechenland und Schweden

Zu Hause in einem fremden Land
Lind, Mecka
Boje, Erlangen 1990
*Identitätskrise, Anpassungsversuche, Anderssein in einem fremden Land – das sind
die Grundmotive in dem Jugendroman der schwedischen Autorin.*
Katrin wird in Schweden in ihrer Klasse von Lena und ihrer Clique ständig angepöbelt. Sie nimmt nicht mehr am Griechisch-Kurs teil, spricht ihre Eltern nur in Schwedisch an; die antworten ihr auf Griechisch. Lena schreit sie an, sie sollen abhauen;
denn sie seien schuld, daß viele Schweden keine Arbeitsstelle fänden. Kati will wie
eine Schwedin aussehen und sich die Haare blond färben; doch sie nimmt das falsche
Spray und bekommt grüne Haare. Lena lädt sie zu einer Mutprobe ein. Sie stößt Kati
einen Hang hinunter auf eine alte Frau, bringt diese zu Fall und raubt ihr die Handtasche. Kati wird verdächtigt; doch die Polizei stellt alles richtig. Lena kommt nun zur
Vernunft. Katrins Mutter erwartet ein Kind und will vorher nach Griechenland
zurück. Kati will nur auf Urlaub mitreisen. Sie nimmt Lena mit. Diese erlebt das Anderssein in einem fremden Land, die Mißverständnisse und Sprachschwierigkeiten.
Sie erkennt, wie schwer das Leben in der Fremde ist.

Iraner in Deutschland

Flucht ins fremde Paradies
Mechtel, Angelika
Ravensburger TB 1775. Ravensburg 1990
*Ein Jugendbuch, das aufzeigt, wie wenig wir mit Hilfe ausrichten können, die nur die
äußere Versorgung sichert.*
Die Eltern haben Freydoun (14) und seine Schwester Farideh (12) von Teheran nach
Köln geschickt, damit der Junge nicht für den Krieg zwischen Iran und Irak rekrutiert
werden kann. Nach der beschwerlichen Reise, für die viele heimliche Helfer bezahlt
werden mußten, stehen die Kinder allein in Köln, der Onkel ist unauffindbar. Sie werden in ein Heim gebracht, zum Glück arbeitet dort Hamid, er ist Iraner. Das kleine
Mädchen findet sich mit der Situation ab, knüpft Kontakte, lernt und ist neugierig.
Freydoun kapselt sich ab und versucht nur, wenigstens seine Ehre als Familienoberhaupt zu bewahren. Farideh hilft ihm aus einer gefährlichen Lage, leicht hätte er unter den Einfluß politisch aktiver Untergrundgruppen geraten können. Als die Kinder
nach dem iranisch-irakischen Waffenstillstand wieder nach Hause fliegen dürfen,
lassen sie Freunde zurück.

Vietnamesen in Deutschland

Ein Windhauch weit bis Yung Tau
Schach, Rosemarie
Arena. Würzburg 1991
Wunderschöne Märchen und Mythen aus Vietnam bilden den Kontrapunkt zu dieser Erzählung einer sehr spannenden und ergreifenden Fluchtgeschichte.
Die junge Vietnamesin Tham gehört zu jenen „boat-people", die aus Vietnam flüchteten und in Deutschland ein neues Zuhause fanden. In einfacher Sprache erzählt sie in der Rückschau von ihrer Flucht – die Kindheit in Vietnam unter den dunklen Schatten eines grausamen Krieges wird deutlich – sie berichtet von Eingewöhnungsschwierigkeiten, Spannungen zwischen Pflegemutter und ihren zunehmenden Gewissenskonflikten, denn das Geld, das Tham von den Eltern erhielt, war für die Flucht des Bruders, nicht für ihre gedacht.

Im Supermarkt gibt's keine Wasserbüffel
Philipps, Carolin
Herder. Freiburg 1991
Carolin Philipps ist es gelungen, glaubhaft, sprachlich präzise und fesselnd verschiedene Erzähleben zu verbinden. Das Buch vermittelt ein Stück Geschichte des Vietnamkrieges und seiner Folgen. Zugleich erzählt es von den Anpassungsschwierigkeiten der Südostasiaten in Norddeutschland.
Weil es im Supermarkt keine Büffel zu kaufen gibt, die symbolisch für die verlorene Heimat stehen, will Binh nicht mehr, daß seine Eltern nach Hamburg kommen. Dabei war dies das einzige Ziel seiner abendteuerlichen Flucht aus Vietnam. An deren Ende trifft er mehr zufällig einen deutschen Arzt, in dessen Familie er aufgenommen wird. Beim Versuch, die Einreise der Eltern zu verhindern, glaubt Binh, für deren möglichen Tod verantwortlich zu sein und flieht. Auf seiner Flucht stößt er auf eine andere Randgruppe unserer Wohlstandsgesellschaft, die Nichtseßhaften. Man erfährt, was es bedeutet, heimatlos und seiner Würde beraubt zu sein. Das Buch ist spannend und begeisternd. Im Nachwort wird Sachinformation zum Thema Asyl und zur Geschichte Vietnams geliefert.

„Das kalte Paradies" – Filme und Videos zur Integrationsproblematik
(Ditmar Heinl)

Die Filme und Videokassetten sind in fast allen kommunalen oder Landesfilmdienststellen vorhanden und – meist kostenfrei – ausleihbar.

F = 16-mm-Film
V = Videokassette (VHS)
FSK = Freigabeempfehlung der „Freiwilligen Selbstkontrolle der Deutschen Filmwirtschaft"

Am Rand der Träume – Ein Mädchen zwischen zwei Kulturen
V (FWU) 58 Min. 1985
Die 16jährige Berliner Türkin Gül erlebt alptraumartig die vom Vater geplante Rückkehr in die „Heimat", in deren Gefolge sie die Ehe mit einem Unbekannten, den Verlust der deutschen Freunde, der Selbständigkeit und des Wunschberufes fürchtet.

Was heißt hier „nach Hause"? (Zwischen Griechenland und Berlin)
V 91 Min. 1986
In einfühlsamer und zugleich unterhaltender Weise wird das Schicksal der unvermittelt in die „Heimat" zurückverpflanzten 15jährigen Berliner Griechin Irina erzählt. Der Film spricht deutsche und ausländische Jugendliche gleichermaßen an.

Yasemin
V 86 Min. 1988 FSK: ab 12
Yasemin ist 17 Jahre alt und lebt in Hamburg-Altona. Die selbstbewußte junge Frau schreibt in der Schule gute Noten und gewinnt bei Judo-Wettkämpfen. Yasemin möchte studieren. Den ersten Versuch des Studenten Jan, sie zu erobern, läßt sie cool scheitern. Einfallsreich und witzig versucht jetzt der Student, sie zu gewinnen. Yasemin spürt dieses herrlich irritierende Gefühl der ersten Liebe in sich wachsen. Aber je stärker dieses Gefühl wird, desto stärker wird ihr bewußt, was bisher eine Nebensache war: sie ist eine türkische Tochter. Aus Angst um die Ehre seiner Tochter wird ihr bisher fröhlicher, von ihr geliebter Vater ein fremder Despot. Von niemandem kann Yasemin Hilfe erwarten, denn der deutsche Jan versteht nur sehr langsam, in welches Chaos von widerstreitenden Gefühlen sie geraten ist. Yasemin bietet ungeahnte Kräfte auf, aber wird sie einen Ausweg aus der scheinbar ausweglosen Situation finden?

Ich bin ein Kanake
F 29 Min. 1990
Michael sitzt in der U-Bahn und traut sich wegen seines nassen Hosenbodens nicht aufzustehen – bis zur Endstation. Unversehens findet er sich in Kreuzberg wieder, dem Stadtteil Berlins, in dem die meisten Ausländer leben. Staunend geht er durch die Straßen. In dieser fremden Umgebung bekommt er plötzlich Angst, sich als Deutscher erkennen zu geben. An einer Hauswand entdeckt er das Wort „Kanake". Da behauptet er gegenüber anderen Kindern schließlich, ein „Kanake" zu sein, und plötzlich erfährt er, wie anders eine Stadt aussieht und die Umwelt reagiert, wenn man „Kanake" ist.

40 m² Deutschland
V 80 Min. 1986 FSK: ab 16
40 m² Deutschland: eine kleine, dunkle Wohnung im Hinterhof. Hierher bringt der schon lange in Deutschland lebende türkische Arbeiter Dursun seine junge Frau Turna. Für Dursun ist diese Wohnung das einzig sichere Territorium in einem fremden Land. Turna ist neugierig auf das Land, von dem sie so viel gehört hat – und von dem sie sich ein neues freies Leben erhofft. Aber Tag für Tag, wenn Dursun zur Arbeit geht, schließt er sie ein. Ihr bleibt nur der Blick auf den Hinterhof. Eingesperrt und isoliert wächst aus Turnas Verzweiflung ein immenser Freiheitsdrang …

Hessen ohne Ausländer
V 7 Min. 1982
In einer fiktiven Geschichte wird der Zuschauer in die Situation versetzt, in der alle ausländischen Arbeitnehmer das Bundesland Hessen verlassen haben. Läden schließen, Preise steigen, der Müll türmt sich auf. Der Film versteht es, mit wenigen Bildern die Konsequenzen der Ausländerfeindlichkeit deutlich zu machen.

Asyl
V 16 Min. schwarz-weiß 1984
Der Film schildert die Situation der Asylsuchenden in Deutschland aus der Sicht der Betroffenen. Er begleitet die Asylbewerber durch die verschiedenen Stationen ihres Aufenthaltes: Ankunft, Antragstellung in der Ausländerbehörde, erkennungsdienstliche Behandlung, Ankunft und Aufenthalt in einem Sammellager, Anhörung vor dem Bundesamt für die Anerkennung ausländischer Flüchtlinge.

Aussiedler
V 15 Min. 1989
Aus dem Blickwinkel der Betroffenen werden die Situationen der Aussiedlung chronologisch beschrieben: der Abschied, die Einreise, das Durchgangslager, das Über-

gangswohnheim. Im Mittelpunkt des Films stehen Kinder und Jugendliche. Sie kommen in ein Land, das sie nur aus Erzählungen kennen, und dessen Bewohner nur wenig Aufnahmebereitschaft zeigen.

„… und ich so mitten dazwischen." – Mädchen zwischen Familie und Beruf
V (FWU) 20 Min. 1986
Berufswahlfaktoren werden am Beispiel von vier Schulabgängerinnen in einer Spielhandlung vorgeführt. Die Vorstellungen der Eltern und die mehr oder weniger präzisen Wünsche von zwei türkischen und zwei deutschen Schülerinnen liefern Diskussionsstoff.

„ Vater, würdest Du noch mal nach Deutschland gehen?"
Lebenslauf eines türkischen Arbeitsmigranten
F 22 Min. 1985
Gani B. aus der türkischen Hafenstadt Mersin blickt auf Berufsausbildung und Arbeitsleben zurück. Vielfältigen und qualifizierten Tätigkeiten in der Türkei stehen 23 Jahre am gleichen Arbeitsplatz in Kiel gegenüber. Die Rückkehr empfindet B. als Befreiung.

Leichter als Luft
V 41 Min. 1984
Ist Aysel eine Türkin, eine Berlinerin, eine türkische Berlinerin oder eine Berliner Türkin? Eines Tages hat Opa gesagt: Wir gehen zurück nach Kurdistan; Deutschland macht uns nicht reich, nur krank. Aysel ist traurig, sie will gar nicht nach Kurdistan, denn sie hat einen Freund, Matze mit den roten Haaren.

Eine Brücke
V 45 Min. 1989
Nach einer kurzen historischen Einführung zeigt der Film alle Stationen des schriftlichen Aufnahmeverfahrens für Aussiedler auf. Er zeigt aber auch, wie menschliche Begegnungen verlaufen können. Jeder von uns ist aufgefordert, Brücken zu bauen, die Integration der Aussiedler zu erleichtern.

Drachenfutter
V 75 Min. schwarz-weiß 1987 FSK: ab 12
Nachts zieht ein pakistanischer Flüchtling durch Hamburgs Kneipen und verkauft Rosen. Tagsüber arbeitet er als Tellerwäscher und Küchenhilfe in einem chinesischen Restaurant. Zusammen mit einem chinesischen Kellner träumt er von einem eigenen Lokal. Tatsächlich treiben sie Geld auf – mit sehr fragwürdigen Mitteln –, und eines Tages eröffnen sie ihr Lokal. Doch dieser Tag endet ganz, ganz anders …

Das kalte Paradies
V 97 Min. 1986 FSK: ab 12
Ein polnischer Asylant und eine südamerikanische Asylantin lernen sich in einem
Schweizer Flüchtlingsheim kennen und verlieben sich ineinander. Sie geraten in die
Mühlen der Bürokratie, ihre Asylanträge werden nicht anerkannt. Selbst als die Frau
ein Kind erwartet, erhalten sie nicht die erhoffte unbürokratische Hilfe, sondern es
stehen immer Rechtsfragen im Vordergrund …

„Dann eben mit Gewalt" – Bücher zur Auseinandersetzung mit Gewalt, Fremdenhaß, Rassismus und Rechtsradikalismus
(Ditmar Heinl)

Wolfslämmer
Knappe, Heinz
rororo rotfuchs TB 442. Reinbek 1989
Ein sehr spannendes Jugendbuch, das fesselt, aber auch tief betroffen macht.
In der alten Bergwerkssiedlung ist die Welt nicht mehr friedlich. Immer mehr türkische Familien ziehen in die frei werdenden Häuser – und das bringt Konflikte.
Türkische und deutsche Jungen, bis vor kurzem noch Freunde, stehen sich plötzlich
als Gegner gegenüber. Die einen sind noch keine richtigen Grauen Wölfe, die anderen noch keine ausgewachsenen Werwölfe. Sie sind erst die Brut: Wolfslämmer. Hava
und Jörg haben sich gerade kennengelernt. In den Schulferien geraten auch sie in den
Sog der Auseinandersetzungen …

Brandstiftung – Eine deutsch-türkische Liebe
Von Salm, Elmar
Arena TB 2516. Würzburg 1990
Fast visionär werden in diesem einfühlsamen Jugendbuch die Probleme des
Zusammenlebens aufgezeigt, wie sie zwei, drei Jahre später in Mölln, Rostock und
vielen anderen Orten Deutschland traurige Wirklichkeit wurden.
„Das eigentliche Problem liegt darin, daß auf beiden Seiten Fehler gemacht werden
und daß die Leute nicht bereit sind, Mißverständnisse in Ruhe auszuräumen", sagt
Monika, als man ihr zu Hause Vorwürfe macht, weil sie Selim, einen türkischen Jun-
gen, mag. In der Neubausiedlung, in der die beiden wohnen, hat sich eine Stimmung
gegen die Türken entwickelt, die sich schließlich in blankem Haß entlädt, obwohl nur
eine türkische Familie Anlaß zu Ärger gibt. Unter den Deutschen sind es die
Schreihälse, die Unbelehrbaren, die für ihre persönliche Misere immer Sündenböcke

brauchen. Es kommt so weit, daß Monikas Brüder an Selims Wohnung Feuer legen, und als ihre Familie erwacht, sind alle von Rauch und Flammen umgeben. Es wirkt wie ein Wunder, daß sie überleben. Der Eklat ist für viele deutsche Bewohner der Siedlung Anlaß zum Nachdenken.

Dann eben mit Gewalt
De Zanger, Jan
Anrich. Kevelaer 1991
In erster Linie eine Actionstory aus den Niederlanden mit genau beobachteten Vorgängen rassistischer Provokation, ist dieses Buch gleichzeitig ein feinfühliges Bekenntnis zum Engagement für diffamierte Minderheiten.
Eine heimliche und heimtückische Gruppe ist am Werk: Hakenkreuze an den Schulwänden, Drohbriefe, anonyme Anrufe, Parolen gegen Molukker, Türken, Surinamer. Eines Abends wird Sandra, eine Indonesierin, von Maskierten niedergeschlagen und übel zugerichtet. Lex Verschoor, Sandras Freund, läßt es keine Ruhe; er beginnt nach den Übeltätern zu fahnden und beobachtet eine Clique von Mitschülern. Nur scheinbar wendet sich Sandra von ihm ab, auch sie ist mit einer Gruppe gleichfalls Verfolgter auf der Suche. Als sich die Verdachtsgründe immer mehr verdichten, kommt es zu einer nächtlichen Schlägerei, aus der Lex erst im Krankenhaus mit drei Rippenbrüchen erwacht. Aber die neofaschistische Gruppe ist enttarnt.

Der Feind
Westall, Robert
Ravensburger TB 4083. Ravensburg 1991
Die Wirkung von Desinformation, Chauvinismus, überzogenem Nationalismus auf Jugendliche zeigt der Verfasser in seinem Roman aus der Zeit des 2. Weltkriegs.
Bei einem Bombenangriff auf England wird ein deutsches Flugzeug abgeschossen. Der verletzte Pilot kann sich mit dem Fallschirm retten. Er wird von einer Gruppe von englischen Jugendlichen „gefangengenommen" ...

Ich trug den gelben Stern
Deutschkron, Inge
dtv TB 10 402. München 1990
Ein eindringlicher Bericht über den verzweifelten Kampf eines jüdischen Mädchens um Leben und Überleben im Berlin des 3. Reiches.
Das Buch diente als Vorlage für das Bühnenstück „Ab heute heißt Du Sarah" des *Grips-Theaters Berlin*, das als Fernsehfilm gezeigt wurde. Es beschreibt den Alltag des jüdischen Mädchens, die Entrechtung, Verfolgung bis hin zu Deportation und Tod.

Als Hitler das rosa Kaninchen stahl
Kerr, Judith
Ravensburger TB 660. Ravensburg 1989
Die Tochter des berühmten Berliner Publizisten und Kritikers der Weimarer Zeit,
Alfred Kerr, erzählt eindringlich, aber auch zum Teil sehr humorvoll die Flucht aus
dem nationalsozialistischen Deutschland aus der Sicht von Kindern.
Deutschland 1933. Anna ist neun Jahre alt, als sie zusammen mit ihrem Bruder und
den Eltern aus Berlin nach England flüchten muß. Ein Buch, das einfühlsam erzählt,
wie Kinder empfinden, die plötzlich aus ihrer Umgebung herausgerissen werden, die
für sie Heimat war.

Maus. Die Geschichte eines Überlebenden
Spiegelmann, Art
Rowohlt. Frankfurt 1989
Der Verfasser versucht mit dem Mittel des Comics jungen Lesern das Grauen des
Holocausts darzustellen.
Auf ungewöhnliche Weise, mit sprechenden Tieren, bringt dieses Buch das Unbe-
schreibliche der Judenvernichtung auch den jungen Lesern nahe, für die der Holo-
caust schon Geschichte ist, eine Geschichte neben vielen anderen.

Südkurve
Hoffmann, Klaus/Roggenwallner, Bernd
Weltkreis. Köln 1985
z. Zt. vergriffen, nur in öffentlichen Bibliotheken erhältlich
Die Erzählung schildert die perspektivlose Situation eines 15jährigen Hauptschü-
lers; die Problematik neonazistischer Fußball-Clubs wird besonders anschaulich.
Kalle kommt mit den schulischen und privaten Anforderungen, die an ihn gestellt
werden, nicht zurecht. Er schließt sich einem von Neonazis unterwanderten Fußball-
Club an. Doch die dort herrschenden Sitten, die brutalen Schlägertypen und die Nazi-
Propaganda lösen Unbehagen bei ihm aus.

„Wolfslämmer" – Videos und Filme zur Auseinandersetzung mit Gewalt, Rassendiskriminierung und Fremdenfeindlichkeit – heute und in der Vergangenheit
(Ditmar Heinl)

Die meisten Filme und Videokassetten sind kostenfrei bei den Landesfilmdienststellen auszuleihen. Kostenpflichtige Filme und Videos sind gekennzeichnet, ebenso Schwarzweißfilme.

Veilchenbonbon
V (VHS) 13 Min. schwarz-weiß 1990
Der kurze Schwarzweißfilm, der auch für jüngere Schüler geeignet ist, spielt im Jahr 1938, kurz vor der Reichspogromnacht.
Ruth, ein 10jähriges jüdisches Mädchen, lebt im Haus ihres Großvaters, wo sie viele Freunde hat. Deshalb fällt es ihr sehr schwer, als der Großvater beschließt, nach Paris zu fliehen. Kurz vor dem Bahnhof taucht plötzlich die Gestapo auf.

Voll auf der Rolle
V (VHS) 90 Min. 1985 FSK: ab 12
Kostenpflichtiger Verleih: DM 5.-/Tag, DM 10.-/Woche
Ein Film nach der Inszenierung des *Grips-Theaters Berlin*, der aufzeigt, wie die Vergangenheit wieder aufleben kann, wie sich die Grenzen zwischen Theaterspielen und Wirklichkeit verwischen.
Schüler mit „null Bock" auf Geschichte proben mit ihrem Lehrer ein Theaterstück nach dem Buch „Stern ohne Himmel". Es handelt von Jugendlichen, die kurz vor Kriegsende einen entflohenen Judenjungen entdecken. Willi, ein fanatischer Hitlerjunge, möchte ihn der Gestapo ausliefern, die anderen wollen ihm nach anfänglichem Zögern helfen.
Während der Proben kommt es zu heftigen Auseinandersetzungen. Metin, ein türkischer Mitschüler, soll die Rolle des Judenjungen spielen. Vor allem Wolle, der nationalistische Sprüche klopft, möchte den Türken in diese Rolle drängen; er selbst übernimmt die Rolle des Hitlerjungen. Im Verlauf der Proben identifiziert sich Wolle immer mehr mit seiner Rolle. Seine aggressive Haltung motiviert die bisher desinteressierten Mitschüler.

Im Versteck
V (VHS) 30 Min. 1989
1942 in einer deutschen Kleinstadt. Die Eltern des 10jährigen Herbert unterstützen jüdische Mitbürger mit Lebensmitteln aus ihrem kleinen Gemüseladen. Als Herbert

in die Hitlerjugend kommt, ist er von deren faschistischen Idealen fasziniert und gerät in Konflikt zum Elternhaus. Es fällt ihm schwer, zu verstehen, warum seine Eltern etwas Verbotenes tun. Doch schließlich stellt er sich auf ihre Seite.

Der große Diktator
V (VHS) 122 Min. schwarz-weiß 1940 FSK: ab 6
In seinem Filmklassiker zeigt Chaplin in einer Schreckensvision die blutigen Auswüchse von Macht und Größenwahnsinn in unserem Jahrhundert. Chaplin spielt einen jüdischen Friseur, der eine verblüffende Ähnlichkeit mit dem Diktator seines Landes hat und dadurch in eine teuflische Situation gerät.

Die Welle
V (VHS) 43 Min. 1981
Um zu zeigen, daß Faschismus nicht nur ein historisches Phänomen ist, startet ein Geschichtslehrer an einer amerikanischen Highschool ein Experiment. Er löst eine Bewegung aus, der er den Namen „Die Welle" gibt. Zu seinem Erstaunen sind die Schüler bereit, ihre Individualität zugunsten eines fremdbestimmten Verhaltens aufzugeben und sich den neuen kollektiven Gruppenzwängen unterzuordnen. Die Welle erfaßt in kurzer Zeit die ganze Schule.

Morgen in Alabama
V (VHS) 125 Min. 1983 FSK: ab 12
Rechtsanwalt Landau wird Pflichtverteidiger von Werner Kranz, einem Neofaschisten, der Zeichen setzen will. Nach der Entlassung aus der U-Haft verschwindet Kranz. Landau geht auf eigene Faust der Geschichte seines Mandanten nach und entdeckt, daß hinter diesem eine gut organisierte rechtsradikale Wehrsportgruppe steht. Der Rechtsanwalt kann nicht mehr verhindern, daß Kranz sein Zeichen setzt: ein Massaker ähnlich dem beim Münchner Oktoberfest.

Die sind eben so
F 14 Min. 1984
Kostenpflichtiger Verleih: DM 10.-/Tag oder Woche
Der Film stellt keine pauschale Anklage gegenüber Fan-Clubs dar, er zeigt aber auf, wie durch unüberlegte Feindbilder Brutalität entsteht.
Zwei Fußballklubs stehen sich seit Jahren haßerfüllt gegenüber. In erschreckend offenen Statements äußern die jugendlichen Mitglieder ihre gegenseitigen Aversionen, ihre Gewaltbereitschaft und „politische Überzeugung", die unverhohlen faschistoid ist, was sich auch in ihren Ausfällen gegen „Juden, Türken und Ausländer überhaupt" äußert. Ein Film, der aufgrund seiner chauvinistischen Brutalität alarmiert und schockiert.

Madi
V (VHS) 25 Min. 1987 FSK: ab 6
Madi, ein schwarzer Junge, hört am liebsten Musik, zu der er Breakdance tanzt. Selten ist er ohne seinen Walkman anzutreffen. Um sich ein neues Radio leisten zu können, wäscht er Autos. Eines Tages weigert sich ein Fahrer zu bezahlen. Es kommt zum Streit zwischen Madi und Geert, dem gleichaltrigen Bruder des Fahrers. Als die beiden sich später zufällig auf der Straße treffen, rennt Geert hinter Madi her. Bei dieser Verfolgung fällt Madi so unglücklich, daß er schwerverletzt ins Krankenhaus muß.

Selbstbedienung
F 10 Min. 1986
Der Kurzfilm mit Inge Meysel spielt in einer Cafeteria und handelt von einer deutschen Frau und einem Farbigen. Zum Thema Rassismus und Vorurteile ist er durch seine gefühlvolle Machart und seinen großen Spannungsbogen bis hin zur herrlichen Pointe bereits jetzt ein Klassiker unter den Filmen im weiten Gebiet der Medienpädagogik.

„*Guck mal übern Tellerrand"* – *Kataloge mit Kinder- und Jugendliteratur, Adressen, Arbeitskreise, Verbände, Aktionen*
(Ditmar Heinl/Petra Hölscher/Jörg Knobloch)

⁵ Ein Standardwerk über die Kinder- und Jugendliteratur wird vom *Arbeitskreis für Jugendliteratur* herausgegeben: Der Katalog „*Daheim in der Fremde"* nennt rund 100 Kinder- und Jugendbücher, sowie Kinderfilme, Videos und Theaterstücke zum Thema und empfiehlt Fachbücher, Broschüren und Zeitschriften.
Die Bandbreite der vorgestellten Bücher ist groß, da unterschiedliche Epochen und Kulturen angesprochen werden. Der neue Katalog ist der Nachfolger des 1984 erschienenen Katalogs „*Nirgendwo zu Hause"* und trägt im Titel schon der veränderten Situation Rechnung. Die von Bibliothekaren und Pädagogen rezensierten Bücher und Videos sind aktuell und größtenteils preiswert.
Katalog: „Daheim in der Fremde", München 1992; ca. DM 3.-
Herausgeber: Arbeitskreis für Jugendliteratur e. V., Schlörstraße 10, 80634 München

§ Ebenfalls vom *Arbeitskreis für Jugendliteratur* wird ein kleiner, ganz neuer Katalog zum Thema Gewalt herausgegeben. Unter dem Titel *„Denn sie wissen nicht, was sie tun?"* werden 88 neu erschienene Bücher besprochen, unterteilt in die Themengruppen: Selbstzerstörerische Gewalt, Gewalt zwischen Kindern und Jugendlichen, sexueller Mißbrauch von Jungen und Mädchen/Inzest, Gewalt gegen Fremde/Ausländer, Gewalt in jeder Beziehung, außer der Reihe.
Katalog: „Denn sie wissen nicht, was sie tun?", München 1993; kostenlos
Herausgeber: Arbeitskreis für Jugendliteratur e. V., siehe oben.

§ Im Rahmen der *Europäischen Buchwoche* veranstaltet die *Stiftung Lesen* alljährlich im Sommer den Wettbewerb *Autoren Such Spiel* für Kinder und Jugendliche. Die Teilnahmebögen sind jedes Jahr graphisch sehr ansprechend gestaltet, die Aufgabenstellungen kindgerecht und motivierend, nicht nur zum Mitmachen – auch zum Bibliotheksbesuch, zum Schmökern …

§ Ebenfalls von der *Stiftung Lesen* in Mainz wird eine Leseempfehlung für Schule und Bibliothek vom Stuttgarter Landesinstitut für Erziehung und Unterricht herausgegeben: *Leben in fremden Kulturen.*
Leseempfehlung: Schenk mir ein Buch – Leben in fremden Kulturen, Nr. 55/1988, Sonderdruck, Mainz 1990.
Herausgeber: Stiftung Lesen, siehe oben.

§ In der Broschüre *„Heimat in Deutschland? Bilder, Texte, Informationen – nicht nur für den Unterricht"* werden Texte über Migration, Kultur, Wirtschaft und Arbeit, Lebensläufe, Vorurteile und vieles mehr aufgeführt. Ergänzungen bilden statistische Angaben, rechtliche Erläuterungen und Materialhinweise zur weiteren Arbeit.
Die 32 Seiten umfassende Broschüre ist ein Gemeinschaftswerk verschiedener Fachleute und Institutionen. Sie ist über den Sprachverband DfaA e. V., Raimundstr. 2, 55118 Mainz, kostenlos zu beziehen.

§ *„Wie Alicia und Kariuki den Riesen Turramulli besiegten"* lautet der etwas seltsam anmutende Titel der Empfehlungsliste über Kinder- und Jugendliteratur zum Thema „Dritte Welt", den die *Gesellschaft zur Förderung der Literatur aus Afrika, Asien und Lateinamerika e. V.* herausgibt.
Gegliedert nach Altersstufen, werden unter dem Motto „Lies mal, wie die andern leben!" Bücher, auch vier Sachbücher, aus Ländern der Dritten Welt vorgestellt. Genaue Inhaltsangaben, Altersempfehlungen, Preis- und Titelangaben machen schon die Literaturliste lesenswert.
Die Empfehlungsliste kann gegen Einsendung von DM 2.- in Briefmarken bestellt werden bei: Buch & Medienvertrieb, Schülkestraße 3, 42277 Wuppertal.

ˢ Die Beauftragte der Bundesregierung für die Belange der Ausländer, Cornelia Schmalz-Jacobsen, hat eine Bestandsaufnahme der Träger der Ausländerarbeit in den neuen Bundesländern herausgegeben. Die Broschüre stellt über 400 Initiativen, Vereine, Kirchen und Wohlfahrtsverbände vor und gibt einen Überblick über Schwerpunkte und Zielsetzungen einzelner Organisationen. Bezug (kostenlos): Berliner Referat der Bundesausländerbeauftragten, Klosterstr. 47, 10179 Berlin.

ˢ Die *Erziehungsdirektion des Kantons Zürich* gibt eine umfassende mehrsprachige Bibliographie *Kinder- und Jugendbücher* muttersprachlicher Literatur heraus. Für Auskünfte, für Rat und Hilfe bei der Anschaffung von Büchern und für Maßnahmen der Leseförderung in den verschiedenen Muttersprachen sowie für die Vermittlung von Kontakten zu Lehrern und Fachleuten aus verschiedenen Ländern steht die *Methodisch-didaktische Gruppe für die Kurse in heimatlicher Sprache und Kultur* zur Verfügung.
Bestell- und Kontaktadresse: Pädagogische Abteilung, Bereich Ausländerpädagogik, Universitätsstraße 69, 8090 Zürich. (Für Kontakte ist zuständig: Frau Antonella Serra, Tel.: 01/363 2532).
In der Bibliographie werden weitere Bezugsquellen genannt:
– für griechische Bücher: Edith Angelopoulos, Postfach 43, Stuhlenstraße 2B, 8123 Ebmatingen, Tel.: 01/980 1471 und 01/980 1505,
– für italienische und portugiesische Bücher: Buchhandlung Romanica, Stapfenbachstraße 7, 8001 Zürich, Tel.: 01/252 1962 und 01/252 7755,
– für jugoslawische Bücher (in serbokroatischer, albanischer, mazedonischer und slowenischer Sprache): mladost, Yu – 41000 Zagreb, 20 Ilica 30/I, Tel.: 0038/41/433-2322, 425-067, 426-942, 274-977; M + S Buchhandlungs GmbH, Große Eschenheimer Straße, 60313 Frankfurt am Main, Tel.: 069/28 58 00,
– für spanische Bücher: Buchhandlung Romanica, siehe oben; Libreria Espanola, Militärstraße 76, 8004 Zürich, Tel.: 01/242 0421,
– für türkische Bücher: Enderun Kitabevi, Bayaz Saray No 46, Bayazit/Istanbul, Türkei, Tel.: 0090/1/522 4051; Türkisch-Deutsche Buchhandlung, Dost Kitabevi, Hammerstraße 133, 4057 Basel, Tel.: 061/ 691 5622.

Die Bücherkoffer der Stiftung Lesen –
„Ausländer unter uns" und „Gewalt"

Die Stiftung Lesen in Mainz bietet mit einer Reihe von Wanderausstellungen Bücher zu verschiedenen Themen an. Vom Umfang her kleinere Ausstellungen werden als „Bücherkoffer" präsentiert, die thematische Veranstaltungen erweitern oder selbst im Mittelpunkt einer Veranstaltung, eines Projektes bzw. einer Unterrichtseinheit (zusätzliche didaktisch-methodische Materialien sind enthalten) stehen können. Im Angebot der Bücherkoffer finden sich auch die in Hinblick auf interkulturelles Lernen einschlägigen Themen:

Ausländer unter uns – Leben in fremden Kulturen
Primarstufe: ca. 40 Titel; Sekundarstufe: ca. 70 Titel
Gewalt
Sekundarstufe: ca. 45 Titel
Die Bücherkoffer können bis zu sechs Wochen entliehen werden. Die Versandkosten (in der Regel Paketgebühren von ca. DM 25,--) müssen vom Entleiher getragen werden. Fehlende oder beschädigte Bücher muß der Entleiher direkt ersetzen. Zur Information gibt es Inhaltslisten, die vorab angefordert werden können.
Für Terminabsprachen, Bestellungen der Bücherkoffer, Inhaltslisten und Information über das Gesamtangebot an Buchausstellungen: Stiftung Lesen, Fischtorplatz 23, 55116 Mainz, Tel.: 06131/230888; Fax 06131/230333.

Institutionen, über die Material bezogen werden kann
(Wolfgang Schierl)

ˢ Bundesamt für die Anerkennung ausländischer Flüchtlinge, Rothenburger Str. 29, 90513 Zirndorf.
ˢ Beauftragter der Bundesregierung für die Integration ausländischer Arbeitnehmer, Bundesministerium für Arbeit und Sozialordnung, Rochusstr. 1, 53123 Bonn.
ˢ Beauftragter der Bundesregierung für Aussiedlerfragen, Bundesministerium des Inneren, Graurheindorfer Str. 198, 53117 Bonn.
ˢ Die Ausländerbeauftragte des Senats, Potsdamer Str. 65, 12305 Berlin.
ˢ Presse- und Informationsdienst der Bundesregierung, Postfach 2160, 53011 Bonn.
ˢ Bundesminister des Auswärtigen, Adenauer-Allee 99-103, 53113 Bonn.
ˢ Bundesministerium für wirtschaftliche Zusammenarbeit und Entwicklung, Friedrich-Ebert-Allee 114, 53113 Bonn.
ˢ Bundesminister für Bildung und Wissenschaft, Heinemannstr. 2, 53175 Bonn.

ⁱ Vertretungen der EG-Kommission in der Bundesrepublik Deutschland, Zitelmannstr. 22, 53113 Bonn.

ⁱ Europäisches Parlament, Informationsbüro für Deutschland, Bonn-Center/12. Etage, Bundeskanzlerplatz, 53113 Bonn.

ⁱ Deutsche UNESCO-Kommission, Colmantstr. 14, 53115 Bonn.

ⁱ Deutsches Komitee für UNICEF e. V., Höninger Weg 104, 50939 Köln.

ⁱ UNCHR – der hohe Flüchtlingskommissar der Vereinten Nationen, Bonner Vertretung, Rheinallee 6, 53173 Bonn.

ⁱ Brot für die Welt, Stafflenbergstr. 76, 70184 Stuttgart.

ⁱ Deutsche Welthungerhilfe, Karlstr. 40, 79104 Freiburg.

ⁱ Misereor, Mozartstr. 9, 52064 Aachen.

ⁱ Terre des Hommes Deutschland e. V., Ruppenkampstr. 11a, 49084 Osnabrück.

ⁱ Haus der Kulturen der Welt GmbH, John-Forster-Dulles-Allee 10, 10557 Berlin.

ⁱ Oikos-Eine Welt e. V., Oranienburger Str. 46, 12305 Berlin.

ⁱ Deutsches Rotes Kreuz, Generalsekretariat/Referat 24, Friedrich-Ebert-Allee 71, 53113 Bonn.

ⁱ Gesellschaft für bedrohte Völker, Postfach 2024, 37010 Göttingen.

ⁱ Stiftung für ehemalige politische Häftlinge, Wurzerstr. 2, 53175 Bonn.

ⁱ Amnesty International, Sektion der Bundesrepublik Deutschland e. V., Heerstr. 178, 53111 Bonn.

ⁱ Deutscher Gewerkschaftsbund, Hans-Böckler-Str. 39, 40476 Düsseldorf.

ⁱ Bundesverband der Deutschen Arbeitgeberverbände, Gustav-Heinemann-Ufer 72, 50968 Köln.

ⁱ Evangelische Kirche in Deutschland/Kirchenamt, Hauptabteilung III: Ökumene und Ausländerarbeit, Postfach 170254, 60076 Frankfurt.

ⁱ Interessengemeinschaft der mit Ausländern verheirateten Frauen e. V., Verband binationaler Familien und Partnerschaften, Bundesgeschäftsstelle, Mainzer Landstr. 147, 60327 Frankfurt.

ⁱ Bundeszentrale für politische Bildung, Postfach 2325, 53013 Bonn.
(Weitere Materialien werden von den Landeszentralen für politische Bildung abgegeben, jedoch nur an Adressaten im betreffenden Bundesland.)

Jugendwettbewerbe
(Wolfgang Schierl)

Wettbewerbe schaffen häufig eine ideale Projektsituation in der Klasse. Neben den Bundesjugendwettbewerben gibt es zahlreiche regionale Wettbewerbe, bei denen sich oft ein thematischer Bezug zum interkulturellen Lernen herstellen läßt.

- Schülerwettbewerb Deutsche Geschichte um den Preis des Bundespräsidenten
Anschrift: Schülerwettbewerb Deutsche Geschichte um den Preis des Bundespräsidenten, Kampchaussee 10, 21033 Hamburg.

- Schülerwettbewerb zur politischen Bildung
Anschrift: Bundeszentrale für politische Bildung, Referat Schülerwettbewerb, Berliner Freiheit, 53111 Bonn.

- Europäischer Wettbewerb
Anschrift: Zentrum für Europäische Bildung, Deutsches Komitee, Bachstraße 32, 53115 Bonn.

- Vorlese-Wettbewerb des Deutschen Buchhandels
Anschrift: Börsenverein des Deutschen Buchhandels e. V., Vorlese-Wettbewerb, Großer Hirschgraben 17/21, 60311 Frankfurt.

- Bundesolympiade für russische Sprache und Landeskunde
Anschrift: Bundesverband der Lehrkräfte der russischen Sprache e. V., Johannes-Schult-Weg 10, 22359 Hamburg.

- Frankreich-Preis
Anschrift: Robert-Bosch-Stiftung, Heustr. 1, 70174 Stuttgart.

- Bundeswettbewerb Jugend musiziert
Anschrift: Deutscher Musikrat, Bundesgeschäftsstelle: Jugend musiziert, Herzog-Johann-Str. 10, 81245 München.

- Bundesjugendwettbewerb „Schüler komponieren – Treffen junger Komponisten"
Anschrift: Musikalische Jugend Deutschlands e. V., Marktplatz 12, 97990 Weikersheim.

- Bundeswettbewerb „Schüler schreiben – Treffen junger Autoren"
Anschrift: Berliner Festspiele GmbH, Budapester Str. 50, 10787 Berlin.

- Bundeswettbewerb „Schülertheater – Treffen Theatertreffen der Jugend"
Anschrift: Berliner Festspiele GmbH, Budapester Str. 50, 10787 Berlin.

- Bundeswettbewerb „Schüler machen Lieder – Treffen junger Liedermacher"
Anschrift: Berliner Festspiele GmbH, Budapester Str. 50, 10787 Berlin.

- Bundeswehr-Preisausschreiben
Anschrift: Bundesministerium der Verteidigung, Postfach 1328, 53003 Bonn.

- Deutscher Jugendvideopreis
Anschrift: Kinder- und Jugendfilmzentrum in der Bundesrepublik Deutschland, Küppelstein 34, 42857 Remscheid.

Literaturverzeichnis
(Wolfgang Schierl/Petra Hölscher)

Interkulturelles Lernen

Arbeitskreis für Jugendliteratur (Hrsg.): Daheim in der Fremde. Multikulturelle Gesellschaft in der Kinder- und Jugendliteratur. (Katalog) München 1992.

Bannert, Eva M.: Interkulturelle Feste und Projekte. Individuell-personal zustande gebracht. Identitätsfindung im Schulalltag. In: Erziehung und Unterricht, H.142 1992/4, S. 186-188.

Bayerische Landeszentrale für politische Bildungsarbeit (Hrsg.): Migration und Toleranz. Fakten, Herausforderungen, Perspektiven. München 1993.

Benz, Wolfgang (Hrsg.): Intergration ist machbar. Ausländer in Deutschland. München 1993.

Berger, Hartwig/Großhennig, Ruthild: Von Ramadan bis Aschermittwoch. Religionen im interkulturellen Unterricht. Weinheim, Basel 1989.

Borrelli, Michele/Hoff, Gerd: Interkulturelle Pädagogik im interkulturellen Vergleich. Baltmannsweiler 1986 (Interkulturelle Erziehung in Praxis und Theorie, Bd. 6, hrsg. v. Thumat, Alfred J.).

DGB-Bundesvorstand/Abt. Gewerkschaftliche Bildung (Hrsg.): Einwanderungsland Deutschland. Fremd im eigenen Land. (Bildungsmaterialien (6 Arbeitshefte) zum DGB Schwerpunktthema 92/93), Düsseldorf 1993.

Essinger, Helmut/Ucar, Ali (Hrsg.): Erziehung in der multikulturellen Gesellschaft. Baltmannsweiler 1984 (Interkulturelle Erziehung in Praxis und Theorie, Bd. 1, hrsg. v. Thumat, Alfred J.).

Essinger, Helmut/Kula, Onur B./Ülku, Vural (Hrsg.): Länder und Kulturen der Migranten. Eine Länderkunde unter kulturellem Aspekt. Baltmannsweiler 1988 (Interkulturelle Erziehung in Praxis und Theorie, Bd. 7, hrsg. v. Thumat, Alfred J.).

Führing, Gisela/Mané, Albert Martin: Interkulturelle Erziehung. Teil 1: Leben in anderen Kulturen (PLIB-Werkstattheft 17) (Hrsg.: Pädagogisches Landesinstitut Brandenburg, 14974 Ludwigsfelde).

Grönke, Bruno/Horn, Dieter: Migration und Integration. Baltmannsweiler 1986 (Interkulturelle Erziehung in Praxis und Theorie, Bd. 3, hrsg. v. Thumat, Alfred J.).

Hackl, Bernd (Hrsg.): Miteinander lernen: Interkulturelle Unterrichtsprojekte in der Schulpraxis, Innsbruck 1993.

Hansen, G.: Diskriminiert. Über den Umgang der Schule mit Minderheiten. Weinheim 1986.

Hegele, J./Pommerin, G.: Gemeinsam Deutsch lernen. Interkulturelle Spracharbeit mit ausländischen und deutschen Schülern. Heidelberg 1983.

Ludwig, Harald: Schülertutorenprojekte mit Ausländerkindern an Gesamt- und Ganztagsschulen. In: Gesamtschul-Informationen 1985/3-4, S. 190-207.

Nestvogel, Renate: Interkulturelles Lernen ist mehr als „Ausländerpädagogik". Ansätze einer Theorie und Praxis interkulturellen Lernens. In: Informationsdienst zur Ausländerarbeit. Hrsg.: Institut für Sozialarbeit und Sozialpädagogik, Am Stockborn 5-7, 60439 Frankfurt am Main.

Nohlen, Dieter (Hrsg.): Lexikon Dritte Welt. Länder, Organisationen, Theorien, Begriffe, Personen. Reinbek 1989.

Pommerin-Götze, Gabriele/Jehle-Santoso, Bernhard/Bozikake-Leisch, Eleni (Hrsg.): Es geht auch anders! Leben und lernen in der multikulturellen Gesellschaft. Frankfurt am Main 1992 (Konzepte des interkulturellen Lernens, Bd. 3).

Röhrig, Werner: „Heimat ist dort, wo ich respektiert werde". Handlungsorientierte Annäherung an das Problemfeld nationaler und kultureller Identität. In: Die Deutsche Schule, 79. 1987/3, S. 363-384.

Akpinar, Ünal, u. a.: Vertane Chance? Ausländische Lehrer als Schlüsselpersonen in der interkulturellen Erziehung. Weinheim, Basel 1989.

Wagemann, Gertrud: Interkultureller Kalender 1994. Frankfurt 1993 (Hrsg. Evangelische Akademie Berlin) Bezug: Verlag für Interkulturelle Kommunikation, Postfach 900965, 60449 Frankfurt am Main.

Wolf, Heinz-Ulrich/Schlegel, Herbert: Historisches und Interkulturelles. Praktisches Lernen 4. In: Pädagogik, 40/1988/12, S. 48-53.

Vom Ampelspiel bis Zukunftswerkstatt. Ein Dritte-Welt-Werkbuch für Unterricht, Jugend- und Bildungsarbeit. Dritte Welt Haus Bielefeld. Wuppertal 1990.

Projektlernen

Arbeitsgruppe Oberkircher Lehrmittel (AOL) (Hrsg.): Das AOL-Projekte-Buch. 250 Projekte und Ideen für eine lebendige Schule (Handbuch zum Schulalltag 3), Reinbek 1986.

Bastian, Johannes/Gudjons, Herbert: Das Projektbuch. Theorie – Praxisbeispiele – Erfahrungen. Hamburg 1991.

Bastian, Johannes/Gudjons, Herbert: Das Projektbuch II. Über die Projektwoche hinaus – Projektlernen im Fachunterricht. Hamburg 1993.

Bundeszentrale für politische Bildung (Hrsg.): Methoden in der politischen Bildung – Handlungsorientierung. Bonn 1991 (Schriftenreihe, Bd. 304).

Bundeszentrale für politische Bildung (Hrsg.): Erfahrungsorientierte Methoden in der politischen Bildung. Bonn 1988 (Schriftenreihe, Bd. 258).

Duncker, Ludwig/Götz, Bernd: Projektunterricht als Beitrag zur inneren Schulreform. Langenau-Ulm 1988.

Frey, Karl: Die Projektmethode. Weinheim 1991.

Gudjons, Herbert: Handlungsorientiert lehren und lernen. Bad Heilbrunn 1991.

Fremdenfeindlichkeit und Gewalt

Breyvogel, Wilfried (Hrsg.): Lust auf Randale. Jugendliche Gewalt gegen Fremde. Bonn 1993.

Bundeszentrale für politische Bildung (Hrsg.): Das Ende der Gemütlichkeit. Theoretische und praktische Ansätze zum Umgang mit Fremdheit, Vorurteilen und Feindbildern. Bonn 1993 (Schriftenreihe, Bd. 316).

Creighton, Allan/Kivel, Paul: Die Gewalt stoppen. Ein Praxisbuch für die Arbeit mit Jugendlichen. Mühlheim a. d. Ruhr 1993.

Fromm, Rainer: Am rechten Rand. Lexikon des Rechtsradikalismus. Marburg 1993.

Marz, Fritz/Maurer, Hans: Rechtsextremismus und Jugend. Konkrete Gegenstrategien für Lehrerinnen und Lehrer (Veröffentlichung in der Schriftenreihe des Instituts für Lehrerfort- und Weiterbildung Mainz 1993).

Posselt, R.-E./Schuhmacher, K.: Projekthandbuch: Gewalt und Rassismus. Mühlheim a. d. Ruhr 1993.

Zeltner, Eva: Kinder schlagen zurück. Jugendgewalt und ihre Väter. Gümligen 1993.

Zeitschriften – Einzelnummern zum Thema

Explizit. Materialien für Unterricht und Bildungsarbeit. Nr. 27: *Horlemann, Beate:* Deutschland – die Fremde.

Forum Politikunterricht, Heft 3/92: Schwerpunktthema: Asyl.

Geschichte lernen, Heft 3, Mai 1988. Thema: Die Anderen.

Geschichte lernen, Heft 33, Mai 1993. Thema: Migration.

Informationen zur politischen Bildung, Nr. 237: Ausländer (Hrsg. Bundeszentrale für politische Bildung, Bonn).

Medien + Erziehung, Heft 4/1993: Rechtsruck. Analysen und Reaktionen.

Praxis Geschichte, Heft 3/1992. Thema: Glaubensflüchtlinge.

PZ. Nr. 69/Juli 1992: Nachbarn mit dem fremden Paß. Thema: Ausländer (Hrsg. Bundeszentrale für politische Bildung, Bonn, der Bezug der Zeitschrift ist kostenlos).

PZ. Nr. 77/Januar 1994: Wir in Europa. Thema: Kultur in der Krise (Hrsg. Bundeszentrale für politische Bildung, Bonn, der Bezug der Zeitschrift ist kostenlos).

Umbrüche. Zeitschrift für Selbsthilfe und Eigeninitiative (Hrsg. vom Selbsthilfezentrum München, Bayerstr. 77a Rgb., 80335 München).

Politik und Unterricht 3/1990: Vorurteile und Feindbilder (Hrsg. Landeszentrale für politische Bildung Baden Württemberg, Stuttgart).

Zeitschriften zur Thematik

ai-Info. Das Magazin für die Menschenrechte (Hrsg. von amnesty international, Sektion der Bundesrepublik Deutschland.

Für Schüler: Eulenspiegel (Hrsg. von terre des hommes). Redaktion: terre des hommes – Arbeitsgruppe Jülich, Kreuzstr. 113, 52428 Jülich Pattern.

Flüchtlinge. Hrsg. UNHCR, Rheinallee 6, 53173 Bonn (Die Zeitschrift erscheint in deutscher, englischer, französischer Sprache, der Bezug ist kostenlos).

Informationsdienst zur Ausländerarbeit. Hrsg.: Institut für Sozialarbeit und Sozialpädagogik, Am Stockborn 5-7, 60439 Frankfurt am Main.

Interkulturell. Forum für Interkulturelle Kommunikation, Erziehung und Beratung. Hrsg. Forschungsstelle Migration und Integration an der Pädagogischen Hochschule Freiburg.

Interkulturelle Beiträge. Hrsg. Regionale Arbeitsstellen für Ausländerfragen e. V. Brandenburg und Berlin, Schumannstr. 5, 10117 Berlin.

Die Herausgeberin und die Autoren

Petra Hölscher, die Herausgeberin und Autorin, arbeitet als Institutsrektorin am Staatsinstitut für Schulpädagogik und Bildungsforschung in München im Referat für „Unterricht mit ausländischen Schülern und interkulturelles Lernen". Ihre Arbeitsschwerpunkte sind u.a. die Betreuung des bayerischen Modellversuchs „Interkulturelles Lernen an Grund- und Hauptschulen" sowie die Entwicklung eines internationalen Curriculums für interkulturelles Lernen als EU-Projekt. Frau Hölscher ist durch zahlreiche Lehrwerke und Unterrichtsmaterialien zum Themenbereich Deutsch als Fremd- und Zweitsprache bekannt.

Isolde Eberhard ist Lehrerin, Fachbetreuerin und Mitarbeiterin im Staatsinstitut für Schulpädagogik und Bildungsforschung in München.

Ditmar Heinl ist Rektor einer Nürnberger Modell-Hauptschule mit dem Schwerpunkt „interkulturelles Lernen".

Johanna Heiß ist Dozentin an der Akademie für Lehrerfortbildung in Dillingen im Fachbereich „Unterricht mit ausländischen Schülern und interkulturelles Lernen".

Dieter Hirt ist Ministerialrat im Bayerischen Staatsministerium für Unterricht, Kultus, Wissenschaft und Kunst und engagiert sich als Leiter des Modellversuchs an bayerischen Schulen seit Jahren für interkulturelles Lernen.

Jörg Knobloch ist Lehrer an einer großen Schule in Freysing, und er ist durch zahlreiche Publikationen bekannt.

Anton Moser, Schulrat, ist an der Regierung von Oberbayern mit dem Unterricht für ausländische Schüler befaßt.

Karl Rauscheder ist Mitarbeiter am Lehrstuhl „Didaktik des Deutschen als Zweitsprache" an der Universität München.

Wolfgang Schierl, Institutsrektor am Staatsinstitut für für Schulpädagogik und Bildungsforschung, engagiert sich besonders für das Projektlernen.

Mechtild Seinfeld, Fachlehrerin für Kunst, verfügt über langjährige Erfahrung in mehrsprachigen Klassen und ist Autorin mehrerer Veröffentlichungen.

Peter Stötter ist Schulrat im Staatlichen Schulamt in Augsburg und widmet sich schwerpunktmäßig dem Unterricht mit ausländischen Schülern.

Katrin Tjaden ist Lehrerin an einer Münchner Hauptschule. Sie leitet Foto- und Videokurse und hat langjährige Erfahrung mit mehrsprachigen Klassen.

Michaela Ulich ist durch zahlreiche Publikationen im Bereich „interkulturelles Lernen" bekannt.

Nicola Unger ist eine junge Lehrerin, die sich im Rahmen einer Arbeit an der Universität mit diesem Thema beschäftigte.

Hans Weber ist Sonderschulrektor a. D., tätig im Arbeitskreis für Jugendliteratur in München. Er organisiert in Zusammenarbeit mit der Bundesvereinigung für Kulturelle Jugendbildung (BKJ) in Remscheid und dem deutsch-französischen Jugendwerk Begegnungen mit Literatur auf internationaler Ebene.